Oida, Zwischen den Welten

Yoshi Oida

Zwischen den Welten

Mit einem Vorwort von Peter Brook

Deutsch von Buki Kim

Alexander Verlag Berlin

Umschlagphoto: Yoshi Oida als Gonzalo in Peter Brooks Inszenierung von Shakespeares *Sturm,* 1990.

Die Übersetzung und der Druck (der ersten Auflage) wurden von der Japan Foundation unterstützt.

Teile des Buches entstanden in Gesprächen mit der englischen Regisseurin und Schauspiellehrerin Lorna Marshall.

Zweite Auflage November 1994

Satz, Druck und Bindung Fuldaer Verlagsanstalt
Printed in Germany 1994
ISBN 3-923854-59-5

Dieses Buch ist für Hugh McCormick

VORWORT

»Gleich wird ein Schauspieler vom Noh-Theater kommen«, hatte Jean-Louis Barrault mir gesagt. In seinem Büro ging die Tür auf, und statt der eindrucksvollen Erscheinung im Kimono, die ich erwartete, war der Mann, der hereinkam, ziemlich klein und trug einen ordentlichen Anzug mit Krawatte. Er konnte kein Englisch, kein Französisch, drückte sich aber auf andere Weise aus. Er verbeugte sich, immer wieder. Ich verstand, was er meinte. Als ich ihn bat, an unserem ersten Internationalen Workshop teilzunehmen, verbeugte er sich zustimmend. Es waren etwa zwanzig Schauspielerinnen und Schauspieler beisammen, und um das Eis zu brechen und eine ungezwungene Atmosphäre zu schaffen, setzten wir uns alle auf den Fußboden. Meinen steifen Muskeln zuliebe legte ich mir ein Kissen unter, Yoshi saß mir gegenüber im perfekten Lotossitz. Nach einiger Zeit setzte ich mich bequemer hin, verlagerte den Körper zur Seite und stützte mich auf einen Arm. Zu meiner Überraschung tat Yoshi das gleiche. Am Ende dieses Tages stützte ich mich bereits auf die Ellenbogen und sah mir gegenüber einen sehr unglücklichen Yoshi flach auf dem Boden liegen. Wochen später fragte ich ihn, ob es ihm manchmal angenehmer sei, sich lang auszustrecken. »Überhaupt nicht«, sagte er, »aber du bist der Lehrer. In Japan lernt man von kleinauf, daß der Schüler seinen Platz unter dem des Lehrers hat. Ich hatte keine Wahl.«

Seitdem ist vieles anders geworden, Yoshi ist ein Kamerad, ein Freund und – seiner Natur nach – auch immer ein Lehrer. Gemeinsam haben wir viele Abenteuer bestanden, und ich kann mir schwer vorstellen, neues Terrain ohne ihn zu erkunden – ohne seine Bereitschaft, stets voranzugehen, um je nach Lage der Dinge zu führen oder zu folgen, ohne sein Talent und sein Geschick, die in Japan geformt wurden, die ihm aber wesentlich eigen sind.

Bis heute werde ich öfter gefragt: Warum eine internationale Truppe? Was nützt Leuten aus unterschiedlichen Kulturen solch ein Versuch, miteinander zu arbeiten? Geht das überhaupt? – Yoshis Buch, in dem er seine Suche als Schauspieler mit der Suche nach dem Sinn in seinem Leben verbindet, erhellt diese Fragen durch die Erfahrungen, die er gemacht hat.

Einmal erzählte er mir von einem alten Kabuki-Spieler, der gesagt haben soll: »Ich kann einem jungen Schauspieler beibringen, mit welcher Geste man auf den Mond deutet. Alles andere, von der Fingerspitze bis zum Mond, liegt bei ihm.« – »Für mich«, fügte Yoshi hinzu, »ist es ohne Belang, ob den Zuschauern nach der Vorstellung noch in Erinnerung ist, wie schön die Geste war. Mich interessiert nur eins: Haben sie den Mond gesehen?«

Mit Yoshi habe ich viele Monde gesehen.

Peter Brook, 1992

I

Manchmal wache ich mitten in der Nacht auf und weiß nicht, wo ich bin. Mir ist, als sei ich ein körperloser, frei im Raum schwebender Mensch. Instinktiv überkommt mich die Furcht, daß es der falsche Ort sei, an dem ich mich befinde, und daß mir hier Gefahr drohen könne. In diesem beunruhigenden Gefühl versuche ich mit Macht, das Bewußtsein wiederzuerlangen. Allmählich kehrt es zurück, nehme ich erste Laute wahr und sehe ringsum die ersten Dinge. Die Erinnerung stellt sich ein, und langsam wird mir klar, wo ich hier bin und aus welchem Grund. Ich bin im Schlafwagen eines Zuges, der durch Indien fährt, oder ich liege am Rande eines afrikanischen Dorfes zusammengerollt in meinem Schlafsack, nicht in einem Zelt, sondern auf dem Feldbett unter freiem Himmel. Nun nehme ich auch den landestypischen Geruch wahr, der in der Luft liegt. Indien hat ihn ebenso wie ein arabisches Land, auch Paris hat den seinen. Ich fühle mich erleichtert und stelle mir als nächstes die Weltkarte vor, um mir zu vergegenwärtigen, an welcher Stelle der Erde ich mich zur Zeit befinde.

Die Karte, die ich in Gedanken vor mir ausbreite, ist aber nicht dieselbe, die man gewöhnlich in Japan vor Augen hat. Dort nämlich sieht sie so aus, daß Japan im Zentrum liegt, rechts davon erstreckt sich erst der Pazifik, dann der amerikanische Kontinent bis hin nach New York, ganz rechts außen am Rand, während links hinter China und Indien Europa liegt, am weitesten links davon London. Die Weltkarte, die man in Europa zu sehen bekommt, zeigt in der Mitte Europa, das links von sich Amerika hat, während Japan ganz rechts außen am Rand der Karte erscheint. Was man hier oft den Fernen Osten nennt, der östliche Rand der Welt, den eine Reihe kleiner Inseln bilden – das ist Japan.

Immerhin habe ich festgestellt, daß ich mich irgendwo außerhalb dieser Inseln befinde; doch das Gefühl, durch die Finsternis zu gleiten wie eine Qualle, ist noch immer da, und das beunruhigt mich, wenn auch jetzt anders als vorher. Denn nichts von dem, was außerhalb meines Schlaflagers ist, Dinge ebenso wie Menschen, hat etwas mit mir zu tun. Wie kommt es, daß ich hier so allein bin? Wozu liege ich hier? Was ist los mit mir, daß ich in diesem Alter, ohne Heim und ohne Familie, immer nur umherziehe wie ein Nomade?

Abseits der großen Städte zeigen Kinder mit Fingern auf mich und rufen spöttisch: »Chinese! Chinese!« Ich begreife nicht, warum jemand nur deshalb, weil er asiatisch aussieht, verspottet werden muß. Selbst mit Erwachsenen kann mir das passieren, etwa in einem Lokal, wenn ich ein Bier trinken will und der Wirt mir erklärt: »Es gibt hier nichts mehr, wir haben schon zu.« – Anders ist es in den Touristengegenden; denn da werde ich, auch wenn man sich über mich lustig macht, beflissen als Gast behandelt, jedenfalls so lange, wie ich nicht auf die Idee komme, mich dort niederzulassen. Ernstgenommen werde ich nur, wenn ich inszeniere oder als Schauspieler auf der Bühne stehe. Ansonsten bleibt man, wenn man nicht gerade Karate-Meister ist, ein Außenseiter.

Wenn Theaterkollegen aus Japan zu Besuch nach Paris kommen, sagen sie mir oft bewundernd: »Großartig, wie du das schaffst, in einem Land mit anderer Sprache und ganz anderen Gewohnheiten Theaterarbeit zusammen mit Ausländern zu machen. Du hast wirklich Mut.« – »Im Gegenteil«, sage ich dann, »den Mut habt ihr. Im eigenen Land zu arbeiten heißt ja, Rücksicht auf die gesellschaftliche Konvention zu nehmen, auf Klatsch und üble Nachrede gefaßt zu sein, gerade unter Theaterleuten. Dazu bin ich nicht mutig genug. Ich bin aus Japan geflüchtet, aus Feigheit, und arbeite jetzt als Fremder in der Fremde. Für ein Leben in der Gesellschaft bin ich gewissermaßen untauglich.«

II

Manchmal bin ich in Paris Japanern begegnet, die mir erklärten: »Meine Arbeit in Japan habe ich ein für allemal aufgegeben, nun bin ich hier, und hier will ich auch begraben sein.« – Hier begraben sein möchte ich nicht. Mein Leben im Ausland zu beenden kommt für mich nicht in Frage. Wohin es mich künftig noch verschlagen wird, weiß ich nicht, es ist mir auch nicht so wichtig, aber wenn es ans Sterben geht, möchte ich in Japan sein, möglichst am selben Ort, an dem ich geboren worden bin. Eine vernünftige Erklärung dafür habe ich nicht, ich kann nur sagen, daß mein Leben so und nicht anders enden soll.

Im April 1968 verließ ich Japan zum ersten Mal. Es war die Zeit der Studentenunruhen. Damals hatte ich plötzlich einen Anruf von der bekannten Schauspielerin Teruko Nagaoka bekommen, die mich fragte, ob ich nicht Lust hätte, nach Paris zu fahren. »Worum es da geht«, sagte sie, »weiß ich im einzelnen nicht, jedenfalls wird in Paris ein japanischer Schauspieler gebraucht. Jean-Louis Barrault, der dort jetzt Direktor des Odéon-Theaters ist, hat deswegen an den Romanistik-Professor Rikie Suzuki geschrieben und darum gebeten, ihm jemanden zu schicken. In Paris gibt es jedes Jahr im Frühsommer das ›Theater der Nationen‹, und zu diesem Festival hat Barrault diesmal den Regisseur Peter Brook von der Royal Shakespeare Company eingeladen. Brook will eine Art Theaterexperiment machen, nach Shakespeares *Sturm*, und zwar mit Schauspielern aus England, den USA, Frankreich und Japan. Aus Japan hätte er dafür am liebsten jemanden wie Hisao Kanze oder Mansaku Nomura gehabt, aber die Noh-Leute haben bereits ein volles Programm und können sich nicht von heute auf morgen für zwei Monate frei machen. Darum hat Barrault den Professor gefragt, ob er nicht jemand anderen wüßte, der für so etwas geeignet sei, und der Professor hat dich empfohlen. Er weiß, daß du nicht nur moderne Rollen spielst, sondern daneben auch Kyogen und Gidayu studiert hast, und fand deshalb, daß du der Richtige seist. Was meinst du dazu?«

In Japan gab es damals noch kaum jemanden, dem der Name Peter Brook etwas sagte. Professor Suzuki meinte aber, wenn Barrault der Produzent sei, sei die Sache finanziell abgesichert. So sagte ich mir: Schlimmstenfalls kommst du kostenlos zu einer Besichtigung von Paris. – Kurz entschlossen stimmte ich zu. Das ließ sich aber nicht so leicht einrichten. Ich hatte eine Rolle in einem Samurai-Film, der in Fortsetzungen für das Fernsehen produziert wurde, und abends trat ich im Theater auf. Dazu kamen noch Proben für zwei andere Produktionen. Die Fernsehgesellschaft bat ich, die Filmstory soweit zu ändern, daß meine Rolle entfallen konnte, und meine Rolle im Theater wurde von der zweiten Besetzung übernommen.

Bis zur Abreise blieben mir nur zwanzig Tage, so daß ich mich überhaupt nicht vorbereiten konnte. Die Zeit reichte auch nicht, um noch Englisch zu lernen. Schon für meinen Abschluß an der Keio-Universität hatte ich in Englisch die Wiederholungsprüfung machen müssen. Für Sprachen bin ich einfach nicht begabt. Hinzu kommt, daß man als Schauspieler des modernen Theaters in Japan damals alles daran gesetzt hat, die westliche Spieltechnik nachzuahmen, um dadurch eine möglichst große Annäherung an das westliche Theater zu erreichen. Der bevorstehende Auftritt mit europäischen Schauspielern kam mir deshalb vor, als sollte der Schüler gleichrangig neben seinen Lehrern auf der Bühne stehen – ohne die Aussicht, sich ihnen gegenüber behaupten zu können. Als ich darüber mit dem Dramatiker Tadashi Iizawa sprach, sagte er: »Keine Sorge, du kannst schließlich Kyogen und Gidayu, das können die Schauspieler dort nicht. Du mußt im Kimono auftreten als Schauspieler, der vom traditionellen japanischen Theater kommt. Zieh dir Kimono und Hakama-Hosen an, und vergiß auch nicht, darunter den japanischen Lendenschurz zu tragen. Sag aber keinem, daß du in Japan den Hamlet gespielt hast, damit machst du dich nur lächerlich. Fahr nach Paris als japanischer Schauspieler.«

In der Tat – wenn ich mir vorstellte, ein Schauspieler aus den USA käme nach Japan und verkündete, daß er in New York die Rolle des Benkei im *Kanjincho* (dem Kabuki-Stück *Die Spendenliste*) oder den Sukeroku gespielt hätte, nähme ihn in Japan kein Mensch ernst. Aber daß ich deswegen gleich traditionell mit Kimono und Hakama auftreten sollte, fand ich trotzdem übertrieben. Ich erzählte Yukio Mishima von der Sache. Er fand, daß Iizawa leider recht habe. »Was er dir rät,« sagte er, »entspricht eben der Kenntnis, die man im Ausland von Japan hat.«

Ich wußte, daß Noh und Gidayu, aber auch Historienstücke aus dem Repertoire des modernen Theaters in der Regel im leichten Kimono (Yukata) geprobt werden, gelegentlich auch in Hakama-Hosen. So gesehen, war nichts dabei, träte ich als Schauspieler aus Japan drüben in Europa in Kimono und Hakama auf. Dann brauchte ich die Schauspieler dort nicht zu imitieren und konnte mir den Trainingsanzug bei den Proben ersparen.

Über zwanzig Jahre lang hatte ich das traditionelle Kyogen-Spiel studiert, eine Art komisches Zwischenspiel, das Bestandteil der Vorstellung im Noh-Theater ist. Mein Kyogen-Lehrer Yotaro Okura gab mir folgende Worte mit auf den Weg: »Wir Kyogen-Spieler haben gelernt, immer daran zu denken, wie wir dem Hauptdarsteller im Noh helfen, wie wir ihm seinen Auftritt leichter machen können. Wenn du im Ausland bist und mit den Schauspielern dort Proben hast, denke nicht daran, wie du dich am besten hervortun kannst, sondern hab immer im Kopf, wie du spielen mußt, damit du den anderen eine Hilfe bist. Stell die eigene Person hintenan, und konzentriere dich ganz darauf, deinen Partnern Bedingungen zu schaffen, so daß sie gut spielen können.«

Ehe ich mich versah, war ich schon in Paris. Die Stadt sah genauso aus, wie ich sie von Photos und aus Filmen kannte. Es war Frühlingsanfang, Ende April, die Bäume schlugen aus. Paris mit seinen Gebäuden und Alleen war traumhaft schön. Vom Louvre aus schaute ich auf die Champs Elysées und den Arc de Triomphe und mußte unwillkürlich lächeln. Doch dann liefen mir die Tränen übers Gesicht. Das kam von dem Tränengas, das die Polizei gegen demonstrierende Studenten einsetzte. Die berühmte Mai-Revolution von 1968 nahm ihren Anfang. Begonnen hatte es mit Studentenprotesten gegen die Praxis der Jahresabschlußprüfungen an den Universitäten. Der Funke sprang auf die Oberschüler über, die unzufrieden mit dem Schulsystem und der ganzen Regierungspolitik waren, und als sich den Demonstranten auch noch die Arbeiter anschlossen und in den Streik traten, führte das zum Sturz der Regierung de Gaulle.

Im Studentenviertel rund um die Sorbonne war überall das Pflaster aufgerissen, die Studenten bewarfen die Polizei mit Steinen. Es gab Verwundete auch unter unbeteiligten Bürgern und unter Touristen. Unseligerweise lag mein Hotel mitten in diesem Viertel. Es kostete mich gehörige Anstrengung, zur Essenszeit unter den Tränengasschwaden hindurch unbeschadet ein Restaurant zu erreichen. Zu den aktivsten Demonstranten gehörten Studenten aus Vietnam, so daß die Polizei auf jüngere Leute, die asiatisch aussahen, unverzüglich mit Knüppeln losging, egal, ob es Studenten oder bloß Touristen waren. In Paris traf ich später einen Schauspieler aus Japan, der damals zufällig in eine Demonstration geraten war, die von der Polizei angegriffen wurde. Es war ihm nichts übriggeblieben, als mit den anderen davonzulaufen und wie sie Zuflucht in einem Wohnhaus zu suchen. Die Polizei verfolgte die Flüchtenden aber, jagte sie über das Treppenhaus bis ins oberste Stockwerk, und dort oben, wo es keinen Ausweg mehr gab, wurde der Japaner von einem Polizeiknüppel getroffen, genau zwischen den Augenbrauen. Von diesem Schlag war er eine Woche lang völlig benommen, insgesamt dauerte es sechs Wochen, bis er wiederhergestellt war.

Unter diesen Umständen verbarg ich möglichst mein Gesicht, sobald ich auf die Straße trat. Und kam mir ein Polizist entgegen, wechselte ich fluchtartig die Straßenseite. Nie zuvor war mir so sehr bewußt, daß ich asiatisch aussehe, und nichts wäre mir lieber gewesen, als ein Europäer zu sein. In Japan hatte mich bis dahin höchstens interessiert, ob ich einen passablen Anblick bot, wenn ich irgendwo unterwegs war; nie wäre mir in den Sinn gekommen, mir Gedanken um meine Rassenzugehörigkeit zu machen. Das Seltsame war, daß dieselbe Gegend, in der es tagsüber blutige Auseinandersetzungen gab, bei Nacht von der sinnlichen Begleitmusik der Striptease-Shows erfüllt war, die in den umliegenden Etablissements stattfanden. Als sei überhaupt nichts geschehen, legten die Frauen dort ihre Hüllen ab, damit die Touristen zu ihrem Vergnügen kamen.

Im Büro von Jean-Louis Barrault im Odéon-Theater stand ich dann zum ersten Mal Peter Brook gegenüber, außerdem waren sein Assistent Geoffrey Reeves und der hervorragende argentinische Regisseur Vittorio Garcia dabei. Mich begleiteten Hiroshi Akutagawa und der Chefredakteur der Zeitschrift *Teatro*, Tetsuo Toshimitsu, der damals in Paris war, um Theaterstudien zu treiben, und mir hier als Dolmetscher zur Seite stand.

Brook, ein Mann mit strahlend blauen Augen, begann das Gespräch folgendermaßen: »Mitten auf einer Straße hat es einen Autounfall gegeben, jemand kriecht blutend aus dem Auto. Um ihn sammeln sich Schaulustige. Angenommen, der Verletzte stünde auf und verbeugte sich freundlich vor der gaffenden Menge, dann wären diese Leute das Publikum und der Verletzte der Schauspieler. Auch ohne Bühne und Scheinwerfer wäre damit bereits eine theatralische Situation gegeben. Ich sehe darin das Wesentliche des Theaters. Das ist das Prinzip, von dem ich ausgehen will, um mit Schauspielern aus vier Ländern, aus Frankreich, Amerika, England und Japan, ein Theaterexperiment zu machen. Haben Sie Lust, an diesem Versuch teilzunehmen?«

Da ich extra aus Japan hergekommen war, hatte ich nun keine Wahl mehr, ich stimmte sofort zu. Nicht so Akutagawa, der eigentlich auch mit auftreten sollte. Er wandte ein, daß es heutzutage im Theater Mode geworden sei, vor allem körperliche Ausdrucksmittel einzusetzen, die Schauspieler müßten an Netzen herumturnen oder Purzelbäume schlagen. »Das überlasse ich lieber anderen, die jünger und gesünder sind, für mich ist das nichts.« – Akutagawa lehnte also ab. Schließlich war er aus Studiengründen hier, dazu hatte Tsuneari Fukudas Theatergruppe »Kumo« ihn nach Paris geschickt. Ich mußte schon deshalb mitmachen, weil ich sonst kein Geld gehabt hätte. Bei ihm war das anders.

Wie dem auch sei, Brook hatte in der Tat eigenartige Vorstellungen. Ich hatte angenommen, daß es, wie beim Theater üblich, einen bestimmten Text gäbe und jeder Mitspieler seine Rolle bekäme, in die er sich zu vertiefen hätte. So stellte ich mir die kommende Theaterarbeit vor. Wenn Brook aber Schauspieler einsetzte, die wie ich kein Französisch konnten oder aus englischsprachigen Ländern kamen, war zu befürchten, daß wir auf der Bühne agieren würden, als seien wir alle taub. Wie das funktionieren sollte, war mir schleierhaft. Tetsuo Toshimitsu erklärte mir jedoch, daß Brook, der Pole Jerzy Grotowski und Julian Beck vom »Living Theatre« gegenwärtig *die* Avantgardisten des Theaters in Europa seien. Gerade Brooks neues Projekt sei ein vielversprechender Versuch, dem schon jetzt große Aufmerksamkeit entgegengebracht werde. So freute ich mich auf den Beginn der Proben. Die Ungewißheit, wie das alles ausgehen würde, machte mir aber auch Angst.

Unser Probenraum befand sich im »Mobilier National«, der Nationalen Gobelinwirkerei im Süden von Paris. Es war ein großer und kalter Raum, umschlossen von Steinmauern. Dem Rat folgend, den mir mein Lehrer gegeben hatte, ging ich in Kimono und Hakama zur Probe. Und ich hielt mich auch so, daß ich der traditionellen Erscheinung eines japanischen Schauspielers möglichst entsprach. Derselbe so japanische Schauspieler kam sich trotzdem klein und miserabel vor. Die mitwirkenden Frauen der Gruppe waren mindestens so groß wie er, wenn nicht größer, und die Männer überragten ihn alle dermaßen, daß er zu ihnen hochschauen mußte. Es waren Schauspieler wie Natasha Parry, Glenda Jackson, Delphine Seyrig und Michel Lonsdale. Ringsum lauter berühmte Namen. »Wärst du bloß nicht hergekommen«, dachte der japanische Schauspieler reuevoll und drückte sich in eine Ecke. Der einzige Vertraute, den er hier hatte, war sein Dolmetscher Tetsuo Toshimitsu.

Es begann mit einer Spiegelübung. Mein Partner war Sami Frey. Bei dieser Übung kam es darauf an, sich gefühlsmäßig auf den anderen einzustellen und die gleichen Bewegungen zu machen wie er, als sei einer das Spiegelbild des anderen. Als nächstes sollten wir die Augen schließen und uns gegenseitig mit den Händen ertasten. Unterdessen trat ein anderes Paar zu uns heran, so daß wir nun vier statt zwei waren. Sooft wir den Platz wechselten, wurde die Gruppe größer. Während wir mit geschlossenen Augen weiter tastend durch den Raum gingen, riefen wir uns ständig »ah!« oder »oh!« zu. Schließlich waren wir eine einzige große Gruppe geworden, in der ein Gefühl der Zusammengehörigkeit entstanden war. Wir hörten auf zu rufen, Schweigen setzte ein, und fast gleichzeitig machten alle die Augen auf. Da saßen etwa fünfundzwanzig Leute, Männer und Frauen, zusammen auf einem Teppich. Es kam uns vor, als ob wir uns schon seit Jahren gekannt hätten, dabei hatten wir nur mit Hilfe der Hände und der Stimme kommuniziert. Durch diese Erfahrung entdeckten wir, daß es möglich ist, ohne Worte zu kommunizieren – was uns alle überraschte. Es war eine Kommunikation nicht von Schauspieler zu Schauspieler, sondern von Mensch zu Mensch. Später wurde mir klar, daß diese Ebene der Kommunikation im Zentrum des Theaters steht.

Die Auffassung von westlichem Theater, die ich gewohnt war,

sah so aus, daß der Text den Vorrang hat. Der Darsteller, dachte ich, lernt seine Rolle, und wenn er sie gut sprechen kann, tauscht er sich in Dialogen mit den Mitspielern aus, da der Text es so vorschreibt. Über diese Präsentierung des Wortes stellte sich meiner Ansicht nach westliches Theater her. Nun begriff ich, daß theatralischer Ausdruck nicht einfach darin besteht, im Wechsel mit anderen Darstellern einen Text zu sprechen, sondern die dem Wort zugrunde liegende Motivation herauszufinden, die bewirkt, daß zwischen den einzelnen Rollen ein spezifischer Dialog zustande kommt. Mit dem gesprochenen Wort wird dessen Motivation manifestiert. In diesem Sinne ist es nur zweitrangig.

Wenn zwei Darsteller auf der Bühne agieren, geht etwas zwischen ihnen vor, das für die Zuschauer spürbar ist. Dieses »Etwas« ist nicht emotionaler oder psychologischer Natur, es ist etwas noch Grundlegenderes. Nehmen wir nur einmal den simplen Vorgang, daß jemand die Hand ausstreckt und die Hand eines anderen berührt. Hinter dieser Geste braucht gar keine besondere Geschichte noch irgendein Gefühl zu stecken, sie braucht auch keinen psychologischen Grund zu haben. Dennoch hat sich hier ein genuiner, fundamentaler Austausch zwischen zwei Menschen ereignet. Es ist schwer, die richtigen Worte zu finden, um zu verdeutlichen, was es ist, das hier zum Austausch kommt. Man könnte es vielleicht als »physische Wahrnehmung« oder »fundamentale menschliche Energie« bezeichnen. Wie auch immer, Schauspieler müssen sich diesem Austauschprozeß stellen, um »Theater« hervorzubringen. Wie geschickt sie mit dem Wort umgehen, tut nichts zur Sache, denn »Theater« werden sie nicht ohne diesen fundamentalen Austausch herstellen können. So muß jeder Darsteller bemüht sein, den Kontakt auf dieser Ebene zu finden und zu halten, erst dann wird der ganze Text lebendig werden.

Selbst im Alltag ist heute ja fraglich, wieweit man sich einem anderen mit Worten überhaupt mitteilen kann. Ist den Worten zu trauen, wenn einem gesagt wird: »Ich liebe dich.«? Worte wie diese sind so abgenutzt, daß sie schon keine Bedeutung mehr haben. Sie sagen uns nichts. Um zu wissen, daß man geliebt wird, braucht man eine Einsicht, die sich auf Erfahrung stützt. Worte können dabei eher hinderlich sein.

Nachdem ich das internationale »Meeting auf dem Teppich« erlebt hatte, entdeckte ich, wie angenehm es ist, sich als Teil einer größeren Einheit zu empfinden. Offensichtlich macht man damit eine tiefgehende, sehr bewegende Erfahrung, die etwas Kostbares ist. Doch die Freude, die man darin findet, in einer Gruppe oder in einem anderen Menschen aufzugehen, kann auch manipuliert werden. Faschistische Bewegungen nutzen dieses Empfinden als emotionale Triebkraft, um Menschen auf ein Ziel hin auszurichten. Ein starkes Gefühl der Gruppenidentität kann sowohl positiv als auch negativ sein, je nachdem, was man daraus macht und wie man es nutzt. Positiv einsetzen läßt es sich im Theater, um einer Truppe das Gefühl der Zusammengehörigkeit zu geben. Brook würde sagen, daß eine Theatervorstellung vergleichbar einem Fußballspiel sei; jeder müsse sich als Mitglied einer Mannschaft fühlen, die auf das Zusammenspiel aller angewiesen ist.

So begann mein erster Aufenthalt in Paris mit einem Erlebnis, das mich in Erstaunen versetzte, doch das durch die ersten Übungen wachgerufene Gefühl des Eins-Seins mit den anderen legte sich wieder, sobald wir zur nächsten Übung, einer Improvisation, übergingen. Mit Improvisationen hatte ich in meiner ganzen bisherigen Theaterpraxis noch nie etwas zu tun gehabt.

Dem traditionellen japanischen Theater – Noh und Kabuki – liegt die Idee der »Kata« zugrunde. »Kata« ist eine Spielform, die, vor Jahrhunderten fixiert, vom Meister an den Schüler weitergegeben wird und von diesem originalgetreu bis ins Detail kopiert werden muß. Jede Rolle hat ihre besondere »Kata«, die die Bewegung, den stimmlichen Ausdruck, das Kostüm und die Art der Interpretation bis ins einzelne gehend vorschreibt, was zur Folge hat, daß die Spielweise identisch und über Generationen hinweg stets unverändert geblieben ist. In dieser Beziehung erinnert die Anwendung von »Kata« in Japan an das Schema, das in der westlichen Kultur für die klassische Musik oder das klassische Ballett als verbindlich gilt.

In Japan wurde damals, vor zwanzig Jahren, auch im modernen Theater westlicher Prägung nicht mit Improvisation gearbeitet, da die meisten Regisseure noch in Begriffen der »Kata« dachten. Selbst Shakespeare wurde auf diese Art gespielt. Wenn ein japanischer Regisseur in London eine Shakespeare-Inszenierung gesehen hatte, versuchte er anschließend, dies in Japan zu reproduzieren – nicht in kreativer Weise, sondern durch bloßes Imitieren der äußeren Form. In den letzten zwanzig Jahren hat sich in dieser Hinsicht natürlich sehr vieles verändert, aber damals war es noch so, daß man westliche Schauspieler und Regisseure nur äußerlich kopierte. Außerdem konnte eine fertige Inszenierung nicht weiter verändert oder entwickelt werden, so etwas kam nicht in Frage. An der Produktion war nach der Premiere nichts mehr zu ändern, sie mußte von nun an in allen Einzelheiten exakt reproduziert werden und war damit »traditionelles Theater« geworden.

Mein gesamtes Theatertraining war bis dahin stets Anwendung von »Kata« gewesen, selbst im modernen Theater hatte ich diese Arbeitsweise beibehalten. Das Improvisieren war eine vollkommen neue Erfahrung für mich, es war wie ein Sprung von einer Klippe. Ich mußte dazu allen Mut zusammennehmen, denn ich hatte nicht die geringste Vorstellung, was ich tun könnte, um mit einer Arbeitsweise wie der Improvisation zu Rande zu kommen. Zu allem Übel waren die Themen der Übung recht eigenartig.

Das eine lautete: »Zu Anfang bist du Wasser, das Wasser wird mit der Zeit bewegter, Wellen entstehen, ein Sturm kommt auf, und dann bist du ein Mensch, den der Sturm erfaßt hat, du bist total erschöpft und treibst kraftlos im Wasser.« Ein anderes Thema war: »Zu Anfang bist du Wind, der Wind wird stärker, ein Feuer entsteht, die Flammen lodern, am Ende ist nur noch Erde da.«

Die anderen Schauspieler wanden und drehten sich, krochen über den Boden, stießen laut irgendwelche Rufe aus, und wenn der arme kleine japanische Schauspieler versucht hätte, es genauso zu machen wie sie, wäre er unter all den großgewachsenen Menschen wahrscheinlich einer verschreckt umherschwirrenden Mücke ähnlich gewesen und hätte einen ziemlich kläglichen Anblick geboten und sich damit nur zum Narren gemacht.

So überlegte ich mir, was jetzt wohl ein »richtiger japanischer« Schauspieler täte. Wie nicht anders zu erwarten, kam mir zuerst eine Noh-Lehre in den Sinn. Was ein Noh-Spieler ausdrückt, tritt äußerlich nicht in Erscheinung, es findet Ausdruck im »Hara«. (Mit »Hara« wird eine bestimmte Stelle des Körpers bezeichnet, die unterhalb des Magens liegt; sie gilt als das Zentrum der Energie und des Lebensgefühls eines Menschen.) Eine Absicht, die im »Hara« wirklich klar und bestimmt ist, wird auch sichtbar werden – ohne großen Aufwand an äußerlicher Darstellung. Das Murmeln eines Bachs zum Beispiel würde man in der westlichen Musik wohl mit Hilfe einer einzelnen Trommel wiedergeben, eine große Flut eher mit etwa fünf verschieden großen Trommeln. Beim Noh dagegen drückt man sowohl Schneefall als auch einen Taifun nur mit der Tsutsumi, einer Handtrommel, aus, die beide Male annähernd den gleichen Klang hat. Der Unterschied ergibt sich durch die innere Einstellung des Musikers, nicht durch den Einsatz von noch mehr und noch größeren Trommeln. Beim Noh ist es das Innere, das sich verändert, nicht das Äußere.

Für mich stand nun fest, daß ich mich nicht länger verpflichtet fühlen durfte, unbedingt etwas vorzuzeigen. Ich brauchte Wasser oder Feuer nur innerlich auszudrücken, sichtbar Gestalt annehmen würde es dann von selbst. So tat der japanische Schauspieler nichts, als sich nach Kräften darauf zu konzentrieren, Wasser bzw. Feuer zu werden. Er saß da wie ein Buddha. Die großen Ausländer wirbelten um ihn herum. Daß der kleine Mann im Kimono mit untergeschlagenen Beinen reglos mitten unter ihnen verharrte, erschien ihnen seltsam. Doch dann sagten sie anerkennend: »Der japanische Schauspieler macht das mit einer Technik, die was von Zen hat.« – Ich atmete erleichtert auf, ein größeres Lob hätte ich nicht bekommen können. Der Anfang war geglückt, ich hatte endlich so etwas wie Selbstvertrauen gewonnen.

Wenn die anderen das, was ich tat, als »Zen« bezeichneten, so meinten sie damit wahrscheinlich jene Beschränkung auf das Minimale, die zu den charakteristischen Elementen der traditionellen japanischen Kunst gehört. In der Malerei zeigt sich das dort, wo der Maler nur so viele Pinselstriche einsetzt, wie nötig sind, um ein sichtbares Bild entstehen zu lassen. Generell gesprochen, ist der japanische Künstler bemüht, ein Maximum an Wahrheit mit einem Minimum von Bedeutung auszudrücken, und das entspricht zweifellos dem Geist des »Zen«. Der »Minimalismus« dient dem Künstler aber nicht nur dazu, ein sichtbares Bild zu vermitteln, er will auch eine über das Sichtbare hinausgehende Realität andeuten, die sich hinter dem Bild verbirgt. Nehmen wir zum Beispiel ein Bild, das ein kleines Fischerboot auf den Wellen eines Flußes zeigt. Der Wasserstrom deutet die Weite und die Macht der wogenden See an und ist zugleich Hinweis auf den großen Strom des Universums, in dem das kleine Boot Ausdruck unseres individuellen Daseins ist. So klein und flüchtig die menschliche Existenz auch ist, steht sie doch in Beziehung zum gesamten Universum. Man entdeckt, daß sich niemand dem Strom des Universums entgegenstellen kann und daß die Existenz des einzelnen in diesem Strom trotzdem einzigartig und etwas ganz Besonderes ist. Ein Bild wie dieses gibt dem Betrachter das Gefühl von Frieden, von Zufriedenheit, weil es ihm nicht bloß das Boot auf dem Fluß zeigt, sondern auch das, was ihn mit dem Universum verbindet. Das ist typisch für den künstlerischen Ausdruck in Japan.

Die japanische Kunst versucht, alles Unwesentliche zu eliminieren. Sie reduziert den Ausdruck auf das für die Kommunikation nötige Minimum, und sie stößt bis zur Ebene des Instinktiven vor. Auf die darstellende Kunst bezogen, werden einfache, fast schon primitive Ideen genutzt, die universale Bedeutung haben – einfache Gesten, alltägliche Beziehungen. Indem man sie verfeinert und poliert, werden sie zu »Kunst«.

Einfach ist eine Bewegung nicht dann, wenn sie dem entspricht, was man als »natürlich« empfindet. Wenn ich jemanden bitte, einfach über die Bühne zu gehen, wird seine Art zu gehen sicher so sein wie im Alltag. Die »natürliche« Haltung, die wir beim Gehen gewöhnlich einnehmen, ist aber sehr komplex. Der eine zieht die linke Schulter etwas hoch, ein anderer bewegt den rechten Arm stärker als den linken. Das sind sehr komplexe Bewegungen. Mit »einfach« ist nicht »natürlich« gemeint, sonders soviel wie »grundlegend«, »universal«. Alle Babies schreien mehr oder weniger gleich. Alle Katzen, ob in Europa, Afrika oder Japan, bewegen sich mehr oder weniger gleich. Es ist also sehr schwierig, nichts weiter zu tun, als einfach zu gehen, Schritt für Schritt. Man muß dazu seine persönlichen Angewohnheiten ablegen, auch wenn sie einem ganz natürlich vorkommen.

Auf den Zuschauer können einfache Handlungen tiefe Wirkung haben. Ich erlebte einmal den Auftritt eines Schauspielers in der Rolle einer alten Frau, deren Sohn von einem Samurai getötet wurde. Diesen Samurai suchte sie auf, um von ihm selbst zu hören, warum er das getan habe. Der Spieler betrat die Szene über einen Steg, der zur Bühne führte. Allein durch die Art, wie er ging, brachte er all die Empfindungen zum Ausdruck, die die alte Frau bewegten – ihre Einsamkeit, ihren Zorn auf den Samurai und ihren Wunsch, aus dem Leben zu scheiden. Es war ein unglaublicher Auftritt. Nach der Vorstellung ging ich zu dem Spieler, um zu erfahren, wie er sich auf die Szene vorbereitet habe. Ich nahm an, daß er eine Methode ähnlich der Stanislawskis oder eine andere besondere Idee genutzt haben könnte, um eine Art emotionales Gedächtnis zu entwickeln. Er schilderte mir seine Überlegungen folgendermaßen: »Sie ist eine alte

Frau, so mußte ich kürzere Schritte machen als normalerweise – sie umfaßten etwa siebzig Prozent der normalen Schrittlänge –, und ich mußte nach Betreten des Stegs am ersten Baum haltmachen. Das ist alles, woran ich beim Gehen dachte.«

Und doch konnte ich als Zuschauer alles fühlen. Indem der Spieler die Bewegung bewußt einfach gestaltete und sich geistig intensiv auf diese physische Aufgabe konzentrierte, gab er den Zuschauern genügend Raum für eigene Vorstellungen. Durch die von ihm geschaffene »Leere« konnten sie an seinen Bewegungen ablesen, was immer sie wollten. Hätte er ihnen zuviel Bewegung geboten und sie mit unnötigen, auf persönliche Angewohnheiten zurückzuführende Details verwirrt, hätte er auf sich selbst statt auf die darzustellende Person aufmerksam gemacht. Damit aber wäre den Zuschauern die Möglichkeit genommen worden, sich ganz in den Geist der Rolle zu vertiefen.

Ähnlich kraftvoll fand ich das Spiel, das Irene Worth als Jocaste in Brooks Inszenierung des *Ödipus* bot, die 1968 im »National Theatre« aufgeführt wurde. Besonders bewegend war der Moment von Jocastes Selbstmord. Auf der Bühne befand sich eine schmale Holzpyramide, geformt wie die Klinge eines Schwertes. Den Selbstmord stellte sie dar, indem sie, hinter dem Gerüst stehend, langsam die Knie beugte und die Pyramide hinaufstieg, bis ihr Kopf über der Spitze auftauchte. Augen und Mund weit aufreißend, verharrte sie im Moment des Todes. Es war ein wundervoller Augenblick. Als ich sie nach der Vorstellung nach dieser Szene fragte, erklärte sie, daß sie es sehr schwer gefunden habe, die Knie zu heben und den Körper ständig unter Kontrolle zu halten, um beim Aufstieg nicht zu schwanken. Sie habe sich vollkommen auf ihren Körper konzentrieren müssen und sei nicht dazu gekommen, sich irgendwelche Gedanken über die Darstellung zu machen. Dennoch war es ein außergewöhnlicher Augenblick.

So »poliert« der Schauspieler seine Kunst. Das Polieren ist nicht als »Ausschmücken« zu verstehen, sondern als ein Bereinigen. Hat der Schauspieler dieses Niveau der Kontrolle einmal erreicht, kann er den körperlichen Ausdruck um bestimmte Details und Eigenheiten erweitern, die aber stets Teil der darzustellenden Person sind und nicht Angewohnheiten des Darstellers selbst.

Das Gleiche trifft auf die stimmliche Arbeit zu. Der Mensch hat von Geburt eine sehr starke Stimme. Ein Baby kann die ganze Nacht über extrem laut schreien, ohne daß die kleine Kehle Schaden nimmt. Mit zunehmendem Alter des Kindes lagert sich jedoch in Körper und Geist eine Menge »Staub« ab. Mit zwanzig Jahren stellt man womöglich fest, daß die Stimme leise und schwach geworden ist. Das ist sie aber nicht von Natur aus. Wenn man einen einfachen Laut wie »a« nimmt und es schafft, ihn genauso frei und offen zu sprechen wie als Kind, ist die Stimme wieder rein und ausdrucksvoll.

Mit dem Polieren von Körperbewegung und Stimme ist der erste Schritt auf dem Weg zum Schauspieler getan. Was ein Baby tut, ist klar und einfach, doch das macht es noch nicht zum Schauspieler. Wie sich Babies und Tiere auf der Bühne verhalten, ist interessant anzusehen, kann den Zuschauer aber nicht tiefer beeindrucken, dazu bedarf es der Konzentration des Schauspielers. Seine Konzentration ist umfassend, denn sie betrifft nicht nur die Gedanken, sondern auch den Willen, die Empfindungen, das ganze Selbst.

Die Arbeit am *Sturm* ging weiter, mit vielfältigen Versuchen, sich dem Stück zu nähern. Während der Proben improvisierte jeder alles, nicht nur die eigene Rolle. Die Gruppe wurde zum Beispiel paarweise eingeteilt, worauf jedes Paar die erste Begegnung zwischen Ferdinand und Miranda improvisierte. Auf diese Weise hatte Brook alle Gestalungsmöglichkeiten vor Augen und konnte unter den verschiedenen Angeboten das Beste auswählen. Das ist gemeint, wenn es von einem Regisseur heißt, er habe einen guten Blick. Gemeint ist seine Fähigkeit, die richtige Wahl zu treffen.

Brook arbeitete wie ein Bildhauer. Er stellte ein schön geformtes Stück her, etwa einen Würfel. Dann machte er ein zweites, anders geformtes Stück, vielleicht eine Kugel. Nun sah er sich die beiden an und überlegte, wie sie am besten zusammenzusetzen wären, etwa durch Anordnung der Kugel auf dem Würfel. Hatte er alle Teile zusammengesetzt wie bei einer Collage, ergaben sie auch einen Sinn. Zu Beginn unserer Arbeit gewann ich den Eindruck, daß Brook immer eine klare Vorstellung von der allgemeinen Richtung einer Idee hatte, aber nicht genau wußte, wie die Form zum Schluß aussehen sollte. Er wußte aber, wie er das herausfinden konnte. Das ist sein Talent. Den Probenprozeß begann er damit, daß er allen, auch den Musikern, den Bühnen- und Maskenbildnern, die Grundidee beschrieb, worauf jeder anfing, kreativ damit zu arbeiten, und er beobachtete, was sie taten. Wenn jemand zu weit von der vorgegebenen Richtung abkam, brachte er ihn auf den richtigen Weg zurück, sonst aber griff er nicht ein. Während wir probten, bemerkte Brook zu dem, was ich machte, kaum etwas. Ich fing schon an, mir deswegen Sorgen zu machen, doch ein englischer Kollege versicherte mir: »Sei unbesorgt, wenn es schlecht ist, wird er es dir schon sagen.«

Ich spielte den Ariel, einen Geist. Es war eine Rolle von unbestimmter Gestalt, ich verwandelte mich das eine Mal in einen Vogel, ein andermal in Luft. Die Darsteller der adligen Gesellschaft gingen anders vor. Geoffrey Reeves hatte den Gedanken der »Sieben Todsünden« aufgegriffen, jeder Darsteller suchte sich eine davon aus und gab ihr mit seinem Körper Gestalt. Er machte sich selbst zu einer Puppe, und diese Puppe begann, sich zu bewegen und zu sprechen. In diesem Fall ging es um den Versuch, sich der Rollengestaltung von außen zu nähern. Die dem Körper verliehene Form bestimmte das Wesen der darzustellenden Person. Das war der Gedanke, den wir uns beim Spiel zunutze machten, jedoch nicht bei jeder Aufführung. Mitunter wurde auch ganz normal, das heißt in naturalistischer Weise gespielt, während an anderen Stellen wieder mehr mit stilisierter Körperlichkeit gearbeitet wurde, die an die Peking-Oper oder an das Kabuki erinnerte.

Brook suchte damals auch schon nach Möglichkeiten, einen Austausch der theatralischen Kultur zwischen Ost und West herbeizuführen. In dieser Richtung baute er die Arbeit in den nachfolgenden Jahren sehr viel stärker aus, doch begonnen hatte das bereits mit der Arbeit am *Sturm*. Einmal war Robert Lloyd, der den Ferdinand spielte, mein Partner bei einer Übung, die folgendermaßen aussah: Wir stellten uns Rücken an Rücken, Lloyd sprach seinen Text, und ich sprach dieselbe Stelle gleichzeitig auf japanisch, im Stil des Noh-Theaters. Dadurch, daß er den Klang des Noh-Vortrags hörte und fühlen konnte, wie die Laute in meinem Körper produziert wurden, bekam er eine Vorstellung von einer ganz anderen Art, theatralische Energie zu übertragen. In der Aufführung selbst schlug sich das nicht direkt nieder, weil Brook nie jemanden aufforderte, einen bestimmten, besonderen Stil zu imitieren, aber für Lloyd war es dennoch das unmittelbare Erlebnis eines japanischen Spielversuchs.

Beteiligt an dieser Produktion war auch Glenda Jackson, die das Boot spielen sollte, und zwar mitsamt den Passagieren! Zur Vorbereitung auf diese Rolle forderte Brook sie auf, sich auf den Boden zu setzen, und begann dann, ihr verschiedene Fragen zu stellen. Welcher Art die Fragen waren, kann ich nicht genau sagen, weil ich zu der Zeit noch kaum Englisch verstand, aber meinem Eindruck nach waren sie darauf gerichtet, bestimmte physische Empfindungen hervorzurufen und einen Zustand des Unbewußten zu erzeugen. Die Fragen entsprachen etwa diesem Schema: »Du bist im Wasser ... du treibst ... wie fühlst du dich?« – Brook setzte auch eine Menge Originallaute ein, auch Atemgeräusche. Mit geschlossenen Augen auf dem Boden sitzend, schien Glenda allmählich die ihr suggerierte physische Beschaffenheit des Bootes anzunehmen, ihr Atemrhythmus veränderte sich. Bei Improvisationen dieser Art ging es nicht um den Versuch, die äußere Gestalt des Subjekts durch Bewegungen des Körpers und das Kopieren bestimmter Handlungen nachzuahmen. Die Fragen zielten auch nicht darauf ab, die mentale und psychische Landschaft einer Bühnenfigur zu erhellen. In Erscheinung trat vielmehr die erwachende Empfindung einer physischen Realität, durch Nutzung des Unterbewußten. Eine ähnliche Übung, die wir alle durchführten, sollte uns deutlich machen, wie sich ein Ertrinkender fühlt. So etwas zu üben war sehr schwer. Es ist nicht leicht, mentale Konzepte und physische Empfindungen miteinander zu verbinden.

Eine Übung ganz anderer Art, die von Vittorio Garcia geleitet wurde, hat mich besonders beeindruckt. Garcia teilte die Darsteller in zwei Gruppen ein, eine aktive und eine passive.

Die nach dem Schiffbruch schlafend daliegenden Passagiere bildeten die passive Gruppe, die Helfer Ariels die aktive. Die aktiven Personen sollten versuchen, die Schlafenden behutsam zu wecken, durch Berührungen oder durch Laute. Sie spielten keine »Geister«, sondern bemühten sich um freundliche Kontaktaufnahme zu den anderen. Dieselbe Zweiteilung in eine aktive und eine passive Gruppe lag einer weiteren Übung zugrunde, bei der es darum ging, daß die Passiven, die sehr niedergeschlagen waren, von ihren aktiven Partnern irgendwie – mit Worten, durch Berührung oder auf andere Weise – aufgeheitert werden sollten. Um meine Partnerin Glenda Jackson aufzumuntern, erzählte ich ihr, was mir auf dem Weg nach Paris bei der Zwischenlandung in Kopenhagen passiert war. Ich hatte mich in der Stadt umgesehen, dann mußte ich austreten, konnte aber nirgends eine Toilette finden, und da ich nur Japanisch konnte, kam ich in schreckliche Bedrängnis. Diese alberne Geschichte erzählte ich Glenda in meinem schlechten Englisch und war sehr glücklich, als sie wirklich darüber lachte.

Das Improvisieren war für mich eine sehr befremdliche Arbeit. Verglichen mit dem heutigen Stand unserer Arbeit war das, was wir damals machten, in der Tat noch unausgereift und sogar ein bißchen komisch. Das war aber erst der Beginn eines Entwicklungsprozesses. Aus unseren Fehlern lernend, taten wir die ersten unsicheren Schritte auf einem Feld, das Neuland für uns war.

Als es mit der Arbeit ernst werden sollte, mußten die Proben unterbrochen werden. Die französische Künstlergewerkschaft hatte sich mit den Streikenden der Mai-Revolution solidarisiert, worauf sich die Franzosen aus unserer Gruppe ebenfalls in den Streik stürzten.

Brook begab sich mit der gesamten Theatertruppe zum Platz der Republik. Von dort aus sollte sich ein großer Demonstrationszug aus Studenten, Arbeitern und Künstlern zur Oper bewegen. Am Treffpunkt der Künstlergewerkschaft hatte sich bereits eine Menge Schauspieler eingefunden, die ich aus französischen Filmen kannte. Ihnen schloß sich unsere Gruppe an, dann setzte sich der Zug in Bewegung. Mir war nicht wohl bei der Sache. Mein Aufenthalt in Paris war auf Einladung des Odéon-Theaters zustande gekommen, das von der französischen Regierung mit öffentlichen Mitteln subventioniert wurde, und nun fand ich mich mitten in einer Versammlung wieder, die lauten Protest gegen die Regierung erhob und »Tod für de Gaulle!« forderte, ohne daß ich das mindeste über die politische Situation in Frankreich wußte. Im Grunde stand es mir nicht zu, mich hier unter die Leute zu mischen und einfach mitzumachen. So beschloß ich, das Ereignis nur als Beobachter zu verfolgen. Was meinen weiteren Aufenthalt in Frankreich betraf, war ich voller Sorge darüber, wie sich das alles entwickeln würde.

Da wir alle den Wunsch hatten, unsere Arbeit möglichst bald wiederaufzunehmen, hatten Brook und die ausländischen Mitglieder der Truppe um ein Gespräch mit einem der Führer des Studentenstreiks gebeten. Ihm erklärte Brook: »Wir sind eine internationale Truppe von Theaterleuten aus vier Ländern, die sich zusammmengetan haben, weil sie den gegenwärtigen Zustand des Theaters für unbefriedigend halten und das Theater revolutionieren wollen. Unser Vorhaben ist genauso vom Geist der Revolution getragen wie eure Bewegung. Könnten wir von euch nicht die Erlaubnis bekommen, unsere Theaterarbeit trotz des Streiks fortzusetzen?«

Das Gespräch verlief ergebnislos, wir mußten warten, bis der

Streik zu Ende war. Unterdessen drängte eine Masse studentischer Demonstranten ins Odéon-Theater. Barrault, der Direktor, öffnete ihnen die Tore, die Studenten besetzten das Theater und machten es zu ihrem Hauptquartier. Das wiederum veranlaßte André Malraux, den Kulturminister, Barrault als Direktor abzusetzen – mit der Begründung, er habe sich der Übergabe des Odéon an die Demonstranten schuldig gemacht. Durch die Entlassung unseres Produzenten fiel natürlich auch unser Theaterprojekt ins Wasser, so daß wir buchstäblich auf der Straße saßen.

Erst hatten wir noch die Hoffnung, daß die Proben wiederaufgenommen werden könnten, sobald der Streik vorüber wäre. Statt aufzuhören, nahm er aber immer größere Ausmaße an. Die Metro stellte den Betrieb ein, auf den Straßen türmten sich Müllberge, und die Auseinandersetzungen zwischen den Demonstranten und der Polizei wurden noch heftiger.

Auf meine besorgte Frage, was wir tun sollten, wenn das so weiterginge, meinte ein englischer Kollege: »Dann setzen wir uns nach Belgien ab, dort ist es ruhig. Nach Belgien braucht man mit dem Auto nur zweieinhalb Stunden.« – Die Antwort gefiel mir. Einen Nachbarstaat zu haben, der so dicht liegt, daß er bequem auf dem Landweg erreichbar ist, ist für jemanden, der von einer Insel kommt, unvorstellbar. Man brauchte nur einen Schritt über die Grenze zu tun und war in einem anderen französischsprachigen Land mit anderem politischem System, in dem es derzeit ohne Demonstrationen und Gewalt zuging. Wie praktisch doch ein so künstliches Gebilde wie eine Grenzlinie ist, an der in Europa die Länder und Gesellschaften wechseln. Für uns Japaner dagegen sind Staat und Nation gleichbedeutend mit jenem Verband, in dem wir seit Jahrhunderten mit *einer*

Sprache und *einer* Kultur miteinander leben wie in einer einzigen großen Familie.

Jedenfalls war ein Ende der Demonstrationen nicht abzusehen, es wurde im Gegenteil immer schlimmer, so daß wir beschlossen, Paris zu verlassen. Inzwischen waren von dem Streik auch schon der Eisenbahnverkehr und die Flughäfen betroffen, und mit dem Auto kam man auch nicht mehr weg, weil die Tankstellen bestreikt wurden; der Autoverkehr lag vollkommen brach. Ein kleines Reisebüro machte es schließlich möglich, daß wir von einem französischen Militärflugplatz nach England fliegen konnten – mit einer sehr, sehr kleinen Maschine, die auf einem Flugplatz der Royal Air Force bei London landete.

In England stand damals zweierlei hoch im Kurs – der Minirock und die Beatles. Das erste, was ich in London tat, war, mein französisches Geld in englische Pfund umzutauschen. Die Bemerkung eines englischen Kollegen, daß meine Francs bald nichts mehr wert sein könnten, wenn ich sie nicht schnellstens wechselte, hatten mir Angst gemacht. Ich hatte mir bis dahin tatsächlich eingebildet, daß Banknoten ihren festen Wert hätten, ein für allemal. Wie sich nun erwies, entbehrte diese Vorstellung jeder realen Grundlage. Mit dem Untergang eines Landes verschwindet auch seine Währung. Ein Geldschein – das sah ich jetzt – ist ja wirklich nur ein Stück Papier. Man kann sich nur wundern über die seltsamen Ideen, die der Mensch in die Welt setzt.

Brook fand, daß es schade wäre, wenn sich die internationale Truppe, zu der wir uns einmal zusammengefunden hatten, sang- und klanglos wieder auflösen würde. Er hatte vor, vom British Arts Council und der Royal Shakespeare Company etwas Geld aufzutreiben, um uns weiter bezahlen zu können. Unterbringen wollte er uns privat bei einigen englischen Schauspielern. Seine Frage an uns war, ob wir unter diesen Umständen bereit wären, die Probenarbeit fortzusetzen und das Theaterexperiment mit einer internen Vorführung abzuschließen. Der Vorschlag wurde in der Truppe sogleich von allen Seiten diskutiert. Ein Schauspieler aus den USA mußte deswegen erst mit seiner Agentur in Übersee telephonieren, doch am Ende waren alle dafür, weiterzuproben.

Ich wurde bei dem Schauspieler Henry Woolf einquartiert, einem bärtigen, ein Meter fünfzig kleinen Mann. Seine Frau, eine Dame von typisch englischer Eleganz, war ebenfalls Schauspielerin. Die Gegend nahe der Kings Road, wo die beiden wohnten, galt damals als ausgesprochen schick.

Die einwöchige Vorstellung, die wir zum Abschluß gaben, fand im sogenannten »Roundhouse« statt, einem alten Holzbau, der früher ein Eisenbahndepot war. Arnold Wesker hatte das Gebäude angemietet, um ein Jugendkulturzentrum daraus zu machen. Für den nötigen Umbau fehlte ihm zur Zeit noch das Geld, die Bauarbeiten waren aus diesem Grund unterbrochen worden.

Die Aufführung basierte auf Shakespeares *Sturm*. Dem Namen »Roundhouse« entsprechend, hatten wir es mit einer runden Spielstätte zu tun, die in ihrer Gesamtheit das Meer vorstellte. Der Luftgeist Ariel – das war meine Rolle – hatte auf dem Meer einen Sturm entfacht, in den ein Schiff geriet und kenterte. Die schiffbrüchige Mannschaft erreichte mit Müh und Not eine Insel, die ein erhöhter Teil der Spielfläche bildete. Eine Konstruktion aus Eisenstangen, einem Baugerüst ähnlich, symbolisierte die Insel. Was die Gestrandeten, dort angekommen, an

Gefühlen offenbarten, reichte von Bruderhaß über die Liebe eines jungen Paares bis zu grenzenloser Habgier. Zu Ende ging das Spiel mit volksfestartiger Ausgelassenheit, in die auch die Zuschauer einbezogen wurden.

Da eine Bühne im eigentlichen Sinne nicht vorhanden war, konnte das Publikum von jeder beliebigen Stelle des Raumes aus zuschauen. Auf Kostüme war wegen Geldmangel verzichtet worden, die Schauspieler traten in ihren Trainingssachen beziehungsweise in Jeans auf, jemand sogar im weißen Judo-Kittel. Ich spielte den Luftgeist in Hakama-Hosen und einem schwarzseidenen, mit Wappen verzierten Kimono, also im Gewand des traditionell-japanischen Schauspielers. In meinem Text mischte sich originales Shakespeare-Englisch mit japanischen Sentenzen. Daß ich Ariel japanisch sprach, erklärte sich einfach damit, daß ein Wesen wie der Luftgeist, das einer fremdartigen Welt entstammt, auch eine fremde Sprache spricht, und genau das stellte das Japanische für den englischen Zuschauer dar. Sprachlich warteten wir also mit einem englisch-französisch-japanischen Gemisch auf, das eine kuriose Wort-Symphonie ergab. Auf Brooks schmeichelhafte Bemerkung – »Du bist der erste japanische Schauspieler, der hier in London einen Shakespeare-Text auf englisch spricht« – konnte ich nur grinsen. Die Vorstellungen im »Roundhouse« waren nicht öffentlich, unser Publikum bestand aus lauter Fachleuten, die von der Royal Shakespeare Company und vom National Theatre kamen.

Zu Beginn der Proben waren alle intensiv bei der Sache gewesen, denn da wußte noch keiner, wer welche Rollen bekommen würde. Doch nachdem die Rollen verteilt waren, sah man, daß einige Schauspieler aus Enttäuschung darüber, daß sie nur eine kleine Rolle spielen sollten, einen deutlich geringeren Eifer an den Tag legten. Vor meiner Abreise nach Europa hatte mir mein Lehrer Okura geraten: Spiel nicht für dich, sondern verhalte dich so, daß du deinen Partnern das Spielen erleichterst. – Diese Worte hatten sich mir eingeprägt, und ich beherzigte sie. So dachte ich jetzt auch nicht darüber nach, ob es eine gute oder schlechte Rolle war, die ich zu spielen hatte, sondern verhielt mich stets so, daß meine Partner durch meine Mithilfe gut spielen konnten. Wenn ich so etwas sage, klingt das vielleicht etwas scheinheilig, so als predigte ich damit dem Theater Moral. Doch dadurch, daß ich meinem moralischen Anspruch treu blieb, wollte ich mich all den kleinlichen Eifersüchteleien und der gegenseitigen Mißgunst, die mit dem Schauspielerberuf nun mal untrennbar verbunden sind, diesem ständigen Trachten nach guten Rollen und dem Groll darüber, nicht so groß herausgekommen zu sein wie ein anderer, nach Möglichkeit entziehen.

Das hat mit einer Erscheinung zu tun, die man »Krankheit des Geistes« nennen könnte. In den westlichen Ländern wird dieses Phänomen mitunter auch als »Egoismus« bezeichnet. Auf das Theater bezogen kann das beim Schauspieler dazu führen, daß er sich denkt: »Ich möchte besser sein als die anderen. Ich habe eine Technik gelernt, und nun kann ich zeigen, wieweit ich sie beherrsche. Dazu muß ich mit dem, was ich mache, auf der Bühne gut zu sehen sein. Die Vorstellung würde auf diese Weise sowieso am besten laufen.« – Eine solche Denkweise ist Ausdruck der Starrheit des Bewußtseins. Eigentlich sollte man als Schauspieler gar keine festgefügte Vorstellung davon haben, welche Beziehung man zu den anderen Darstellern hat, was man selber ausdrücken möchte oder wie die Vorstellung abzulaufen hat. Ginge jeder Schauspieler mit so starren Ansichten an die Arbeit, entstünde auf der Bühne etwas völlig Lebloses.

Während der einen Woche, die wir im »Roundhouse« auftraten, wurde ich eines Tages von unserem Stage-Manager angesprochen. Er sagte, daß ein japanischer Freund von ihm da sei, der sich an dem Abend die Vorstellung ansehen wolle.

»Hast du Lust, dich hinterher noch ein bißchen mit ihm zu unterhalten?« fragte er.

»Ja, natürlich«, sagte ich.

Als ich an dem betreffenden Abend vor Spielbeginn in den Saal schaute, erblickte ich dort tatsächlich vier jüngere Japaner, die dicht beieinander saßen. Japaner als Theaterbesucher in Europa sind heute nichts Ungewöhnliches mehr, man trifft sie, wohin man kommt, aber damals, 1968, begegnete man ihnen selbst in der Stadt nur selten. Bei meinem Shakespeare-Text hielt ich mich, soweit ich ihn japanisch wiedergab, an die Übersetzung von Shoyo Tsubouchi. Die ziemlich altmodische, im Stil des Kabuki gehaltene Sprache, die Tsubouchi benutzt, ist schwer zu sprechen. Ich nahm es damit aber nicht so genau, weil von den Zuschauern sowieso niemand Japanisch verstand und also auch niemand merken konnte, wenn mir mal ein Fehler unterlief. Diesmal war das anders, im Publikum saßen Japaner, und ich gab mir an dem Abend die größte Mühe, keinen Fehler zu machen.

Die Vorstellung lief gut, wie verabredet kam ich anschließlich in das Pub, in dem ich bereits von meinen Landsleuten erwartet wurde. Als wir jedoch mit der Unterhaltung beginnen wollten, stellte sich heraus, daß diese Japaner kein Wort Japanisch verstanden. Sie waren in Kanada geboren und lebten dort schon in der dritten Generation. Japaner, die kein Japanisch können – unmöglich, ich wollte es einfach nicht glauben. Wer Japanisch spricht, ist Japaner – oder: Wer Japaner ist, kann natürlich Japanisch, das hatte ich bis dahin vorausgesetzt. Wenn es nicht die Sprache war, die den Japaner ausmachte, was dann?

Auf mich selbst bezogen, mußte ich mich jetzt fragen, was die Vorstellung, an die ich mich so lange geklammert hatte – die Vorstellung von dem, was ein *japanischer* Schauspieler ist –, zu bedeuten hatte. Gab es doch Japaner, die nicht Japanisch sprechen, nicht Japanisch essen, keinen Kimono tragen, sich nicht japanisch verbeugen, weder einen Shinto-Schrein noch einen buddhistischen Tempel besuchen und auch nicht auf den Japanischen Inseln leben.

Nicht *die* Japaner schlechthin sprechen Japanisch, es ist jeweils ein ganz bestimmter, auf den das zutrifft. Oder: Weil einer Japaner ist, muß er deswegen nicht auch Japanisch sprechen und einen Kimono tragen. Und wenn sich jemand verbeugt, besagt das nur, daß er womöglich Japaner ist.

Die Frage, was ein Japaner ist, blieb damit immer noch offen. *Den* Japaner als Individuum gibt es nicht. Was es gibt, sind Individuen, die zum Teil Japanisches an sich haben, wobei dieses Japanische nichts mit der äußeren Erscheinung – nicht mit dem Kimono, den sie tragen, noch mit dem japanischen Essen, das sie bevorzugen – zu tun hat, sondern meiner Ansicht nach etwas ist, das viel tiefer sitzt und mit Worten schwer zu erfassen ist. Was »das Japanische« ist, will man heute beispielsweise mit psychologischen Mitteln wie der Psychoanalyse ergründen. Während des Krieges war dafür der Ausdruck »japanischer Geist« in Gebrauch. Andere wiederum bestreiten, daß es so etwas wie »das Japanische« überhaupt gibt.

Auf dem Gebiet der künstlerischen Arbeit hat sich vielfach herausgestellt, daß ein Werk eher dann international ist, wenn es durch die Eigenart seines Schöpfers einen bestimmten lokalen

Charakter aufzuweisen hat. Die lokale Prägung macht demnach potentiell das Internationale einer künstlerischen Arbeit aus. Nach Abschluß meines Studiums an der Keio-Universität hatte mir Koji Shirai, der dort Professor für französische Literatur war, gesagt: »Ins Ausland geht man nicht, um das Ausland kennenzulernen, sondern weil man dort mehr über sich und das eigene Land erfährt.«

Was das Lokale, also der eigene kulturelle Hintergrund ist und wie man damit umgehen muß, um etwas Internationales daraus entstehen zu lassen, ist mir damals nicht recht klar gewesen. Sofern ich weiter im Ausland arbeiten wollte, mußte ich das herausfinden. Das augenblickliche Interesse, das ich hier auf mich zog, beruhte ja nur auf meiner exotischen Wirkung, galt nicht wirklich meiner schauspielerischen Eigenart. Interesse weckte ich hier vielleicht in ähnlicher Weise wie ein Souvenir, das sich westliche Touristen aus Japan mitbrachten. Mit dem, was ich tat, erfüllte ich gewissermaßen denselben Zweck, den ein touristisches Andenken hat.

Gerade damals, nach unserer *Sturm*-Vorführung in London, vollzog sich im europäischen Theater ein Umbruch. Bis dahin hatte die Aufgabe des Theaters vor allem darin bestanden, den Text eines Dramatikers schauspielerisch gekonnt umzusetzen, um den Zuschauern den literarischen Gehalt des Stücks zu vermitteln. Nun befreite man den Schauspieler aus der engen Bindung an den Text. Man wandte sich mehr der Psyche des Menschen zu, förderte zutage, was in der Tiefe seiner Seele verborgen lag, und brachte es auf der Bühne durch den Einsatz der Stimme und des Körpers zum Ausdruck.

Es gab zu der Zeit auch viele Versuche, Kunstauffassungen aus

Ostasien in das westliche Theater einzubringen und dort weiterzuentwickeln. Dieses Interesse an Ostasien erstreckte sich natürlich auch auf Japan, zur Überraschung all derer, die hier als traditionell-japanische Künstler wirkten. Durch die Anerkennung, die sie auf einmal bei der Kunstavantgarde des Westens fanden, erlagen viele von ihnen der Illusion, daß sie mit dem, was sie taten, in vorderster Linie der modernen Kunst stünden. Dabei war es einfach so, daß die Künstler des Westens, die nichts, was in Politik, Wirtschaft, Gesellschaft oder Kultur geschieht, ungeprüft lassen und sich immer fragen, wo sie als Künstler ansetzen müßten und was für sie als nächstes zu tun sei, bei dieser Suche auch auf die Tradition Ostasiens gestoßen waren.

Was da von westlicher Seite her unternommen wurde, nämlich die Wiederentdeckung der ostasiatischen Klassik in deren moderner Bedeutung, war etwas wesentlich anderes als das, was die meisten traditionell-japanischen Künstler taten, indem sie die ihnen überlieferte Kunst – ohne sie zu analysieren, ohne sie auf ihren Sinn hin zu befragen – gewohnheitsmäßig fortführten. Andererseits gab es natürlich auch viele, die sich sehr darum bemühten, im Traditionellen stets die moderne Bedeutung herauszufinden. Die einen wie die anderen hatten damals im Ausland großen Erfolg. Im Westen schätzte man ihr Vermögen, ostasiatische Künste nach traditionellem Konzept zum Ausdruck zu bringen; ihre Technik, in vielen Jahren der Übung erworben, wurde mit Erstaunen und Bewunderung aufgenommen. Ich aber fragte mich, was es bedeutet, ein kreativer Künstler zu sein.

Ein echter Künstler ist für mich jemand, der eine traditionelle Kunst, deren Technik er beherrscht, ihrem Wesen nach erfaßt und in der Gegenwart weiterentwickelt. Die nur technische

Brillanz ist für meine Begriffe nicht genug. Dazu muß die Erkenntnis kommen, daß es gilt, aus dem Traditionellen heraus immer wieder Themen zu finden, die in Bezug zur Gegenwart stehen. Wer das nicht tut, ist auch nicht als kreativer Künstler zu bezeichnen.

Mir scheint, daß darüber bei vielen Leuten ziemlich große Verwirrung herrscht. Selbst in Theaterkreisen ist das so. Als ich dabei war, Noh-Spiel und Gidayu-Rezitation zu erlernen, wurde mir öfter geraten, mich nicht zu intensiv damit zu beschäftigen, weil die besondere Art der Stimmbildung, die man für dieses Fach braucht, »zu japanisch« sei und ein Schauspieler, der sich darauf festgelegt habe, unfähig werden könnte, im modernen Theater weiterhin Shakespeare und Molière zu spielen. Dann wieder gab es Zeiten, wo es genau umgekehrt zuging und auf der Bühne so gut wie alles nach Kabuki-Manier gespielt wurde.

Damit ist nicht gesagt, daß der Kabuki-Stil etwa schlecht sei. Thematik und Schreibweise sind aber bei jedem Stück anders, und das muß auf der Bühne entsprechend zum Ausdruck kommen; man kann den Kabuki-Stil nicht auf jedes Stück anwenden. Die Behauptung, daß eine Inszenierung, die im Stil des Noh-Theaters oder des Kabuki gehalten ist, auf japanischer Tradition beruhe, ist – formal gesehen – sicher richtig; doch solange diese Inszenierung nicht zu erkennen gibt, warum der Inhalt des betreffenden Stücks so und nicht anders ausgedrückt werden mußte, ist der traditionelle Stil nur leere Form und bleibt ein Zugeständnis an das Exotische.

Ein anderes Beispiel. In Europa sagte mir ein junger Schauspieler einmal folgendes: »Anfangs waren die japanischen Recorder und Fernseher nur nachgemacht, heute sind sie die besten der Welt. Eines Tages wird es mit dem japanischen Theater bestimmt genauso sein.« – So schmeichelhaft das für einen Japaner sein mag, im Verständnis von Technik und Kreativität herrscht auch hier Konfusion. Technisch sind die Japaner sicher imstande, die besten Recorder der Welt herzustellen; doch diese gänzlich verrückte Idee, Töne auf einem Magnetband aufzuzeichnen, entstand woanders, nicht in Japan. Ideen konkret umzusetzen und das Ergebnis technologisch weiterzuentwickeln, dafür haben Japaner ein besonderes Geschick. Ihre Stärke liegt weniger in der Ideenfindung als vielmehr darin, etwas nachzuahmen. Oft genug merke ich das auch an mir selbst.

Von London aus zurückgekehrt nach Japan, nahm ich mir vor, der eigenen kulturellen Tradition nachzugehen. Die Generation, der ich angehöre, ist vollkommen nach europäischen Maßstäben erzogen worden, japanische Elemente gab es in dieser Erziehung nicht. In der Musik zum Beispiel wurde uns nur das westliche System – do, re, mi, fa usw. – beigebracht, nichts über die traditionell japanische Musik. In Fragen der Kunst war es ähnlich. Nicht das Werk von Hokusai wurde bei uns diskutiert, sondern ausschließlich europäische Theorien der Perspektive. So war ich in meiner geistigen Haltung ein Abklatsch westlicher Muster. Ironischerweise hatte ich von Kindheit an Noh und andere traditionelle Künste erlernt, aber während mein Körper dabei war, Noh zu lernen und sich auf japanische Art zu bewegen, betrachtete mein Geist die Welt des traditionellen Theaters aus europäischer Sicht, ganz so wie ein Tourist. Wirkliches Verständnis der traditionellen japanischen Kunst, der ihr zugrunde liegenden kulturellen und philosophischen Konzepte fehlte mir. Nicht nur, daß ich zwischen Orient und Okzident gespalten war, auch Körper und Geist standen in entgegengesetzten Lagern. Ich fand daher, daß es an der Zeit sei, etwas über die eigenen philosophischen und kulturellen Traditionen zu lernen.

Das erste, was ich in Japan tat, war, einen Zen-Tempel aufzusuchen. Jedem Japaner, der einmal im Ausland war, sei es auch kurzzeitig, wird zu Bewußtsein kommen, wie wenig er doch von Zen weiß. Es kann sein, daß einem in Japan die Distanz dazu fehlt und man sich deshalb einbildet, sich einigermaßen auszukennen; in Wirklichkeit weiß man gar nichts. Bei mir selbst war es so, daß ich zwar manches über Zen gelesen, aber noch nie gesessen und meditiert hatte. Durch die Vermittlung einer Bekannten erhielt ich nun die Gelegenheit, im Heirinji-Tempel in Saitama an Meditationsübungen teilzunehmen. Der Tempel ist der Ausbildung von Zen-Priestern vorbehalten; sie bleiben drei Jahre dort und sind dann befähigt, die Leitung eines Zen-Tempels zu übernehmen.

Der Aufenthalt in diesem besonderen Tempel war mir ausnahmsweise gestattet worden. An der Ausbildung für die Priester durfte ich natürlich nicht teilnehmen, durfte mich aber in der Küche betätigen und beim abendlichen Zazen (Sitzmeditation) dabeisein, das für alle gemeinsam stattfand. Der Tempel gehört zur Rinzai-Sekte, die die Meditation mit »Koan« genannten paradoxen Fragen unterstützt. Eine solche Aufgabe ist mir aber nicht zugeteilt worden. Ich war am Jahresende dort, bis über Neujahr, als das Zeremoniell des »Dai-setsu-shin« beendet und im Tempel eine Ruhephase eingetreten war. Ich wäre gern schon früher dagewesen, doch das ließ sich mit meiner Arbeit in der Theatertruppe »Shiki« nicht vereinbaren. So hatte ich die ruhigen Tage am Jahreswechsel erwischt, offenbar die rechte

Zeit, daß auch ein Priester ins Erzählen kommen konnte. Er war einer der »Wansui«, die die Schüler bei den Übungen anleiten. Ganz ohne Frau, sagte er, seien die drei Jahre im Tempel schwer durchzuhalten. Wenn man anschließend, wie es üblich sei, als Bettelmönch umherziehe, im langen Gewand, das Gesicht unter einem großen Strohhut verborgen, erschiene einem jedes weibliche Wesen, das man unter dem Hut hervor zu Gesicht bekäme, wie eine Schönheit. Deshalb werde den »Wansui« auch nachgesagt, daß sie einen »ehebrecherischen Blick« hätten.

Oberhaupt des Tempels war der Priester Keizan Hakusui. Wer als Priesterschüler in einen Tempel eintritt, trennt sich gewöhnlich im Alter zwischen elf und fünfzehn Jahren von der Familie. Keizan hatte die Trennung erst mit einundzwanzig Jahren vollzogen, was ihm den Spitznamen »der Spätgeschorene« eintrug. Ich bin ihm damals nur einmal begegnet. Als er hörte, daß ich Schauspieler sei, gab er mir einige wichtige Ratschläge für meine Arbeit:

»Wenn du eine Teeschale in die Hand nimmst, dann halte sie so, als ob sie ein paar Pfund schwer wäre. Einen kleinen Eßtisch trage so, als ob du einen großen Berg versetzen wolltest.

Beim Zazen ist dreierlei wichtig: Tandenriki – die Kraft im Unterleib; Kufu – das Suchen nach Mitteln und Wegen; und Sanmai – das Versunkensein in sich selbst. Mu, das durch Zazen erreichte Nichts, ist nicht gleichbedeutend mit vollkommener Leere. Es muß ein kraftvolles Nichts sein. Deshalb ist es beim Meditieren wichtig, die Kraft im Unterleib zu konzentrieren. Es ist auch ein großer Irrtum, zu meinen, daß man nur dazusitzen brauche, ohne sich selbst zu prüfen und auf diese Weise den Zustand des Nichts erreichen zu können. Vielmehr hat man sich ständig zu fragen, welches der beste Weg zum Nichts ist. Hat man es einmal erreicht, soll man sich ganz darauf konzentrieren und an nichts anderes mehr denken. Man muß sich dann tief in sich selbst versenken. Das ist Sanmai. Ich denke, diese Regeln des Zen lassen sich auch bei der Arbeit im Theater anwenden.«

In der Tat – sowohl Noh- als auch Kabuki-Schauspieler sind, seit es dieses Theater gibt, gehalten, beim Spielen die Kraft auf den Unterleib zu konzentrieren und alles Erdenkliche zu versuchen, um die Rolle zu erfassen, etwas anderes darf sie dabei nicht beschäftigen. Was diese Schauspieler tun, ist im Grunde nichts anderes als Zen. Von dem großen Noh-Meister Motokiyo Zeami (1363–1443) stammt der Hinweis, daß sich der Spieler bei voller Konzentration auf die Rolle in einem Zustand befinde, daß er das Gefühl habe zu fliegen. Gemeint ist damit derselbe innere Zustand, den man durch Zen erreicht, indem man die Bindung an Zeit und Raum abstreift und in eine metaphysische Welt eintritt.

Die Ik, 1975

Mahabharata, 1986

III

Anfang 1970 erhielt ich einen Brief von Peter Brook, in dem er mir von dem Vorhaben schrieb, im Herbst des Jahres ein Zentrum für Theaterstudien, das CIRT (Centre International de la Recherche Théâtrale), zu eröffnen. Drei Jahre lang sollten dort Theaterleute aus aller Welt – sowohl Regisseure und Dramatiker als auch Musiker, bildende Künstler und Schauspieler – Gelegenheit haben, sich noch einmal von Grund auf neu mit so wesentlichen Fragen wie »Was ist Theater?«, »Was ist ein Schauspieler?« oder »Was ist das Publikum?« zu beschäftigen. Das Zentrum sollte in Paris sein. Brook fragte, ob ich mitarbeiten wolle.

Zum Theater war ich gekommen, weil ich den Wunsch hatte, einmal Regisseur zu werden und mit einer eigenen Truppe zu arbeiten. Ein guter Regisseur brauchte nicht nur theoretisches Wissen, er mußte sich auch die verschiedenen Techniken der Darstellung aneignen. Mit dieser Vorstellung war ich zur »Bungakuza« gegangen, einem Theaterensemble, das damals unter Leitung so namhafter Literaten wie Bunroku Shishi, Mantaro Kubota, Aritsune Fukuda und Hiroshi Akutagawa stand. Ich hatte mir von vornherein eine Frist von zehn Jahren gesetzt. Mein Vorsatz war der, innerhalb von zehn Jahren ein annehmbarer Schauspieler zu werden, um anschließend eine eigene Truppe zu gründen und Regie zu führen.

Meine Bilanz nach zehn Jahren war aber die, daß ich offenbar nicht mal als Schauspieler besonderes Talent besaß, ganz zu schweigen von den Fähigkeiten eines Regisseurs, der eine eigene Truppe leitet. Nichts war so geworden, wie ich es mir erträumt hatte, aus Mangel an Talent. Das deprimierte mich, meine Lage erschien mir aussichtslos. Meinem ursprünglichen Vorsatz blieb ich nur insoweit treu, als ich die »Bungakuza« damals verließ. Ich fand Aufnahme in einem anderen Ensemble, der Theatertruppe »Shiki«. Dort fügte es sich, daß ich Brook begegnete, einem echten Regisseur, das spürte ich deutlich. So war der Brief, mit dem Brook erneut Kontakt zu mir suchte, als ich schon alle Hoffnung verloren hatte, die Rettung in höchster Not.

Geh zu Brook, sagte ich mir, und lerne bei ihm Theaterregie. Daß ich dazu vorerst Schauspieler bleiben mußte, wollte ich in Kauf nehmen, denn so würde ich unmittelbar erfahren, wie Brook Theater machte. Zögern ließ mich nur der Umstand, daß die Arbeit in Paris drei Jahre dauern sollte. War das nicht zu lange? Ob es für jemanden, der drei Jahre im Ausland war, hinterher noch Platz in Japan geben würde, war ziemlich ungewiß. Ging ich mit der Entscheidung für Brook nicht das Risiko ein, Japan aufzugeben? Andererseits heißt es ja oft, Beharrlichkeit führe zum Ziel – getreu dem Sprichwort: »Selbst ein Stein läßt sich erwärmen, wenn man nur drei Jahre auf ihm sitzt.« – So gesehen, bot sich nach den drei Jahren vielleicht doch eine Chance. In dieser Hoffnung faßte ich den Entschluß, Japan fürs erste zu verlassen. Ich dachte nicht mal im Traum daran, daß aus den drei Jahren einmal zwanzig Jahre Nomadenleben im Ausland werden könnten.

Es war damals die Zeit kurz nach den Protestaktionen gegen den amerikanisch-japanischen Sicherheitsvertrag, der 1970 verlängert werden sollte. Der Protest war, kaum daß er sich entzündet hatte, in sich zusammengefallen. Der Polizeieinsatz hatte sehr schnell massive Formen angenommen, da die Regierung gewillt war, die Studentenunruhen mit Gewalt zu unterdrücken. In Europa und den USA war das ähnlich, auch dort hatten die Regierungen durch den Einsatz von Polizei und Armee auf eine Politik der Gewalt gesetzt, an der die Mai-Revolution in Frankreich ebenso scheiterte wie die Protestbewegung gegen den Vietnamkrieg.

Der Rat, den mir mein Kyogen-Lehrer Yataro Okura diesmal mit auf den Weg gab, lautete, mir »Riken-no-ken« – die fremde Sicht – zu eigen zu machen. »Riken« ist ein Begriff des Noh-Theaters, den Zeami prägte. Im Unterschied zu »Gaken«, der nur subjektiven Sicht des Noh-Spielers auf sich selbst, bezieht sich »Riken« auf die Erscheinung des Spielers in den Augen des Zuschauers. Zeami fordert vom Noh-Spieler, sowohl »Gaken« als auch »Riken« zu entwickeln, also ständig Betrachter des eigenen Spiels aus subjektiver und objektiver Sicht heraus zu sein.

Damit stellte sich eine interessante Aufgabe. Beim Improvisieren war meine Aufmerksamkeit anfangs völlig davon in Anspruch genommen, den Partner zu beobachten und herauszuarbeiten, was als nächstes zu tun sei. Für »Riken-no-ken« blieb mir keine Zeit. Erst allmählich wurde mir klar, was damit gemeint ist. Als ich Jahre später wieder mit Okura zusammentraf, sagte ich ihm: »Meister, ich glaubte erst, daß ›Riken-no-ken‹ irgendwo im Publikum sein müßte, weil es sich doch um die Sicht des Zuschauers handelt. Dann begriff ich, daß es sich hinter mir befindet. Von einer Stelle hinter meinem Kopf sehe ich mich selbst agieren.«

Okura lächelte und sagte: »Du hast recht. So wie das Licht hinter Buddhas Kopf hervorscheint, so steht unser wahres Selbst beobachtend hinter uns.«

An jenem Tag war ich sehr glücklich.

Meine Lektüre im Flugzeug nach London war Kakuzo Okakuras *Buch vom Tee*, das mir ein Bekannter zum Abschied geschenkt hatte. Was ich da las, bewegte mich sehr. Den Grund kann ich mir selbst nicht recht erklären. Okakura lebte ja im Ausland, und so sehnsuchtsvoll und idealisierend, wie er aus der Fremde an das Land seiner Geburt dachte, war das Buch von einer Stimmung getragen, die mir wohl in dem Moment, wo ich Japan verließ, ohne zu wissen, was für ein Leben mich künftig erwartete, tröstlich erschien in meiner Verlassenheit. Okakura schreibt zum Beispiel:

»Die lange, zur inneren Beschaulichkeit führende Isolierung Japans von der übrigen Welt ist für die Entwicklung des Teeismus äußerst günstig gewesen. Unser Wohnen und unsere Gewohnheiten, Kleidung und Küche, Porzellan, Lack und Malerei, ja selbst unsere Literatur – alles ist seinem Einfluß untertan gewesen.

Wer nicht die Kleinheit des Großen in sich fühlen kann, ist leicht geneigt, die Größe der kleinen Dinge in den anderen zu übersehen.

Es gibt kein bestimmtes Rezept für die Bereitung vollkommenen Tees, wie es ja auch keine Normen für die Erschaffung eines Tizians oder Sessons gibt.

Er (Lao-tse) behauptete, daß einzig und allein im Vakuum das wahrhaft Bedeutungsvolle ruhe. Die Realität eines Zimmers ruhe im leeren Raum, der von Dach und Wänden umschlossen sei, nicht im Dach und in den Wänden selbst. Die Nützlichkeit eines Wasserkrugs wohne in seiner Leere, in die das Wasser hineingegossen werden könne, nicht in der Form des Kruges oder in dem Material, aus dem er hergestellt sei. Der leere Raum sei allmächtig, weil er allumfassend ist. Im leeren Raum allein wird Bewegung möglich. Wer aus sich selbst einen leeren Raum schüfe, in den die anderen frei hineingehen könnten, wäre Herr aller Situationen. Das Ganze vermag stets die Teile zu beherrschen.

Es ist bedauerlich, daß ein so großer Teil der scheinbaren Kunstbegeisterung unserer Tage auf keinem echten Gefühl aufgebaut ist. In diesem unserem demokratischen Zeitalter verlangt man, ungeachtet des persönlichen Empfindens, nach dem, was ganz allgemein für das Beste gehalten wird. Jeder will das Kostbare, nicht das Feine, das Modische, nicht das Schöne. (...) Ihnen ist der Name des Künstlers wichtiger als die Qualität seiner Arbeit.« (Deutsch von Margerite und Ulrich Steinhoff)

Ende Juni 1970 flog ich von Japan nach London. Von dort begab ich mich für einen Monat nach Stratford-on-Avon, wo Brook an der Inszenierung von Shakespeares *Sommernachtstraum* arbeitete, und sah mir die Proben an. Wenn ich von ihm etwas über Theaterregie lernen wollte, war es wichtig, mir einen objektiven Eindruck zu verschaffen, noch vor Beginn der Arbeit in dem neuen Studienzentrum in Paris. Während der Proben sagte Brook mir einmal: »Angenommen, ein Regisseur würde einen Schauspieler bitten, bei der Szene, die man gerade probt, oben an der Zimmerdecke entlangzulaufen, würde der ihn wahrscheinlich für total verrückt halten. Deshalb verzichte ich darauf, dem Schauspieler etwas vorzuschreiben, und sage nur: Mach es so, wie du denkst. – Nun kann es sein, daß er die Szene spielt, indem er sich auf einen Stuhl setzt. Der Stuhl geht aber kaputt, weil er entsprechend präpariert worden ist, so daß der Schauspieler anfängt, auf der Bühne herumzulaufen. Wenn die Bühne mit Öl begossen und in Brand gesetzt wird, ist er gezwungen, auf den Tisch zu steigen, um von dort aus zu spielen, und wenn auch der Tisch so gemacht ist, daß er nicht hält, sieht der Schauspieler, daß nichts mehr geht. Weder Stuhl noch Fußboden noch Tisch sind zu gebrauchen. Was soll er machen? Er weiß es nicht und wendet sich ratsuchend an den Regisseur. Der hat jetzt nichts weiter zu tun, als wortlos nach oben zu deuten. Worauf der Schauspieler, begeistert von dem großartigen Einfall des Regisseurs, alles versuchen wird, um an der Decke entlangzulaufen.«

Ein andermal hatte ich abends nach der Probe ein paar Leute zu mir nach Hause zu einem chinesischen Essen eingeladen. Da ich nicht wußte, wie man so etwas richtig zubereitet, hatte ich vor, Gemüse und Fleisch einfach in Öl zu dünsten, so ähnlich, wie das der Koch in einem Nudelrestaurant in Japan macht. Dazu mußte ich Gemüse und Fleisch in kleine Stücke schneiden, eine für mich ungewohnte Arbeit, die Brook, der mir zusah, sogleich kommentierte. Regie und Kochen, meinte er, hätten etwas gemeinsam. Wer Essen koche, bereite sich rechtzeitig vor, indem er die Zutaten fertig geputzt und geschnitten habe, ehe die Gäste kämen. Seien die Gäste da, tue er alles zusammen in die Pfanne. Den Geschmack des Gerichts bestimme aber nicht er, es seien die Zutaten selbst, die den Geschmack erzeugten, durch die Verbindung, die sie in dem heißen Öl miteinander eingingen. Davon hänge für den Koch ab, ob das Gericht am Ende gut schmecke oder nicht. Was er im voraus auch immer geplant haben möge, gegen eine Verbindung der einzelnen Zutaten, die nicht gut gerate, sei er machtlos. – »Mit der Regie«, sagte Brook, »ist es genauso, den Geschmack des Stücks bestimmen die Schauspieler. Der Regisseur ist nur dazu da, soweit wie möglich Voraussetzungen dafür zu schaffen, daß sie dem Stück vor den Augen der Zuschauer einen guten Geschmack geben können. Sobald im Theater der Vorhang hochgeht, hängt alles von den Schauspielern ab. Darum muß sich der Regisseur bei seiner Arbeit stets fragen, was er tun kann, das Ganze gut vorzubereiten.«

Eine Veranstaltung, die mich sehr interessierte, war eine öffentliche Probe für Kinder. Dazu erklärte Brook: »Abgesehen davon, welche Tiefe ein Stück, künstlerisch oder philosophisch, hat – ein Theaterstück kann es nur dann sein, wenn seine Story vom Publikum verstanden wird. Laßt uns heute abend vor einem jungen Publikum prüfen, wieweit wir imstande sind, ihm die Story verständlich zu machen. All die komplexen Theorien wollen wir dabei einmal beiseite lassen.«

Hinterher sagte mir Brook: »Zur Shakespeare-Zeit bestand das Theaterpublikum aus Angehörigen des Königshauses, Aristokraten, Intellektuellen, Arbeitern und Kindern. Am Theater erfreuten sich Menschen aus allen Klassen gemeinsam. Heute ist das Publikum geteilt in Besucher des ›Kommerziellen Theaters‹, des ›Off-Theaters‹ und des ›Klassischen Theaters‹. Ich möchte gern ein Theater entwickeln, an dem alle Spaß haben können, so wie zur Shakespeare-Zeit.«

Im Oktober jenes Jahres gingen wir von England nach Paris. Dort waren als erstes die Schauspieler zu begutachten, die sich um Mitarbeit im CIRT beworben hatten. Bei einigen – etwa zehn Leute, zu denen auch ich gehörte – stand die Entscheidung zu der Zeit schon fest. Da es jedoch sehr viele Interessenten aus aller Welt gab, waren wir der Ansicht, daß sie eine Chance bekommen sollten, ihr Können zu zeigen. So beschäftigten wir uns Tag für Tag vor- und nachmittags mit jeweils fünf bis sechs Bewerbern. Brook ließ sie improvisieren und versuchte auf diese Weise, die talentiertesten Leute herauszufinden. Das nahm einen ganzen Monat in Anspruch. Als sein Assistent fungierte ich bei den Improvisationen als Partner der Kandidaten; denn inzwischen war ich, im Unterschied zu meinen ersten Versuchen, ohne weiteres imstande, frei zu improvisieren. Im Laufe des einen Monats hatte ich es mit annähernd einhundertfünfzig Schauspielern aus allen möglichen Ländern zu tun. Als ihr Mit-Spieler fand ich sogar noch die Zeit, bestimmte Unterschiede das nationalen Charakters an ihnen zu beobachten. Ich machte mir damals ein paar Notizen darüber (sie erschienen später in der Theaterzeitschrift *Haiyukan*, die der inzwischen verstorbene Seiji Miyaguchi herausgab). Es heißt da unter anderem:

USA: Sehr beweglich, flüssiges Sprechen, aber beidem fehlt der Bezug zu einer bestimmten Idee. Kaum Neigung zu Stilisierung, Abstrahierung oder metaphysischer Überhöhung des Ausdrucks durch die Technik. Bewegung macht den Eindruck des bloßen Abreagierens von Frustrationen. Bei Zen-Malerei und Noh-Spiel dagegen ist der Ausdruck stets das Resultat strengster Reduzierung auf das Notwendige. Ich frage mich, ob Spieltechnik eine Art »action« sein sollte, um soviel wie möglich auszudrücken. Die Amerikaner können aber herrlich lachen und sind im Umgang mit anderen offen und freimütig, man fühlt sich wohl in ihrer Gesellschaft.

Frankreich: Sehr intelligente Leute, die auch beim Improvisieren großartige Ideen entwickeln. Nicht gut ist ihr stimmliches Vermögen, ungeschickt auch ihre Bewegungen. Sie scheinen vollkommen kopfbestimmt zu leben, als wäre der Körper gar nicht vorhanden. Verspätet zur Probe zu kommen ist bei ihnen die Regel.

Afrika: Schöne Bewegungen, wunderbare Stimmen. Es ist eine Freude, ihnen zuzuschauen. Es sieht aber so aus, als ob das, was sie zeigen, ihr eigenes »Selbst« sei, sie haben es nicht durch das Spiel geschaffen. Ihre Art zu denken ist komplex, es ist manchmal nicht leicht zu verstehen, was in ihnen vorgeht.

England: Die Schauspielkunst der Engländer ist meiner Ansicht nach die beste, die das europäische Theater aufzuweisen hat. Ausgewogenes Verhältnis von Körper und Geist, glänzende Umsetzung von Ideen in Formen und Bilder, sehr kreativ. Zu den Proben erscheinen die Engländer ausnahmslos pünktlich.

Diese Eindrücke, die ich notierte, als ich erst kurze Zeit in Europa war, sind sehr oberflächlich gewesen. Natürlich bin ich mir inzwischen darüber im klaren, daß das viel zu vereinfachende Darstellungen waren, die weder das Komplexe der einzelnen Kulturen noch die in jeder Region vorhandene schauspielerische Vielfalt wiedergeben konnten.

Jedenfalls nutzte Brook die Improvisationen dazu, sich seine Schauspieler auszusuchen. Viel später, während eines Symposiums, wurde er einmal gefragt, welche Schauspieler er bevorzuge. Brook antwortete: »Solche, die sich öffnen können und die mit anderen frei kommunizieren. Sie sollten mehr ausdrücken können, als der Regisseur sich vorgestellt hat.«

Auf Grund meiner Beobachtungen denke ich manchmal, daß er dazu neigt, problematischen Schauspielern den Vorzug zu geben, zum Beispiel gerade denen, die sich nicht so leicht von ihm überzeugen lassen, die energisch ihre eigenen Vorstellungen verteidigen oder nicht immer gleich sehen, worauf Brook hinaus will. Gehorsame Schauspieler wie ich, die zu allem ja sagen, sind ihm zu zahm. Auf einem bestimmten Niveau ist es Brook lieber, wenn er es schwer mit seinen Schauspielern hat. Da sie bei ihm die Freiheit haben, alles zu sagen, was sie denken, und er stets bereit ist, ihnen zuzuhören, ergibt sich daraus eine Fülle interessanter Gespräche.

Unsere CIRT-Gruppe war nun beisammen. Die Teilnehmer kamen aus den USA, aus Europa, Afrika, dem Mittleren Osten und Ostasien, sie bildeten eine kleine Welt-Gemeinde. Proben- und Arbeitsräume stellte uns die französische Regierung gegen ein Entgelt in der staatlichen Gobelinwirkerei zur Verfügung, alle Teilnehmer bezogen ein monatliches Gehalt. Beteiligt waren manchmal fünfzig, manchmal aber auch weniger als zehn Personen, je nach Art des laufenden Projekts. Unsere Gruppe war von vornherein mehr als eine Arbeitsgemeinschaft zur Erforschung des Theaters, sie war eine Gemeinde auch im Sinne des menschlichen Zusammenlebens. Obwohl wir nicht alle zusammen wohnten, sollte die Beschäftigung mit dem Theater unmittelbar in unseren Alltag und unser Alltagsleben letzten Endes wieder in die Probenarbeit einfließen. Gedacht war das als ein Prozeß, in dem jeder sein spezielles Wissen mit den anderen teilte, so daß über den Austausch Ansätze zu einem neuen Theater geschaffen werden könnten, immer in Verbindung mit der Suche nach einem neuen Verhältnis zwischen der Gruppe und dem einzelnen.

Dazu mußten wir die Theaterstruktur selbst in Frage stellen. Es war nicht so sehr unser Theater, durch das ein Gefühl der Gemeinschaft geschaffen wurde, vielmehr wurde dort, wo unsere Gemeinschaft mit ihrem Spiel eine theatralische Situation schuf, der Raum selbst zum Theater. Sind also Menschen in einem leeren Raum beisammen und jemand von ihnen beginnt, eine Geschichte zu erzählen, wird dieser Raum als Theater funktionieren.

Wichtig für die Gruppenarbeit ist noch etwas: Niemand darf auf seiner Ansicht bestehen wollen, jeder muß die Freiheit haben, auf alles zu reagieren, was sich im Raum ereignet. Das ermöglicht allen, völlig Neues zu entdecken. Brook drückte es oft so aus: »Seid offen, seid frei, laßt euch durch nichts hindern.«

Natürlich ist es schwer, eine Freiheit dieser Art in die Praxis umzusetzen. Man darf seine Konzentration nicht in eine Idee oder eine Situation einschließen. Sie nur auf einen bestimmten Punkt zu richten macht alle anderen Möglichkeiten leer und leblos. Mit einer Konzentration, die weit und fließend ist, kann man auch wirklich offen sein.

Man stelle sich vor, von zehn Leuten gleichzeitig angegriffen zu werden. Konzentriert man sich in dieser Situation nur auf einen der Angreifer, wird man von den anderen neun getötet werden. Wenn man sich darauf einstellt, auf jeden Angriff – unabhängig davon, wer den Schlag führt – zu reagieren, ist es möglich, den Angriff effektiv abzuwehren. Der Geist ist ständig in Bewegung. Über den einzelnen Angriff denkt man nicht nach, weder über den eben geschehenen noch über den, der gleich geschehen wird. So ist es, als bekämpfe man immer nur einen Angreifer. Wer daran denkt, daß er es mit zehn Widersachern zu tun hat, wird überwältigt werden. Wer jedoch im entscheidenden Moment kämpft, hat es immer nur mit einem Angriff zu tun. Auf der Bühne ist es ähnlich. Dort gilt: Sei bei den Kollegen, mit denen du spielst. Konzentriere deine Aufmerksamkeit nicht auf einen einzelnen Aspekt der Vorstellung. Erlaube dir, auf deine Mitspieler einzugehen, und du wirst entdecken, wie die von dir verkörperte Figur reagiert.

Auf seine Mitspieler zu reagieren ist aber nur der halbe Vorgang. Man muß sich mit seinen Vorstellungen auch behaupten können. Nehmen wir folgendes Beispiel: Jemand ist dabei, ein Selbstportrait zu malen. Es soll möglichst ähnlich werden. Auf diese Aufgabe konzentriert er sich, doch es kommen Leute, die ihn etwas fragen, und er muß imstande sein, ihnen gleich zu antworten. Oder es nähert sich jemand, und er muß entscheiden, ob das eine Person sein könnte, die ihm schaden will oder nicht. Oder es erklingt von irgendwoher Musik, die er gern hört oder sogar mitsingt. So reagiert er auf alles, was sich außerhalb ereignet, bleibt dabei aber voll konzentriert auf die Aufgabe, die er sich gestellt hat. Dem Schauspieler hilft die Konzentration nicht nur dabei, auf äußere Vorgänge zu reagieren, sondern auch die eigene Rolle durchzuhalten; seine Aufmerksamkeit muß also beidem gleichzeitig gelten.

Für den Anfänger ist es sehr schwer, diese Freiheit der Konzentration zu erreichen. Wer darin ungeübt ist, versucht wahrscheinlich, so zu arbeiten, daß er auf einen festen Punkt der Konzentration von vornherein verzichtet. Das Ergebnis davon ist meistens gar keine Konzentration, geschweige denn freie, fließende Wahrnehmung. Konzentration muß trainiert werden, genauso wie man den Körper trainiert. Im traditionellen japanischen Theater beginnt dieses Training damit, daß die Schüler aufgefordert werden, sich auf »Hara« zu konzentrieren. »Hara«, etwa drei Zentimeter über dem Nabel gelegen, gilt als starkes Energiezentrum des Körpers. Ein junger Schauspieler wird dazu angehalten, sich dieser Stelle immer bewußt zu sein und sie zum Ausgangspunkt all seiner Aktionen zu machen. Manch einer macht den Fehler, sich einzubilden, daß die Konzentration auf »Hara« das Hauptziel des Trainings sei, dabei ist es nur die erste Stufe. Wenn man einmal weiß, wie man seine Konzentration bündeln kann, mit dem Körper wie mit dem Geist, lernt man als nächstes, sie freizusetzen, sie der freien Bewegung zu überlassen. In gewissem Sinne erlernt man die Technik der totalen Konzentration, um sie anschließend wieder zu vergessen. Letzten Endes sollte man sich nie auf die Konzentration konzentrieren. Was man bewußt tut, sollte einem gar nicht bewußt sein.

Das wirft die Frage auf, wie ein Schauspieler trainiert werden müßte. Im traditionellen japanischen Theater, das feste Ausdrucksformen benutzt, gibt es für die Techniken des Körper- und Stimmtrainings klare Vorschriften. Das Erlernen dieser Techniken erfordert anfangs strengste Konzentration auf alles, was man tut, wie man sich bewegt, die Balance hält usw. Ist man im Training weit genug fortgeschritten, braucht man über das Wie der Ausführung nicht mehr nachzudenken, es ergibt sich dann bereits ganz natürlich. So erlangt das Bewußtsein größere Freiheit. Ziel aller Systeme technischen Trainings ist, den Schauspieler zur Ausführung einer Handlung zu befähigen, ohne daß er sich fragen muß, wie man das macht. Freiheit der Kommunikation in diesem Maße kann er aber nur durch entsprechendes Training erreichen.

Schwieriger ist es beim westlichen Theater, das vom Schauspieler verlangt, kreativ zu sein. Ich finde, daß hier mehr technisches Training erforderlich ist, den Körper von Angewohnheiten zu befreien, die zum Alltagsleben gehören, und um eine Kontrolle durch das Bewußtsein zu installieren. Wenn der Schauspieler das gelernt hat, kann er von dem Gelernten wieder absehen. In gewissem Sinne findet das technische Training des Schauspielers keine direkte Verwendung bei der Theaterarbeit. Es gehört eher zu jenem Prozeß, in dem der Schauspieler lernt, frei zu agieren. Er trainiert, um sich eine Technik anzueignen, die er dann wieder verwirft, um kreativ zu spielen.

Das technische Training birgt aber auch die Gefahr, Gefangener der Technik zu werden. Oft verrät die Art, wie sich jemand auf der Bühne bewegt, ohne weiteres, daß er eine klassische Ballettausbildung hat. Gegen klassisches Ballett als Teil des Schauspielertrainings ist nichts einzuwenden, aber davon darf beim Spiel auf der Bühne nichts zu sehen sein (es sei denn, daß damit eine besondere Absicht verfolgt wird). Ein Schauspieler, dem man das Ballettraining anmerkt, ist ein Gefangener dieser Technik.

Ähnliches erlebe ich bei meinen Workshops, denn oft werde ich dort gefragt: »Wie kann ich diese Übung nutzen, wenn ich Theater spiele?« Das ist die falsche Frage. Es geht darum, daß jeder seine eigene Art zu spielen findet. Aber ich habe denselben Fehler gemacht, als ich jung war. Ich lernte eine Menge Techniken und machte mir ständig Gedanken darüber, wie ich sie im Theater nutzen könnte. Dabei braucht man nur eins – Freiheit. So mußte ich all die sorgsam gelernten Techniken wieder ablegen.

Unsere CIRT-Arbeit begann damit, daß wir öfter in den Zoo gingen. Nach jedem Besuch nahmen wir uns viel Zeit, um das, was wir dort gesehen hatten, eingehend zu »diskutieren«. Tiere zu beobachten und nachzuahmen war eine gute Übung für eine internationale Truppe von Schauspielern, denen die gemeinsame Sprache fehlte. Auf diese Art konnten wir miteinander reden, leichter miteinander kommunizieren. »Ein Tier«, stellte Brook einmal fest, »bewegt sich deshalb so schön, weil sein Körper nicht angespannt ist. Er ist aber auch niemals völlig entspannt, sondern stets bereit, sich einem Angriff zu entziehen oder Beute zu schlagen. Diese beiden physischen Zustände werden vom Tier gleichzeitig aufrechterhalten. Das macht den Körper frei und harmonisch und den Geist wach und konzentriert. Dadurch kann ein Tier schnell reagieren, ganz gleich, in welcher Richtung, und es kann sich kraftvoll und dennoch präzise bewegen. Grundsätzlich ist damit der Zustand beschrieben, den der Schauspieler auf der Bühne haben sollte. Dies zu beachten ist sehr wichtig, weil man sich meist ganz falsche Vorstellungen darüber macht, was ›Entspannung‹ eigentlich bedeutet.«

Das nächste Experiment galt der Frage, wie wir miteinander kommunizieren könnten, wenn keiner die Sprache des anderen verstand. Wir begannen, uns alle möglichen Schimpfwörter an den Kopf zu werfen. Von mir kamen »aho« (verrückt), »baka« (blöd) und »otanko-nasu« (Eierkopf), die anderen warteten mit »cunt«, »mother-fucker«, »cock-sucker« beziehungsweise mit »putain«, »con« und dergleichen auf (wie man sieht, sind die japanischen Ausdrücke vergleichsweise harmlos). Wir experimentierten mit diesen Ausdrücken nur lautlich, ungeachtet der Wortbedeutungen. Es waren kraftvolle Laute, und das offenbar nicht nur wegen ihres Inhalts, sondern auch durch die ihnen eigene Energie. Wenn man die Worte aussprach, hatte man das Gefühl, als Angreifer auf jemanden loszugehen. Das ist in allen Sprachen so. »Kraftworte« klingen auch kräftig. Ein beliebtes Mittel des Angriffs sind sie wahrscheinlich deshalb geworden, weil es Spaß macht, sie auszusprechen. Jeder Laut hat seine besondere Energie. Der Laut »a« verursacht innerlich ein anderes Gefühl als der Laut »b«. Das führte in Japan – wie in vielen anderen Ländern auch – zu der Überlegung, daß eine körperliche Aktion leichter auszuführen ist, wenn damit ein besonderer Laut verbunden wird. Der Laut gibt einem mehr Energie, die Aktion selbst führt man schweigend aus.

Laute scheinen Träger spezifischer Merkmale zu sein. Das konnte ich am Beispiel der beiden japanischen Worte »ikiru« (leben) und »shinu« (sterben) feststellen. Fast jeder, der diese

Worte hörte und sie, da er kein Japanisch verstand, nur dem Laut nach beurteilte, ordnete dem »ikiru« die richtige Bedeutung »leben« zu. Offenbar tragen die Laute etwas von der Bedeutung des Wortes in sich.

Wenn man Shakespeare spielt, hat der Text des Stücks, wie auch Brook hervorhob, seine eigene Energie. Jeder Theatertext besitzt eine eigene Energie, die einer Kombination aus Laut und Bedeutung entstammt. Bei einem so guten Autor wie Shakespeare hat der Text sogar eine ungeheuer starke Energie. Manche Darsteller gehen an Shakespeare ganz naturalistisch heran. Sie studieren den Text, treffen bestimmte Feststellungen über die Rolle, klären, was diese Person an einer bestimmten Stelle des Stücks empfindet, und sprechen die betreffenden Zeilen dann mit entsprechender Emotion. »Hamlet«, so sagen sie sich, »fühlte sich niedergeschlagen, als er seinen Monolog ›Sein oder nicht sein ...‹ begann.« Und deshalb geben sie sich betrübt, wenn sie diese Worte sprechen. Doch mit einer solchen Spielweise findet man keinen Zugang zu Shakespeare und seiner Welt, sondern setzt ihn herab auf die Ebene unserer Welt – was ein beträchtlicher Verlust ist. Interessanter wäre der Versuch, anders an das Stück heranzugehen. Statt zuerst Entscheidungen über den Text zu treffen, beginnt man einfach damit, ihn laut zu sprechen. Man hört auf den Klang der Worte und beobachtet, wie Zunge und Lippen von den Worten geformt werden. Man wird feststellen, wie dadurch bestimmte Gefühle geweckt werden. Über diese physischen Empfindungen gewinnt man den ersten Zugang zu Shakespeares Welt und kann nun zu neuen Entdeckungen über die Rolle gelangen. Natürlich reicht es nicht, den Text nur laut zu sprechen. Man muß auf ihn hören und bereit sein, auf innere Vorgänge zu reagieren.

Beim *Mahabharata* begannen wir die Erarbeitung der englischen Fassung – das Stück wurde zuerst auf französisch gespielt – mit einer Übung zur gefühlsmäßigen Einstimmung der Schauspieler auf den Gebrauch des Englischen. Ein englischer Kollege hatte ein paar glänzende Shakespeare-Sätze ausgesucht und sprach sie uns vor, und wir wiederholten sie Satz für Satz im selben Stil wie er. Obwohl ich nicht wußte, was die Worte, die ich sprach, zu bedeuten hatten, fühlte ich mich auf einmal tief berührt von den Lauten, die ich artikulierte. Ich bekam eine Ahnung von dem, was die Welt Shakespeares ist.

Diese Beschäftigung mit dem Laut und der Empfindung hatte naturgemäß ziemliche Konfusion zur Folge. Auf Grund der Gerüchte, die sich über unsere Arbeit verbreiteten, glaubten die Leute, Brook wolle uns in eine Unterwelt der Gefühle stürzen, zu Lasten gedanklicher und inhaltlicher Arbeit. Dabei hatte das, was wir machten, ein ganz anderes Ziel. Mit dem intellektuellen Gehalt eines Bühnentextes beschäftigt man sich ja überall. Wir wollten uns diesmal auf den jahrhundertelang stark vernachlässigten Aspekt der Sprache konzentrieren, vor allem auf die Laute und die Wirkung der ihnen eigenen Schwingung.

Schließlich gingen wir dazu über, Worte, die verschiedenen Sprachen entstammten, zu einer neuen, unserer eigenen Sprache zusammenzusetzen, so daß ein Gebilde wie dieses entstand: »Bashta hondo stofklock madai zutto.« – Was das heißen sollte, war auch uns nicht von vornherein bekannt. Beim Improvisieren hing es immer von der Situation ab, welchen Sinn man dem Kauderwelsch gab. Der Partner konnte nie wissen, was gerade gemeint war, man mußte es ihm erst klarmachen, und zwar durch unterschiedlichen Einsatz des Lautwerts der erfundenen »Worte«.

Kommunikation ist aber auch durch körperlichen Ausdruck möglich. Was man dazu vor allem braucht, ist ein beweglicher Körper. Brook gab jedem von uns drei Bambusstöcke von jeweils einem, anderthalb und zwei Metern Länge. Wir setzten sie in dreifacher Absicht ein. Erstens, um mit ihrer Hilfe den Körper zu prüfen und bestimmte Grundpositionen festzustellen. An dem senkrecht gehaltenen Stock kann man z. B. ermessen, ob der Körper wirklich parallel dazu steht oder in welchem Grad er von der Senkrechten abweicht. Mit Hilfe des Stocks erkennt man die eigene Haltung sehr deutlich. Im Alltag registrieren wir nicht, ob wir die Hand absolut senkrecht oder im Winkel von 45 Grad halten. Der Stock macht uns auf solche Details aufmerksam. Zweitens diente er uns als Verlängerung des Körpers. Ein Stock, den man an einem Ende in der Hand hält, macht den Arm überlang, und jede Bewegung, die man mit diesem Arm vollführt, wird doppelt groß wirken. Dies machte uns bewußt, wo solche Bewegungen eingesetzt werden und wofür sie als »Zeichen« stehen. Drittens wurden die Stöcke auch benutzt, um bestimmte Beziehungen auszudrücken. Man kann einen Stock in der Hand halten, kann ihn wegwerfen oder auf dem Kopf balancieren. Zum Abschluß übten wir mit den Stöcken einige Bewegungsabläufe. Wir stellten uns z. B. im Kreis auf, jeder hielt seinen Stock mit beiden Händen an einem Ende fest, das andere berührte den Boden und wurde dann langsam angehoben, bis der Stock vollkommen senkrecht stand. Obwohl wir ohne Anleitung übten, ergab sich stillschweigend ein Gleichklang der Bewegungen. Dieselbe Übung führten wir später auf unserer Tour durch die Sahara in einem afrikanischen Dorf vor, diesmal mit dem Gesicht zum Publikum. Die Leute, bis dahin nicht sehr aufmerksam, wurden auf einmal ruhig und schauten interessiert zu. Durch den Gebrauch der Stöcke wurde eine Einheitlichkeit des Handelns deutlich, die sich den Menschen mitteilte.

Da wir Kommunikation durch Bewegung erlernen wollten, waren wir außerhalb unseres Stock-Trainings öfter in einer Gehörlosenschule zu Besuch und arbeiteten dort mit sechs bis zwölf Jahre alten Kindern. Wir erzählten ihnen Geschichten, die nur durch Bewegung ausgedrückt wurden, oder versuchten, gemeinsam mit ihnen etwas zu improvisieren. Durch die multinationale Zusammensetzung unserer Gruppe lief die Kommunikation unter uns Schauspielern im Grunde nicht viel anders ab. Da ich kein Französisch konnte, war die Verständigung mit den gehörlosen Kindern gerade für mich leichter als mit gesunden Kindern. Was ihnen jedoch schwerfiel, war, von der bildlichen zu einer theoretischen Vorstellung zu gelangen. Auch das, was sie zum Beispiel im Fernsehen sahen, nahmen sie nur gefühlsmäßig auf, ohne den inhaltlichen Zusammenhang zu erfassen. Alles blieb bei ihnen Phantasie. Diesen Kindern Zusammenhänge begreiflich zu machen war gar nicht so einfach.

Während der Arbeit mit den Kindern machten wir eine andere nützliche Entdeckung: Die Wahrhaftigkeit der Beziehungen zwischen den Darstellern ist genauso wichtig wie der Text. In Abhängigkeit von intellektuellen Mitteln wie dem Wort oder der Pantomime (die zwar mit Gesten arbeitet, aber auf einem verbalen Konzept aufbaut) ist es sehr schwer, miteinander zu kommunizieren. Entscheidend ist, daß sich die Wahrheit des einen Darstellers mit der des anderen trifft.

Im Japanischen gibt es für das Verb »sehen« zwei verschiedene Ausdrücke – »ken« und »kan«. »Ken« bedeutet, den Blick nach außen zu richten, während mit »kan« die Sicht auf das Innere gemeint ist. Einem Freund schaut man meist gerade ins Gesicht, wenn man sich mit ihm unterhält. Mitunter will man auch herausfinden, welche Wahrheit hinter seinen Worten steckt. Im Alltag ist das ganz normal, doch als Schauspieler vergißt man das manchmal. Man lernt seinen Text und hört den anderen zu, um sein Stichwort nicht zu verpassen. Eine wirkliche Unterhaltung ist das nicht. Trotzdem sollte jeder in seiner Rolle versuchen, tiefer in die anderen Rollen hineinzusehen, um zu wissen, was vor sich geht. Die übliche Art des Zuhörens unterscheidet sich kaum von der, die der Schauspieler braucht, um anderen offen zu begegnen. Ich spreche hier nur von der Lebendigkeit der Bühnenfigur und noch nicht vom Darsteller, der sie verkörpert.

Eines Tages stellte Brook mir eine Aufgabe. »Du möchtest doch gern Regisseur werden«, sagte er. »Es gibt etwas, das dir dabei helfen könnte. Wie wäre es, wenn du für die Schauspieler eine Übung mit Bambusstöcken leiten würdest. Die Schauspieler werden sich im Kreis aufstellen und genau das machen, was du von ihnen verlangst. Wenn du als Leiter die Übungen nur wiederholen läßt, werden sich die Leute bald langweilen. Du wirst also für Abwechslung sorgen müssen, zum Beispiel durch einen Tempowechsel schnell-langsam. Dasselbe gilt für die Regiearbeit. Um die Zuschauer nicht zu langweilen, muß man das Tempo variieren, mit allen verfügbaren Mitteln. Wenn du die Übungen leitest, wirst du darauf kommen, wie man das am besten macht.«

Seitdem blieb es dabei, daß ich regelmäßig die Übungen leitete, die vor jeder Vorstellung für die Darsteller angesetzt wurden. Sie waren nötig zum Aufwärmen. Während solcher Übungsphasen konzentrierte ich mich auf zwei Dinge. Das eine war, in der Gruppe den nötigen Teamgeist herzustellen. Wie Brook oft sagte, ergibt sich eine Theatervorstellung nicht aus einer Anzahl schauspielerischer Einzelleistungen, sie ist das Ergebnis einer Teamarbeit. Deshalb sind Übungen, die zur Einheit der Gruppe beitragen, sehr wichtig. Zweitens mußten die Darsteller erreichen, sich dem alltäglichen Ablauf der Dinge zu entziehen, sich von dem Leben, das sie bis zum Betreten des Theaters geführt hatten, abzusetzen. Wir mußten uns in einer theatralischen Art und Weise auf uns selbst konzentrieren. Ich denke, daß diese beiden Ziele am besten durch Stimm- und Körperübungen erreicht werden können und nicht durch theoretische Erörterungen.

In Paris wohnte ich anfangs bei Brook. Eines Morgens, als ich zum Frühstück in die Küche kam, die im Parterre des Hauses lag, empfing mich Brook, der dort saß und die Zeitung las, mit der Frage:

»Kennst du einen Yukio Mishima?«

»Ja.«

»Er hat Harakiri begangen.«

Als ich das hörte, glaubte ich erst noch, Mishima liege im Krankenhaus.

»Ein junger Mann hat ihm den Kopf abgeschlagen.«

Noch immer konnte ich mir Mishima nicht anders als im Krankenhaus vorstellen.

»Er ist tot.«

»Ich wußte, daß es so kommt.«

Jetzt erst machte ich mir Vorwürfe: Wie hatte ich nur so dumm sein können! Warum hatte ich ihn nicht noch einmal besucht, ehe es dazu kam! Warum erkannte ich nicht, daß jenes

Gespräch damals sein Abschiedsgeschenk für mich war. Hätte ich das erkannt, hätte ich es vor meiner Abreise nach Europa auch irgendwie möglich gemacht, noch einmal mit ihm zu sprechen. Betroffen fragte ich mich, wie mein Instinkt mich so im Stich lassen konnte. Dabei deutete manches von dem, was er damals sagte, schon auf die Selbstmordabsicht hin. Ich wiegte mich aber in dem Glauben, daß er sie erst im nächsten Jahr wahrmachen würde und ich bis dahin Gelegenheit hätte, ihn noch einmal zu besuchen. Ich wußte, daß er an dem Roman *Hojo-no umi* (*Das Meer der Fruchtbarkeit*) arbeitete, der in der Literaturzeitschrift *Shincho* in Fortsetzungen erschien und erst Ende Januar 1971 abgeschlossen sein sollte. Bis dahin, glaubte ich, würde bestimmt nichts passieren.

Vor meiner Abreise hatte ich bis zum letzten Abend in Mishimas Theater »Sasori-za« in Tokio-Shinjuku auf der Bühne gestanden. Ich spielte einen Barkeeper vom Typus des Gigolo in einem Ein-Personen-Stück von Masaki Domoto. Mishima selber hatte mir zu der Rolle verholfen. Zur letzten Vorstellung ließ seine Frau im Theater ein Geschenk für mich abgeben – einen »Jimbee« (das ist ein Leinenkimono für den Sommer) und als »Sembetsu« (die in Japan übliche »Abschiedsgabe«, die man vor einer längeren Reise ins Ausland von Freunden und Bekannten erhält) eine größere Summe Geld. Dem Geschenk lagen ein paar Zeilen von Mishima bei, die er mit dem Pinsel geschrieben hatte: »Damit du diesen Jimbee auch in Englands Haupstadt London trägst und den Geist von Kamigata (Region Osaka) nicht vergißt. Für Oida – von Mishima Yukio.«

Am Tag darauf machte ich mich in aller Frühe nach Omori auf, wo Mishima wohnte. Da seine Frau mir sagte, er schliefe noch, bestellte ich nur Grüße und fuhr sofort weiter zum Flughafen. Wahrscheinlich hatte ich damals mit all den Fragen, die meinen künftigen Weg betrafen, den Kopf so voll, daß ich außerstande war, auch noch anderes wahrzunehmen, und nicht sah, was sich um mich herum tat.

Die erste Begegnung mit Mishima hatte ich 1956. Als Schauspielschüler an der »Bungakuza« betätigte ich mich auch in dem Box-Studio, das mit zum Theater gehörte und von Mishima geleitet wurde. Ich gab dort aber nur eine Gastrolle, so daß zu der Zeit keine Gelegenheit war, mit ihm ins Gespräch zu kommen. Mit ihm zu tun hatte ich erst wieder 1960, als er sich erstmals – es blieb auch das einzige Mal – an der Inszenierung eines Stücks versuchte, das nicht von ihm war, an *Salome* von Oscar Wilde. Kyoko Kishida sollte die Salome spielen, Noboru Nakatani den Jochanaan, und für die Rolle des syrischen Soldaten Narraboth hatte er erstaunlicherweise mich auserkoren. Warum die wichtige Rolle des jugendlichen Liebhabers ausgerechnet mir zufiel, verstand ich selber nicht, denn daß ich ein so guter Schauspieler gewesen wäre, konnte man damals beim besten Willen nicht behaupten. Bei der Rolle ging es darum, daß Narraboth, der in tiefer Liebe zu Salome entbrannt ist und ihr seine Gefühle bekennt, aber abgewiesen wird, weil sie Jochanaan liebt, aus Hoffnungslosigkeit den Tod wählt und sich mit dem Schwert die Brust durchbohrt.

Vor Beginn der Proben bekam ich die Kostümentwürfe zu sehen und war entsetzt. Für mich waren kurze Hosen, Stiefel und Ärmel vorgesehen, Brust und Schenkel sollten unbedeckt bleiben. Ich war aber viel zu mager, als daß ich mir zugetraut hätte, so aufzutreten, das gab ich Mishima sofort zu bedenken. »Na gut«, sagte er, »dann komm mal mit, du kannst mein Schüler werden.« Er nahm mich mit in das »Sankei Bodybuilding«, eine

Übungshalle unter den Hochbahnbogen in Yuraku-cho. Die drei Monate, die bis zur Premiere blieben, trieb ich dort intensiv Bodybuilding. Dann kam die Generalprobe, und als die Selbstmordszene an der Reihe war, fand Mishima, es fließe zu wenig Blut, das nehme der Szene die Spannung. An die Requisite gewandt, rief er: »Sorgt für mehr Blut! Das ist zuwenig!« – Und zu mir sagte er: »Oida, die beste Art für einen Menschen, zu sterben, ist der Tod beim Geschlechtsakt. In der Beziehung war Salome glücklich dran, denn in dem Moment, da sie den Kopf des von ihr so leidenschaftlich geliebten Jochanaan entgegennahm und den Höhepunkt der Ekstase erreichte, wird sie durch den König ermordet.«

Zehn Jahre später, als ich in Paris von Mishimas Selbstmord hörte, war mir endlich klar, warum er damals wollte, daß gerade ich den syrischen Soldaten spielte. Kollegen im Ensemble der »Bungakuza« hatten öfter festgestellt, ich sähe Mishima ähnlich. Mishima selbst wußte das auch. Der Grund, weshalb er mir die Rolle gab, war vermutlich der, daß er den Vorgang des Selbstmords objektiv an jemandem beobachten wollte, der Ähnlichkeit mit ihm selber hatte. Den nächsten Schritt tat er dann als Hauptdarsteller des Films *Yukoku* (*Patriotismus*), in dem er einen Selbstmord spielte – unter Zuhilfenahme von tierischen Eingeweiden. Das dritte Mal war es kein Spiel mehr, sondern Wirklichkeit.

Zum Bodybuilding ging ich auch, nachdem *Salome* bereits abgesetzt war. Nach dem Training lud mich Mishima mitunter in das »Suehiro« ein, ein Steakhaus auf der Ginza. Steaks, meinte er, seien gut für die Muskelbildung.

»Bodybuilder sind schon seltsame Leute, sie haben für nichts anderes Interesse als für ihre Muskeln«, sagte er einmal. Bei einer

Party in seinem Haus hätten sie ihn mal gebeten, nach dem Bier nicht gleich das Essen bringen zu lassen, sondern noch fünf Minuten damit zu warten. Solange der Magensaft durch das Bier nicht voll konzentriert sei, würde das Essen nicht richtig anschlagen, erklärten sie. »Angeblich verzichten sie auch auf Sex, damit dem Körper möglichst kein Protein verloren geht. Ha-ha-ha!« Mishima konnte herrlich lachen, sein Lachen war berühmt.

Ein andres Mal sagte er: »Nimm zum Beispiel einen Schriftsteller wie den A oder den B, klapperdürre Gestalten. So einer braucht aber nur ein bißchen Interesse bei einer Frau zu finden, schon bildet er sich ein, der Typ des Frauenlieblings zu sein. Es ist die Anziehungskraft des Intellekts, die Frauen in solche Männer verliebt macht, und die Männer glauben, ihr Intellekt könne Ersatz für Muskeln sein. Die sexuellen Komplexe, die sie haben, verdecken sie damit, daß sie schreiben.«

»Unter Pseudonym schreiben Sie selber doch auch erotische Geschichten«, wandte ich ein.

»Aber nicht so, ich habe ja Muskeln. Mit dem Intellekt allein versteht man vom Leben nur die Hälfte, die andere Hälfte begreift man mit dem Körper.

Muskeln sind keine Ideen. Erst durch den Tod des Körpers werden sie etwas Ideelles, Unsterbliches.

Wer nur Mann oder nur Frau ist, kann eigentlich kein guter Schauspieler werden. Ein guter Schauspieler muß in gewissem Sinn homosexuell sein. Schau dir die Sugimura an. Sie ist eine Frau, zweifellos, doch zugleich ist sie auch wie ein Mann. Sie weiß, was Weiblichkeit aus männlicher Sicht ist. Sie betrachtet sich selbst ständig mit den Augen eines Mannes. Ein Schauspieler wie der Y. dagegen, ein Mann durch und durch, der im Alltag auch sehr männlich auftritt, ist auf der Bühne kaum attraktiv. Weil er nicht weiß, was ihn als Mann für Frauen so anziehend macht. Ein Schauspieler muß sich innerlich in eine Frau verwandeln und auf der Bühne den von dieser Frau geliebten Mann spielen.

Du weißt noch nicht, wie man spielen muß, um ein Star zu sein. Versuch doch mal, mitten in einem großen Auftritt mit der Sugimura, dich zum Publikum zu wenden und eine Grimasse zu schneiden. Alle Augen werden garantiert auf dich gerichtet sein. Beim Film bestimmt der Regisseur, wer auf der Leinwand in Großaufnahme erscheint, im Theater entscheiden allein die Zuschauer. Wenn du es schaffst, die Aufmerksamkeit der Leute von Anfang bis Ende zu fesseln, ohne daß du auch nur einen Satz zu sprechen hast, bist du ein Star.«

Wir unterhielten uns damals auch öfter über Selbstmord. Einig waren wir uns dabei nur nicht über die Methode. Inzwischen war es Ende April 1970 geworden. Am Tag des »Tenchosetsu« (Geburtstag des Tenno) hatte es in Tokio geschneit. Mishima war früh am Morgen losgegangen, um sich die Demonstration anzusehen, die die Abschaffung des »Tenchosetsu« als staatlichen Feiertag forderte. Ich befürchtete, daß er an diesem Tag irgendwie zu Tode kommen könnte. Die Demonstration verlief aber friedlich, es gab keinerlei Zwischenfälle, ich war erleichtert. Im selben Jahr ging es auch um die erneute Verlängerung des amerikanisch-japanischen Sicherheitsvertrags, und es gab wieder Demonstrationen, die das verhindern sollten. Meine Befürchtung, Mishima könnte sterben, war diesmal noch größer als im April. Aber Aufruhr und Empörung, die den Kampf gegen den Sicherheitsvertrag vor zehn Jahren bestimmt hatten, blieben 1970 aus, die Kundgebungen nahmen einen ruhigen Verlauf, und Mishima war am Leben geblieben.

Als die erste Hitze kam und man es drinnen nicht mehr aushielt, ohne die Klimaanlage einzuschalten, lud mich Mishima wieder mal zum Essen ein, in das koreanische Restaurant »Hama« in Nogisaka. Bei dieser Gelegenheit berichtete ich ihm, daß ich Japan für drei Jahre verlassen würde, um in Brooks Studienzentrum mitzuarbeiten. »Davon darfst du keinem etwas erzählen«, beschwor er mich. »Japan ist in der Beziehung schrecklich. Du hast keine Ahnung, wie man aus Neid über dich herziehen wird, wenn das erst bekannt ist. Wenn du dir das ersparen willst, sag lieber nichts und fahr einfach los. Von mir erfährt es keiner, da kannst du beruhigt sein. Für mich ist sowieso alles aus.«

Das war das letzte Gespräch, das ich mit Mishima hatte. Als ich dann von Brook hörte, daß er tot sei, war ich nicht traurig, im Gegenteil, ich habe ihn beneidet. Trauer empfand ich eher für all jene, die er zurückgelassen hatte. Mishima tat, was er tun wollte, der Selbstmord entsprach seinem Wunsch, er hatte ein echtes Verlangen danach. Ich dagegen, unfähig zum Selbstmord, war hier in Paris und hatte das Gefühl, ein erbärmlicher Versager zu sein. – »He, Oida! Ich hab's getan. Und du? Was strampelst du dich noch immer so ab?« Mishimas lachendes Gesicht stand mir vor Augen. In den Zeitungen wurden alle möglichen Vermutungen über den Selbstmord angestellt. Für zutreffend hielt ich keine.

Als Mishima 1960 *Salome* inszenierte, stieß er auf Aubrey Beardsley und sein Salome-Bildnis, das ihm sehr gefiel. Bühnenausstattung und Kostüme entsprachen deshalb auf seine Veranlassung hin diesem Stil. Acht Jahre später erlebte ich in Frankreich und England, wie Beardsleys Salome überall in Mode kam. Mit einiger Verzögerung setzte sich das auch in Japan fort.

Mishima hatte es bereits vor zehn Jahren so gemacht. Als der Sänger und Schauspieler Akihiro Miwa (ehemals Akihiro Maruyama) erstmals in Frauenkleidern auftrat, wurde das ein Fiasko, Öffentlichkeit und Kritik machten ihn erbarmungslos nieder. »Im Ausland würde so etwas durchgehen, aber in Japan kommt er damit zehn Jahre zu früh«, sagte Mishima damals zu mir. Er sollte recht behalten, denn zehn Jahre später brachte es Miwa mit seinen Auftritten in *L'aigle à deux têtes* (*Der Doppeladler*) von Cocteau und in Mishimas *Kurotokage* (Schwarze Eidechse) in der Tat zu großem Erfolg. Was Mishima dachte, dachte er zehn Jahre früher als in Japan üblich. Deshalb wird man den wahren Grund seines Todes wohl erst wissen, wenn zehn Jahre vergangen sind.

1981, elf Jahre nach seinem Tod, hielt ich mich in Besançon auf, einer ruhigen Provinzstadt, inmitten der Berge und Täler Ostfrankreichs gelegen, nicht weit von Zürich. Wenn meine Arbeit es erlaubte, lud ich manchmal shintoistische oder buddhistische Priester aus Japan zu Workshops nach Europa ein. Durch solche Veranstaltungen sollten Schauspieler, Tänzer und Musiker eine Einführung in die körperlichen und geistigen Praktiken des Buddhismus und Shintoismus erhalten. Nach Besançon hatte ich Yoshimasa Kobayashi, Shinto-Priester des Ishiyama-Schreins, eingeladen. Mit ihm saß ich eines Tages im Anschluß an das Training bei einem Glas Wein zusammen, wir unterhielten uns über dies und das, als das Gespräch plötzlich auf Mishima kam. Kobayashi war früher im Taishin-Schrein in Nara gewesen. »Damals«, erzählte er, »tauchte Mishima bei uns auf. Er wollte Material für seinen Roman *Eirei no koe* (*Stimme der gefallenen Helden*) sammeln, und ich sollte ihm behilflich sein. Einmal blies ich auf einer Steinflöte und erklärte ihm, daß dies der Ton sei, mit dem die Seelen der Gefallenen willkommen geheißen würden. Mishima war sehr bewegt, als er das hörte. Er blieb nur ein paar Tage bei uns. Nie hätte ich gedacht, daß er mal ein solches Ende finden könnte.« – Mir wurde bewußt, daß wir den 24. November hatten, den Vorabend von Mishimas Todestag. Ich fragte Koboyashi, ob er bereit wäre, am nächsten Tag, noch vor Beginn unserer Arbeit im Workshop, eine Andacht für Mishima zu halten. Er war sofort einverstanden. »Mishima hat mich damals tief beeindruckt«, sagte er, »und wenn Sie ihn persönlich gekannt haben, ist unser jetztiges Zusammentreffen wohl nicht nur Zufall. Ich will gleich damit beginnen, ein Norito (Gebet) für ihn zu schreiben. Morgen früh um acht wird die Andacht sein.«

Am nächsten Tag richteten wir in aller Frühe einen Altar her und stellten verschiedene Opfergaben darauf. Dann begann der Priester mit der Zeremonie, in klassischem Japanisch und im charakteristischen Stil des Shinto-Rituals. Ich hörte ihm zu und fühlte mich dabei ganz verloren. Die Worte des Priesters weckten in mir starke, typisch japanische Emotionen, unvereinbar mit der fremden Umgebung, in der ich mich hier befand.

»An diesen geheiligten Ort, den wir gereinigt haben, bist du geladen, mit uns zu verweilen. Vor der Seele des großen Mishima Yukido sei durch mich, Kobayashi Yoshimasa, in Demut ein Wort der Andacht gesprochen. Entschlossen das Schwert ergreifend, das der Bewahrung unseres Landes dient, erhob sich deine Seele, aufsteigend zum Himmel, schwebend über dem Land. Seit du dahingegangen bist, wechselten die Gestirne, drehte die Zeit sich im Kreise. Heute, am fünfundzwanzigsten Tag des Nebelmonats, jährt sich jener Tag zum elften Mal – so lange schon hat das Wasser aufgehört zu fließen. Seither lehrte und leitete uns deine Seele, den rechten Weg der Götter zu beschreiten. Deiner in Ehrfurcht gedenkend, rufen wir dich an – ich, Yoshimasa, und Oida Katsuhiro. Hier in der Fremde, in der Stadt Besançon in Frankreich, bringen wir dir Wein und Speisen dar. Höre uns an in Frieden und nimm unsere Gaben gnädig entgegen. Mögest du aufgestiegen sein zu den Höhen der Götter und dich göttlicher Taten befleißigen ... Möge dir Yamato, das blühende Land, mit seinen Bergen und Flüssen leuchten und die himmlische Felsentür sich dem göttlichen Zeitalter öffnen, auf daß dir eine neue, eine herrliche Regierungszeit zuteil werde. Laß uns den rechten Weg der göttlichen Vorfahren gehen, unser Leben aufrecht führen zur Bewahrung des Landes in Frieden, indem wir uns Tag für Tag und Monat für Monat von neuem mühen, dem Wirken der Götter im Himmel und auf Erden gerecht zu werden. Mögest du stets der reinen Wahrhaftigkeit unseres Lebens ansichtig werden, damit deine Seele in Ewigkeit Frieden findet. Möge das Land des Sonnenursprungs in Frieden gedeihen und den Menschen allzeit nur Wohlergehen beschieden sein. – Am 25. November 1981.«

Anfangs machte der von Steinwänden umschlossene Raum, der unser Studio in Paris war, einen kalten Eindruck, doch im Laufe der Arbeit wurde er uns immer vertrauter. Den Boden bedeckte ein Teppich, etwa zwanzig Quadratmeter groß, auf dem Sitzkissen lagen. Im Kreis auf den Kissen sitzend, diskutierten wir oder hielten Proben ab, das war unser Arbeitsstil. Das ging natürlich auf den Vorschlag von Brook zurück, der meinte, daß echte Kommunikation nicht möglich sei, wenn man rund um einen Tisch auf Stühlen sitze.

Vielen aus unserer Gruppe fiel es nicht gerade leicht, auf dem

Boden zu sitzen. Vielleicht ist man in Europa in all den Dingen des Alltags einfach zu klug gewesen. Bei uns nämlich wurde man durch die Eltern schon von klein auf dazu angehalten, aufrecht auf dem Boden zu sitzen. In den westlichen Ländern war das den Leuten zu unbequem und zu anstrengend, so daß sie den Stuhl erfanden und sich damit für einen Lebensstil entschieden, der das Sitzen auf dem Boden unnötig macht. Ähnlich verhielt es sich mit der Musik. Die Schwierigkeit, ein harmonisches Zusammenspiel von fünfzig Musikern zustande zu bringen, wurde in Japan dadurch bewältigt, daß sich die Musiker von Kindheit an durch bestimmte Übungen ein Gefühl für den Rhythmus antrainierten. Im Westen dagegen löste man das Problem, indem man den Dirigenten erfand. Der asiatischen Lösung, etwas so lange zu üben, bis man es beherrscht, steht die westliche gegenüber, Schwierigkeiten dadurch zu meistern, daß man versucht, eine leichtere, bequemere Methode zu finden.

Kurz bevor ich das Ensemble der »Bungakuza« verließ, hatte mir der Schriftsteller Ben Minakami gesagt: »Es ist nicht gut, mittendrin aufzugeben. Wer einen Schatz sucht, muß nach ihm graben, er muß so tief graben, bis er auf ihn stößt. Wenn er unbeirrt weitergräbt, wird er ihn eines Tages auch finden.« – Minakamis Worte beeindruckten mich. Was er da gesagt hatte, entsprach genau dem, was mit »Geido« (dem Weg der Kunst) gemeint ist. Auf eben diesem Geist beruhen auch »Budo« (der Weg des Kriegers), »Chado« (der Weg des Tees) oder »Kado« (der Weg der Blumen). All das sind Künste einer Kultur der Wiederholung.

Brook dagegen wollte, wenn man mit einer bestimmten Methode nicht weiterkam, immer gleich eine andere ausprobieren. Ich fand zwar, daß ein wenig mehr Übung durchaus zum Erfolg geführt hätte, doch er war stets bestrebt, den Effekt lieber auf andere Weise zu erzielen. Bei Brook sah die Suche nach dem Schatz – um bei diesem Vergleich von Minakami zu bleiben – so aus, daß er an einer Stelle anfing zu graben, und wenn das nichts brachte, grub er woanders. Er neigte also nicht dazu, an ein und derselben Stelle beharrlich tiefer zu graben. Im Grunde spielte es auch keine Rolle, ob man die Suche nach dem Schatz nun in vertikaler oder horizontaler Richtung betrieb; die Wahrscheinlichkeit, fündig zu werden, war im einen wie im anderen Fall dieselbe. In welcher Richtung man suchte, hing vom Werturteil ab. Wer von einem absoluten Wert ausgeht, wird der Überzeugung sein, daß der Schatz nur an einer ganz bestimmten Stelle liegen könne, während jemand, der die Dinge relativ wertet, eher glaubt, daß die Suche überall ungewiß und es daher unerheblich sei, wo und wie tief man grabe.

Über Yagoro Okura, den bereits verstorbenen Vater meines Kyogen-Lehrers, hörte ich einmal folgende Geschichte: Kurz nachdem die Aufnahmetechnik im Rundfunk auf Tonbänder umgestellt worden war, hatte Yagoro Okura im NHK, dem Staatlichen Rundfunk, einige Kyogen-Stücke auf Band gesprochen, die man ihm anschließend vorspielte. Auf die Frage, ob er mit der Aufnahme zufrieden sei, soll er geantwortet haben: »Ja, es ist gut so. Es hört sich genauso an wie bei meinem Vater.« – In gewissem Sinne ist es leichter, sich an einen absoluten Wert zu halten, weil es dann immer nur einen Weg gibt, der der richtige ist. Dabei muß man natürlich berücksichtigen, daß das Fundament jeder Entscheidung – ob sie nun diesen oder einen anderen Weg betrifft – der Wille ist, den Schatz zu heben.

Wenn Brook der Meinung war, daß mir dieser oder jener Part an dem Tag gut gelungen sei, folgte dieser Feststellung gewöhnlich die Frage: »Und wie willst du das morgen machen?« – Wenn es wirklich so gut war, dachte ich dann, könnte man es doch ruhig dabei lassen. Was mußte ich mir bis zum nächsten Tag den Kopf zerbrechen, um mir wieder etwas ganz Neues einfallen zu lassen!

Eines Tages verlangte Brook kategorisch: »Von jetzt ab wirst du auf alles verzichten, was traditionelle japanische Technik ist.« – Und das mir, einem Schauspieler, der eigens *japanisch* auftreten wollte! Ich war vollkommen ratlos. Womit konnte ich vor den anderen Schauspielern bestehen, wenn mir verboten war, auf meine speziellen japanischen Mittel zurückzugreifen? Sicher, es gab andere Möglichkeiten des Ausdrucks, aber wo war die Garantie, daß ich mit anderen Methoden auch besser spielen würde als die anderen? Besser spielt ein Schauspieler gewöhnlich dann, wenn er unter den verschiedenartigen Techniken, die ihm zur Verfügung stehen, gerade jene wählt, die sich bereits bewährt hat. Mit ihr fühlt er sich sicherer. Nicht umsonst rät das Sprichwort, daß man Schutz im Schatten eines möglichst großen Baumes suchen solle. Demnach war es aussichtsreicher, sich an etwas zu halten, das größer war als man selbst. Eine Methode wegzuwerfen, die mir zur Verfügung stand und mit der ich vertraut war, bedeutete praktisch, wieder bei Null anzufangen. Sollte all das, was ich mir in jahrelangem Training erworben hatte, umsonst gewesen sein? Waren diese Ergebnisse meiner Arbeit dazu da, weggeworfen zu werden?

In England, sagte Brook, werde im Fernsehen wie im kommerziellen Theater nur noch Schauspielkunst aus der Konserve geboten. Es sei immer dasselbe Muster, das man dort benutze, Neues fehle völlig. Die Bühne brauche aber die Frische und Tatkraft des wirklichen Lebens. Dies erfordere, alles abzulegen, was man sich bisher angeeignet habe, um ohne jedes Vorurteil auf die Bühne zu treten und etwas vollkommen Neues hervorzubringen. Was aber wäre, wenn dieses Neue ausbliebe, wenn da einfach nichts käme? fragte ich mich. Man stünde da und wäre blamiert. Was bliebe von dem Schauspieler Katsuhiro Oida, wenn man ihm all die Attribute nähme, die so bezeichnend für ihn waren: ein japanischer Darsteller des westlichen Theaters zu sein, aber auch die traditionelle Bühne erlernt zu haben, einen Kimono zu tragen und Japanisch zu sprechen? Ich kam mir vor wie jemand, den man im offenen Meer ausgesetzt hatte und der nun verzweifelt umherpaddelte, auf der Suche nach einem Stück Holz. Als aber hier nichts war und da auch nicht und ich mir keinen Rat mehr wußte, schien erstmals so etwas wie Kreativität möglich geworden zu sein. Aus jeder Art von Reglement herauszufallen und gänzlich frei zu sein sollte man eigentlich als großes Glück empfinden – in Wahrheit macht es einsam und unsicher. Freiheit ist eine Last. Es lebt sich desto leichter, je unfreier man ist.

Da ich von alldem, was ich einmal in Japan gelernt hatte, nichts mehr anwenden durfte, mußte ich umdenken. Etwas davon konnte ich dennoch benutzen, ohne daß es herauskam – nicht das, was das traditionelle japanische Theater äußerlich, durch die Art der Bewegung kenntlich machte, sondern was sich dahinter verbarg, was sein Wesen war.

Yuichiro Yamazaki, ein Theaterkritiker speziell für das Noh (bzw. das »Nogaku«, wie die vollständige Bezeichnung im Japanischen lautet), den ich einmal fragte: »Was ist Nogaku?«, gab mir darauf zur Antwort: »Nogaku ist die Demonstration von schlürfend-verhaltenem Gehen auf der Bühne. Eine Bewegung dieser Art ist in keiner anderen Kunst der Welt anzutreffen. Von den emotionalen und psychischen Vorgängen, die sich hinter der Bewegung verbergen, tritt nur ein Minimum durch körperlichen Ausdruck zutage. Mit diesem minimalen Ausdruck, der auf der Bühne sichtbar wird, nähren die Zuschauer kraft ihrer Phantasie bestimmte Vorstellungen. Das ist das Vergnügen, das sie am Nogaku finden. Für Menschen ohne Phantasie wird deshalb nichts so langweilig sein wie das Nogaku.«

Man stelle sich vor, daß etwa fünfzehn Leute mit geschlossenen Augen beieinander stehen und im Takt zu klatschen beginnen. Was wird geschehen? Sie werden allmählich immer schneller klatschen, bis die Gruppe völlig aus dem Takt gerät, doch dann klatschen alle wieder langsam im Takt weiter. Der Tempowechsel ergibt sich wie von selbst, und er wiederholt sich so lange, bis das Ganze abgebrochen wird. Fragt man die Beteiligten, welchen Grund das habe, bekommt man zur Antwort, es stecke keine Absicht dahinter, sie seien ihrem Gefühl gefolgt.

Fortgesetzter Tempowechsel in der Folge »langsam-mittel-schnell« ist eine Erscheinung, die man im täglichen Leben beobachten kann. Sie entspricht unserem Tagesablauf. Man beginnt den Tag langsam, beschleunigt sein Tempo bei der Arbeit, je mehr es auf den Mittag zugeht, und abends beim Essen kommt man lebhaft ins Reden über all die Dinge, die sich tagsüber ereignet haben; dann legt man sich schlafen. Ähnlich auch der Ablauf der Jahreszeiten: Dem Erwachen des Frühlings folgen die Fruchtbarkeit des Sommers, die Ernte im Herbst und die Ruhepause im Winter. Den gleichen Rhythmus hat auch der Liebesakt. In China wurde ein solcher Tempowechsel als JO-HA-KYU bezeichnet. Das entspricht jenem musikalischen Rhythmus, der sich in den vom Ackerbau herkommenden Kulturen Ostasiens entwickelt hat; man findet ihn in der Musik Indiens und Chinas ebenso wie in der traditionell-japanischen Musik »Gagaku«. Den Gegensatz dazu bildet die afrikanische Musik, die einer von der Jagd bestimmten Kultur angehört und sich rhythmisch am Herzschlag des Menschen orientiert. Wenn eine ganze Gruppe beim Klatschen, ohne es zu wollen, in den JO-HA-KYU-Rhythmus verfällt, dann ist anzunehmen, daß dieser Rhythmus dem Menschen von Natur aus innewohnt und deshalb auch im Theater maßgebend für das Tempo sein könnte. Beim sogenannten »künstlerischen« Theater erlebt man immer wieder, daß entweder viel zu langsam oder unverhältnismäßig schnell gespielt wird. Für mich ist eine solche Darstellung des Menschen einfach unnatürlich.

Beim Noh-Spiel jedoch wird der Wechsel von JO (Anfang) über HA (der einleitende Rhythmus wird gebrochen) zu KYU (gesteigerter Rhythmus und Abschluß) strikt eingehalten. In einer Schrift von Zeami heißt es darüber:

»Bei aufmerksamer Betrachtung sieht man, daß die Erscheinungen des Universums, seien es gute oder schlechte Taten, gefühlvolle oder gefühllose Dinge, dem Entwicklungsprinzip des JO-HA-KYU folgen, das sie alle gleichermaßen in sich tragen. Sämtliche Laute vom Zwitschern der Vögel bis zum Zirpen der Insekten beruhen auf einer Ordnung, und diese Ordnung ist das JO-HA-KYU. Weil das so ist, entdecken wir in den Lauten von Vögeln und Insekten ein musikalisches Empfinden und sind imstande, uns davon anregen zu lassen. Gäbe es das Ordnungsprinzip von Entwicklung und Vollendung nicht, wäre es uns nicht möglich, irgendein Interesse an den Erscheinungen der Natur zu finden. Und wenn eine Noh-Vorstellung zum Schluß, nachdem alle Stücke gespielt sind, die das Programm des Tages bilden, den Beifall der Zuschauer findet, dann hat auch dies den

Grund, daß die Vorstellung als Ganzes im Wechsel von JO-HA-KYU ablief. Nicht anders ist das bei den einzelnen Stücken, aus denen das Programm besteht. Auch der einzelne Tanz, der einzelne Gesang eines Stücks zieht uns gerade dadurch an, daß er Entwicklung und Vollendung im Rhythmus des JO-HA-KYU darstellt. Selbst die einzelne Handbewegung, selbst noch der Klang eines Schrittes in einem Tanz folgt der Ordnung des JO-HA-KYU. All dies spricht die Zuschauer an, da deren Bewunderung gleichfalls ein Vorgang ist, der dem Wechsel von JO-HA-KYU unterliegt. Und das Spiel auf der Bühne, das die Zuschauer so bewegt, bringen die Schauspieler hervor, die ihrerseits das Prinzip des JO-HA-KYU verfolgen.«

JO entspricht der Einleitung. Es ist der Teil, der die Zuschauer in das Spiel einführt und mit dem die Handlung beginnt. HA verändert die Gefühlslage des Spiels, arbeitet Details heraus und führt allgemein zur Entwicklung des Themas. KYU ist das Ende der Handlung. Dem Prinzip des JO-HA-KYU folgend, ergibt sich für *Hamlet* eine Struktur, die etwa so aussieht:

Hamlet begegnet dem Geist seines Vaters, begreift, was mit ihm geschehen ist, und schwört Rache. Bis zu dieser Stelle haben wir es mit JO zu tun. Es folgt jener Teil, in dem Hamlet sich quält, zögert, philosophiert; das entspricht HA. Mit dem Entschluß zu kämpfen, bewegt er sich auf KYU zu, den abschließenden Teil. Eine ähnliche Struktur weist auch *Macbeth* auf. Macbeth begegnet den Hexen, was dazu führt, den König zu ermorden – das ist JO. Nun wird das Thema entwickelt, mit weiteren Morden, Tollheiten und Konflikten – das entspricht HA. Der Schlußteil mit starken und schnellen Kampfszenen entspricht KYU. Das muß nicht unbedingt in temporeichen Aktionen Ausdruck finden, auch wenn es meistens so gemacht wird. Es können auch ganz langsame Bewegungen sein. Maßgebend für KYU ist die innere Energie der Szene, die stark und aktiv sein muß. KYU ist Energie, nicht so sehr Tempo.

Als Brook an die Strukturierung des *Mahabharata* ging, hielt er sich dabei bewußt an das Prinzip des JO-HA-KYU. Er gliederte das Stück in drei Teile: Das »Würfelspiel« = JO, »Im Wald« (als zweiter Teil) = HA und (der Schlußteil) »Krieg« = KYU. Die drei Teile waren in sich wiederum nach JO, HA und KYU gegliedert. Im ersten Teil gab es einen einführenden Abschnitt, der bis zum Auftreten der beiden Familien dauert – das war JO. HA brachte die unterschiedlichsten Beziehungen ins Spiel und führte Probleme im einzelnen aus. Die Szene des Würfelspiels gehörte zu KYU, genauer gesagt, zu KYU im Rahmen von JO.

Dieser Rhythmus wirkt sich auch auf den Stil der Darstellung aus. Wenn Hamlet immer in der gleichen Haltung dastehen oder immer dasselbe Energieniveau halten würde, wäre das nicht natürlich – genausowenig wie beim Schauspieler; er muß den Stil seiner Darstellung variieren. Brook würde sagen: »Mach nicht immer das gleiche, du mußt dich entwickeln.«

So versuchten wir beim *Mahabharata*, dem Spiel zu Beginn Leichtigkeit zu geben. Der letzte Teil dagegen, angefüllt mit Zorn, Rache und Zerstörung, verlangte, starke Emotionen zu entwickeln. Das Prinzip des JO-HA-KYU half den Schauspielern, ihre Empfindungen, ihre Aktionen und ihre Sprache auf natürliche Weise zu strukturieren.

Gegen Ende des Jahres 1970 entschloß sich unsere CIRT-Gruppe zu einem Experiment, einer Weihnachtsshow für Kinder.

Schon den *Sommernachtstraum* hatten wir einmal, noch im Stadium der Proben, testweise Schülern einer Mittelschule gezeigt, um zu sehen, ob die Geschichte bei Kindern auch klar genug ankam. Schauspieler neigen ja leicht dazu, ohne Rücksicht auf die Zuschauer zu spielen, aus reiner Selbstgefälligkeit. Die Filme von Chaplin dagegen sind ein Beispiel dafür, daß ein Stück, sei es Film oder Theater, Kindern gefallen kann, auch wenn es dem Inhalt nach von beträchtlicher sozialer, politischer oder philosophischer Bedeutung ist. Ebenso breit angelegt sollte das Stück sein, das wir entwickelten. Brook wollte erreichen, daß jedermann, Kinder wie Erwachsene, Arbeiter wie Intellektuelle, Spaß daran haben konnte. Wenn wir es zuerst Kindern zeigten, würde sich erweisen, ob die Fabelführung klar genug, ob das Stück insgesamt leicht verständlich war. Dafür konnte eine Vorstellung für Kinder ein guter Prüfstein sein.

Den Stoff für die Weihnachtsshow hatten wir einem Bilderbuch entnommen. Die Geschichte handelte von einem Mann, der mit vielen Bienen zusammenlebte und dadurch in allerlei Abenteuer verwickelt wurde. Zum Fortgang der Handlung gab es zwischendurch nur ein paar erklärende Worte durch einen französisch sprechenden Kollegen, während wir anderen bei unserem Kauderwelsch à la »Bashta Hondo Stofklock …« und so weiter blieben. Bei mir kam hinzu, daß ich erstmals etwas auf französisch zu sagen hatte, nämlich den Satz: »Que voulez-vous, monsieur?« – Dank meiner verheerenden Aussprache schien das jedoch keiner verstanden zu haben.

Als die Weihnachtsshow vorüber war, machten wir uns gemeinsam daran, all die roten und blauen, gelben und grünen Papierstreifen wieder abzunehmen, mit denen der Raum ausgeschmückt worden war. Wir rollten sie ein, wie man das in Japan mit Rollhängebildern tut. Der bunt dekorierte, heitere Raum verwandelte sich nach und nach wieder in ein Atelier mit kahlen Wänden aus Stein. »Irgendwie ist es doch traurig, wenn ein Stück abgespielt ist«, sagte ich zu Brook, der mithalf, die Papierstreifen in Kartons zu legen. »Ja, das ist wahr«, bestätigte er, »aber so ein Ende macht es auch möglich, wieder einen Schritt weiterzugehen.« – Verdammt gut, wie er das gesagt hat, dachte ich.

Die Ik, 1975

The Tale of the Chameleon, 1990 (Foto Kyncl)

IV

Das nächste theatralische Unternehmen im Rahmen des CIRT stand in Zusammenhang mit dem im Iran alljährlich unter Schirmherrschaft der persischen Kaiserin veranstalteten Festival von Shiraz. Wir waren dazu eingeladen worden. Anfang 1971 hatte uns Brook mit dem Arbeitsplan des laufenden Jahres bekanntgemacht. Dazu gehörte das Angebot der iranischen Regierung, unsere Theaterstudien finanziell zu unterstützen, und zwar aus Anlaß der bevorstehenden Feierlichkeiten zum 2500jährigen Jubiläum des Persischen Reiches. Konkret sah das so aus, daß wir unser Tätigkeitsfeld ab Juni für drei Monate in den Iran verlegen sollten, um im Austausch mit Schauspielern und Musikern des Landes die persische Kultur kennenzulernen.

Das allein hätte eine Regierung aber noch nicht veranlaßt, uns Geld zur Verfügung zu stellen, so verrückt ist niemand. Die finanzielle Unterstützung war denn auch an eine Bedingung geknüpft: Wir sollten den zum Festival in Shiraz erwarteten Gästen aus Europa sowie der intellektuellen Oberschicht und den Reichen des Landes eine Theatervorstellung bieten. Einige aus unserer Gruppe erhoben dagegen Einspruch. Der Schah des Iran, erklärten sie, sei der alleinige Nutznießer der Ölquellen des Landes, und statt die in Armut lebende Bevölkerung an den Ölgewinnen teilhaben zu lassen, leiste er sich den Luxus eines Festivals, lade sich dazu sogar noch Künstler aus Europa ein. Es sei falsch, unsere Theaterarbeit mit Geldern finanzieren zu wollen, deren Quelle die Ausbeutung der iranischen Bevölkerung sei, dies sei schmutziges Geld, das wir auf keinen Fall annehmen dürften. – Alle Jahre wieder tauchte dieses Problem aus Anlaß des Shiraz-Festivals auf. Viele der dazu eingeladenen Künstler aus Europa und den USA brachten es zur Sprache, und viele von ihnen hatten es bisher abgelehnt, an dem Festival teilzunehmen. Nun war die Reihe an uns, auch wir mußten uns jetzt entscheiden.

Was das Studienzentrum in Paris und die uns dort gebotenen Arbeitsmöglichkeiten betraf, verhielt es sich, bei Licht besehen, nicht minder seltsam. Da hatten sich Theaterleute aus aller Welt versammelt, um sich mit der Frage »Was ist Theater?« zu befassen, und bekamen auch noch Geld dafür. So dankenswert das war, fand ich es dennoch eigenartig, daß es Leute geben sollte, die bereit waren, uns diesen Luxus zu finanzieren. Unsere Geldgeber waren unter anderem die französische Regierung und Stiftungen wie Rockefeller, Ford und Anderson. Geldgeber des Iran-Projekts sollte die iranische Regierung beziehungsweise der Schah sein. War das nun beide Male schmutziges Geld? Welches Geld durfte man annehmen, welches nicht? Die Frage war schwer zu beantworten. Reinen Gewissens können Theaterleute nur arbeiten, wenn sie sich ausschließlich über den Verkauf von Eintrittskarten finanzieren – eine Rechnung, die niemals aufgeht. Geld von Sponsoren zu nehmen ist einfach unerläßlich. Selbst Brook hatte mehrere Jahre gebraucht, bis er die Mittel für das dreijährige CIRT-Programm auftreiben und das Studienzentrum in Paris eröffnen konnte. Dadurch brauchte jetzt niemand von uns nebenher zu arbeiten, konnten wir alle unseren Studien nachgehen, ohne uns Sorgen um den Lebensunterhalt zu machen.

Seit meiner ersten Reise ins Ausland bin ich schon vielen berühmten Künstlern begegnet, und jedesmal fand ich, daß diese weltbekannten Leute außer der künstlerischen Begabung, die sie zweifellos besitzen, auch allesamt über großes diplomatisches

Geschick verfügen. In meiner Jugend glaubte ich, daß ein Künstler sich damit abfinden müsse, arm zu bleiben, und hielt es geradezu für ein Vergehen wider die Kunst, an Geld überhaupt nur zu denken. Inzwischen bin ich zu der Ansicht gelangt, daß Künstler sich nicht mit der Armut abfinden sollten, um sich, frei von dieser Fessel, kreativ zu betätigen.

In bezug auf das Iran-Projekt war ich jedenfalls dafür, die uns angebotene finanzielle Unterstützung anzunehmen, auch dann, wenn das Geld auf Ausbeutung des Volkes und politischer Willkür beruhen sollte. Ich fand, daß wir uns der ganzen Kontroverse entziehen könnten, wenn wir eine gute Arbeit auf höherer als der nur materiellen Ebene leisteten.

Vor der Reise in den Iran beschränkte sich meine Vorstellung vom Ausland auf Korea und China, Europa und Amerika. Daß es noch andere Kulturkreise gibt, hatte ich darüber fast vergessen. Als ich dann in Teheran durch die Straßen ging, stellte ich verwundert fest, daß sämtliche Straßenschilder nur arabisch beschriftet waren. Selbst der Fahrpreis im Taxi wurde mit arabisch geschriebenen Zahlen angezeigt. Neben dem Arabischen war noch Sanskrit in Gebrauch. Daß Schriftzeichen, wie sie in China und Japan gebräuchlich sind, und die lateinischen Buchstaben der europäischen Sprachen nicht die einzigen Schriftsysteme sind, hatte ich einfach vergessen.

Im Iran waren Leute der besseren Kreise in der Regel europäisch gekleidet, während die einfachen Leute meist noch die traditionelle Kleidung trugen. Im Vergleich zu Japan, wo fast niemand mehr im Kimono geht, schien mir das ein Zeichen für den Rückstand der modernen Entwicklung dieses Landes zu sein. Den gleichen Eindruck gewann ich später auch in Afrika, wo die Menschen weitgehend noch traditionell gekleidet waren.

Mit welcher Hartnäckigkeit sie an dem gewohnten Lebensstil festhalten, fand ich erstaunlich. In Japan galten Kleidung und Frisuren der traditionellen Art, sobald sich das Land dem Westen geöffnet hatte, als »barbarisch«. Den Männern wurde damals durch einen Erlaß der Regierung verboten, weiter den Haarknoten zu tragen. Auf diese Weise hatte sich in wenigen Jahren der westliche Lebensstil durchgesetzt – ein Wandel, der überraschend schnell vor sich ging. Im Vergleich dazu schien mir die Modernisierung im Iran recht langsam und schleppend voranzukommen.

Während einer Taxifahrt in Paris hatte ich Jahre später einmal folgendes Gespräch mit dem Fahrer, der aus Afrika stammte. Er hatte mir erzählt, daß er nach zehn Jahren endlich wieder einmal in seiner Heimat gewesen sei.

»Woher kommen Sie denn?« fragte ich ihn.

»Aus Nigeria.«

»Aha, da bin ich vor kurzem auch gewesen. Wie fanden Sie es denn jetzt, nach zehn Jahren? Hat die Zivilisation inzwischen einige Fortschritte gemacht?«

»Zivilisation? Na, hören Sie mal! Zivilisiert ist unser Land seit uralten Zeiten. Mehr, als es schon ist, kann man es gar nicht zivilisieren!«

Ich schämte mich sehr, so eine Frage gestellt zu haben. Zivilisation und Modernisierung waren für mich damals gleichbedeutend mit der Übernahme der Ideen, der gesellschaftlichen Verhältnisse und der Sitten des Westens. In meinem Kopf war das bereits zu einer festen Vorstellung geworden. Der japanische Intellektuelle von heute – so hatte man mich stets gelehrt – müsse das Aufgehen des einzelnen in einem vormodernen Ganzen überwinden und von daher den Weg zu einem selbstbestimmten Ich finden. Wir hatten gelernt, daß die Moral des modernen Menschen darin bestehe, sich den Anforderungen der Verwestlichung entsprechend zu verhalten. Vor mehr als zweitausend Jahren aber war Persien ein kulturelles Zentrum. China, Indien und Afrika besaßen ihre eigene Zivilisation. Als Europa nach der Renaissance frei von seiner Bindung an die göttliche Instanz geworden war und zu einem empirisch begründeten modernen Rationalismus überging, zeigte sich in den übrigen Teilen der Welt, daß die Menschen dort ihre eigene Zivilisation verwarfen und sich bemühten, sie durch die europäische Kultur zu ersetzen. Dabei war diese neue Zivilisation innerhalb der jahrtausendealten Kulturgeschichte der Menschheit nur fünfhundert Jahre alt. Vielleicht sollte man sie im Hinblick auf die gesamte Geschichte der Menschheit eher als vorübergehende Modekultur betrachten. Vielleicht wird sie eines Tages genauso vergessen sein, wie es aus der Mode gekommene Sachen sind, von denen man sich getrennt hat, um sich neue, modische zuzulegen.

Ein japanischer Freund, der unser CIRT-Studio besuchte und mich dort im Kimono sah, meinte hinterher: »Es war mir peinlich, dich so zu sehen. Man muß ja glauben, daß du absichtlich ›auf exotisch‹ machst, weil sich das besser verkauft.« – Ich gab ihm damals recht und verzichtete auf den Kimono zugunsten von T-Shirt und Trainingshose. Brook sagte gleich, das wäre schlechter europäischer Einfluß. Er hatte recht, meine Entscheidung war falsch gewesen. Warum muß die europäische Art der Kleidung überall auf der Welt imitiert werden? Warum soll man immer die leichtere Lösung wählen, als ob damit alles in Ordnung sei? Warum wird, wenn der Kimono nicht genehm ist, nicht der Versuch gemacht, eine ganz andere, eigene Art von Trainingskleidung zu erfinden? Die Vorstellung, daß man sich im Besitz europäischer Sitten und Ideen nirgendwo in der Welt zu schämen brauche, ist einfach falsch. Es war nur richtig, daß die Menschen im Iran und Afrika bei ihrer eigenen Kultur und Lebensweise blieben. Wie kam ich dazu, sie deswegen als kulturell rückständig zu berurteilen! Als fortgeschritten oder rückständig läßt sich allenfalls der technische Stand eines Landes bewerten, nicht aber dessen Lebensweise und Kultur als Ganzes.

Zu Beginn unserer Tour durch den Iran traten wir in mehreren Dörfern auf, die nach außen hin alle streng abgeschlossen waren. Eine Technik wie den Fernsehempfang gab es dort nirgends, genausowenig wie in den Dörfern dieser Art in Japan. Man hatte uns zuvor gewarnt, daß Ausländer, die in so abgeschiedene Gemeinden kämen, riskierten, von den Dorfbewohnern mit Hacken vertrieben zu werden. Wir sollten uns in diesem Fall innerhalb weniger Sekunden in unseren Bus flüchten. Der Rückzug war vor Beginn der Tour mit der Stoppuhr geübt worden.

Was wir aufführten, war ein Familien-Sketch der üblichen Art, in dem es allerlei komische Verwicklungen gab. Ein iranischer Schauspieler, bekannt durch das Fernsehen, erklärte die Handlung, während die Darsteller bei unserer erfundenen Sprache blieben. Da Frauen aus religiösen Gründen nicht in der Öffentlichkeit auftreten durften, ohne einen Schleier zu tragen, hielten auch wir uns an diese Sitte und ließen die Frauenrollen von Männern spielen.

Eins der Dörfer erreichten wir gerade bei Einbruch der Dunkelheit, als die Leute eben von der Arbeit auf den Feldern nach Hause kamen. Unter ihren mißtrauischen Blicken gingen wir vorsichtig in den Ort hinein. Frauen und Kinder hielten sich in den Häusern versteckt. Es roch unangenehm nach Kuhmist, der überall herumlag. Wie in Japan früher auch, lebten die Bauern hier mit dem Vieh unter einem Dach, die Tiere gehörten so gut wie zur Familie. Eine Weile herrschte eine irgendwie bedrohliche Spannung vor, doch dann kam ein Mann auf uns zu, wahrscheinlich das Dorfoberhaupt, und fragte uns, was wir hier wollten. Wir gaben vor, Touristen zu sein, die sich für den Alltag der Leute im Dorf interessierten. Außerdem, erklärten wir dann, seien wir alle Schauspieler und hätten den Wunsch, den Leuten etwas vorzuspielen. Überraschenderweise zeigte sich der Mann ohne weiteres einverstanden. So breiteten wir auf dem Kuhmisthaufen unverzüglich unseren Teppich aus und begannen mit dem Spiel. Es war ein wahrhaft »duftendes« Theater, das wir da boten. Nach und nach fanden sich auch die Frauen und die Kinder um den Teppich ein. Wir zeigten eine gewöhnliche Komödie, die sich auf Geschichten aus dem Familienalltag bezog. Die Leute waren verschlossen und reagierten kaum, so daß wir nicht wußten, wieweit das Spiel ankam. Da die Vorstellung aber bis zum Schluß gespannt verfolgt wurde, schlossen wir daraus, daß sie ein Erfolg gewesen sei. Während des Auftritts bot sich uns keinerlei Anhaltspunkt, um das zu entscheiden. Immerhin machten wir hier die allererste Erfahrung mit einem populären Theater, das zum Teil einem Text folgte, zum Teil von uns improvisiert wurde. Wertvoll war diese Erfahrung dennoch im Hinblick auf die Arbeit, die wir später, während der Afrika-Tour, entwickelten. Es war in der Tat unsere erste »Show auf dem Teppich«, die wir im Iran zeigten.

Hinterher sagte Brook zu mir: »Für diese Art Theater spielst du zu konzentriert und zu kräftig.«

Mir wurde klar, daß ich mich immer noch an die Prinzipien

des Noh-Spiels hielt, die vom Darsteller äußerste Konzentration verlangen. Populäres Theater stellt einen anderen Anspruch. Ich erkannte, daß es in Anbetracht der vielen Ebenen, die Theater hatte, auch keine einzig »richtige« Art, Theater zu spielen, geben konnte. Für uns war Theater ja nicht nur etwas, das den Zuschauern Vergnügen bereiten sollte – wir selber konnten durch das Spiel auch von den Zuschauern lernen, konnten Neues für uns entdecken und trotz unterschiedlicher Nationalität auch intensiver miteinander kommunizieren. Genau das verstehe ich unter einem lebendigen Theater.

Allmählich wurde es Zeit, mit den Proben für die Vorstellung zum Festival zu beginnen. Das Festival war eine Veranstaltung, die unter der Schirmherrschaft der persischen Kaiserin stand und alljährlich in Shiraz, einer Stadt im Süden des Iran, stattfand. Das blieb so bis 1979, als der Schah das Land verlassen mußte.

Die Spielstätte lag unweit von Shiraz in den Ruinenfeldern von Persepolis, einer Wiege der persischen Kultur, die unter Darius eine Blütezeit erlebte. Aus dieser glänzenden Epoche, die mit dem Sieg Alexanders des Großen im vierten Jahrhundert vor unserer Zeitrechnung endete, sind heute nur die Ruinen der alten Paläste und Tempel übrig. Der erste Teil der Vorstellung sollte bei Sonnenuntergang gegenüber dem Grab von Xerxes stattfinden, das man hinter dem Königspalast in ein Felsplateau eingelassen hatte, der zweite Teil bei Sonnenaufgang in dem fünfzehn Kilometer entfernt liegenden Ort Naksch-i-Rustem, bei den Gräbern der Nachfahren des Darius. Das Stück, das wir spielten, hieß *Orghast*. Unter diesem Titel hatte der englische Autor Ted Hughes Geschichten um Helden wie Prometheus, Herakles und Ödipus aus der griechischen Mythologie verarbeitet.

Wegen der multinationalen Zusammensetzung unserer Gruppe konnten die Schauspieler auf der Bühne nur dann miteinander reden, wenn der Text in einer allen gemeinsamen Sprache gehalten war. Ted Hughes hatte das Stück deshalb in Orghast, einer von ihm erfundenen, künstlichen Sprache geschrieben, die genausowenig lebte wie etwa das Esperanto. Niemand von uns verstand diesen Text, Hughes übersetzte ihn uns ins Englische. »Orghast«, erfuhren wir nun, bedeute »Sonne«. Mit Hilfe des Englischen übersetzte sich dann jeder von uns den Text in seine eigene Sprache, so daß er sich der Bedeutung stets bewußt war, wenn er die ihm total unverständliche Kunstsprache auf der Bühne formulierte. Hughes hatte in dem Stück aber auch altgriechische Texte verwendet, die den Tragödien um Prometheus und Ödipus entnommen waren, dazu lateinische Texte von Seneca und Texte in der mehr als zweitausend Jahre alten persischen Sprache Avesta. Wir hatten es also mit einer Kunstsprache und darüber hinaus nur mit toten Sprachen zu tun, die heute nicht jedem ohne weiteres verständlich sind.

Gewöhnlich sind es die verschiedensten Elemente, die das gesprochene Wort ausmachen. Zunächst einmal hat es bestimmte Informationen zu übermitteln, etwa : »1 + 1 = 2«, »Ich heiße Oida«, »Ich liebe dich« und so weiter. Ein weiteres Element ist der musikalische Effekt, entsprechend dem »Bi-bop, bi-ba« beim Jazz. Ein drittes ist die Beschwörung oder auch Mantra, etwa ein Wort wie »Amen«. Mantras sind Worte, die der Mensch beschwört, weil er glaubt, daß sie ihn mit der Energie des Universums in Verbindung bringen und dadurch übernatürliche Wirkung haben könnten. Früher muß die beschwörende Bitte um Regen dazu geführt haben, daß es wirklich regnete, und jemand, dem man den Tod wünschte, scheint tatsächlich daran gestorben zu sein. Heute wird kein noch so beschwörendes Wort dazu führen, daß es regnet oder daß jemand stirbt. Das Wort und die ihm innewohnende Kraft sind zwei verschiedene Dinge geworden. In *Orghast* war unsere Aufgabe jedenfalls die, wieder eine Verbindung zwischen Wort und innerer Empfindung herzustellen. Wenn ich ein von Ted Hughes geschaffenes Wort zu sprechen hatte, das »Regen« bedeutete, sollte es auch anfangen zu regnen. Dies erforderte eine vollkommen andere Art der Übermittlung als die im modernen Theater sonst übliche.

Die Proben für *Orghast* fielen uns nicht gerade leicht. Um zu der Spielstätte in Persepolis zu gelangen, mußten wir vom Hotel aus anderthalb Stunden Fahrt in einem klapprigen Bus in Kauf nehmen. Wir befanden uns dort mitten in einer Wüste, es war tagsüber viel zu heiß für die Probenarbeit, selbst am Abend hatten sich die von der glühenden Sonne erhitzten Felsen noch nicht wieder abgekühlt. Zu der Hitze und der Trockenheit kam der Wüstenwind, der dem Körper die letzte Energie raubte. Da die Luft in Persepolis, 1700 Meter über dem Meeresspiegel, ziemlich dünn war, bereiteten schon das Sprechen und geringste Bewegungen des Körpers Atemnot und Herzbeschwerden. Der Wüstensand, den der Wind aufwirbelte, stand in der Luft wie Rauch, so daß man vom Atmen eine wunde Kehle bekam, und von dem Wasser, das man gegen den Durst trank, bekam man einen Durchfall.

»Militarismus« ist ein Ausdruck, der in Japan früher oft gebraucht wurde. Damit ist wohl gemeint, daß ein Despot sein Land mit militärischer Gewalt regiert. Genau das war im Iran damals der Fall. Während wir probten, liefen bewaffnete Soldaten rücksichtslos über die Bühne. Sie hielten sich überall in den Ruinen auf und beobachteten uns. Die Frauen konnten nicht mal ungesehen hinter den Felsen verschwinden, wenn sie austreten mußten.

Orghast wurde am 28. August aufgeführt. Viele Zuschauer waren dazu aus Europa und den USA angereist. Sie waren erst bis Teheran und von dort aus noch einmal anderthalb Stunden in südlicher Richtung bis Shiraz geflogen, wo sich das Hotel befand, in dem sie übernachteten. Vom Hotel aus brachte sie ein Bus in anderthalb Stunden bis vor den Königspalast von Persepolis, hinter dem sich das Felsplateau mit dem Grab des Xerxes erhob. Bis dort hinauf brauchten die Besucher noch einmal zwanzig Minuten zu Fuß.

Das »Theater«, eigentlich eine Begräbnisstätte inmitten einer Wüste, hatte weder Bühne noch Vorhang. Die Zuschauer und wir, die Mitwirkenden, ließen sich auf Sitzkissen nieder und warteten, daß die Sonne unterging. Der beginnende Sonnenuntergang war für uns das Zeichen, das Spiel zu eröffnen: Vom Himmel fällt ein großer Feuerball herab. Prometheus stiehlt das Feuer, um es den Menschen zu bringen. Als er es einem Mann übergeben will, tritt ein Dritter auf den Plan, ein königlicher Tyrann, die Inkarnation des Bösen. Diesen Tyrannen spielte ich. Er raubt dem Mann das Feuer, das ihn selbst aber in den Wahnsinn treibt, so daß er zu morden beginnt. Am Ende hat er fast all seine Angehörigen umgebracht.

Das Stück war auf ungewöhnliche Weise entstanden. Die Arbeit daran begann in Paris mit Improvisationen allgemeiner Art. Ted Hughes beobachtete uns und traf zunächst nur einige grundsätzliche Entscheidungen zum Charakter der Darsteller: »Er wäre gut als verrückt gewordener König.« Oder: »Sie eignet sich für die Rolle einer Königin.«

Für diese Charaktere schrieb er dann in seiner erfundenen

Sprache eine Menge Geschichten. Ich hatte zwanzig davon, Irene Worth sogar vierzig. Für die zwölf Darsteller waren es insgesamt über zweihundert. Anhand dieser Geschichten fingen wir an zu improvisieren und sonderten dabei nach und nach diejenigen aus, die nicht funktionierten. So hatten wir dann einen ganzen Vorrat theatralisch interessanter Geschichten, die von Brook und Ted Hughes in einen epischen Zusammenhang gebracht wurden. Auch wir anderen entdeckten einiges, indem wir in alten griechischen Texten stöberten, und wenn ein Abschnitt gut paßte, übernahm ihn Brook.

Später besuchten wir auch den Ort, der als Spielstätte vorgesehen war, und legten fest, welche Szene an welche Stelle gehörte. Übereinstimmend fanden wir, daß beispielsweise eine der Szenen unbedingt oben auf dem Felsen spielen mußte und eine andere unbedingt vor dem Grab. Der Raum selbst beeinflußte die Beziehungen der Charaktere zueinander, und das spielte eine wichtige Rolle für den erzählerischen Aufbau. Durch die Art und Weise, wie das Stück zustande kam, wußte niemand, ob er einen tragenden Part spielen würde. Jeder hatte die ihm zugedachten Geschichten, und erst ganz zum Schluß erwies sich deren relative Bedeutung.

Da die Sprache des Stücks sowieso unverständlich war, konnten die Zuschauer zwar nicht verstehen, was auf der Bühne gesprochen wurde, aber wie wir sprachen und uns bewegten, machte es ihnen trotzdem möglich, der Handlung zu folgen.

Das Stück endete damit, daß der König, der sich angesichts der von ihm Ermordeten selbst das Augenlicht genommen hatte, von seinem ältesten Sohn getötet und in ein Grab gelegt wurde. Darauf erloschen alle Kerzen und Fackeln, nur das helle Licht des Halbmonds, der über der Wüste stand, erleuchtete noch die Szene.

Brausender Beifall. Hier, in einem Ruinenfeld, wo es weit und breit kein Café gab, saßen die Leute und waren sich einig darin, wie sehr sie das Spiel auf der Bühne ergriffen hatte. Ich hielt mich am Eingang des Grabes im Schatten verborgen und betrachtete den Mond. Seit ich auf der Bühne stand, war es alle zehn, bestenfalls alle fünf Jahre einmal vorgekommen, daß ich glücklich darüber war, Theater zu spielen. So einen Augenblick erlebte ich jetzt. Von solchen Momenten abgesehen, hatte ich immer nur den Wunsch gehabt, mit dem Theaterspielen Schluß zu machen.

Der zweite Teil der Vorstellung begann eine Woche später, morgens um halb fünf in Naksch-i-Rustem. Der wahnsinnige König, den ich spielte, war nach seinem Tod in die Hölle gekommen. Dort wurde ihm mit den Worten des griechischen Dichters Aischylos vorgeführt, was sich vor mehr als zweitausend Jahren an dieser historischen Stätte zugetragen hatte. Der König – und mit ihm das Publikum – folgte dem Geschehen von Ort zu Ort durch die Ruinen, bis er dort stand, wo die Perser einst den Geist ihres toten Königs Darius anriefen, ihnen gegen Alexander beizustehen. An jener Stelle stand nun ein Japaner und betete auf griechisch zu den Göttern.

Aufmerksam beobachteten die Zuschauer das Spiel, ein Geschehen jenseits von Zeit und Raum, in dem Vergangenheit und Gegenwart, West und Ost miteinander verschmolzen. Schließlich verschwand der verrückte König in einem Tempel des Feuergottes. Langsam ging die Sonne auf, die Vögel erwachten und flogen auf, ein Mann machte sich mit seinem Ochsen, Symbol des Geistes, auf den Weg zu seinem Feld. Und die Zuschauer, die nun doch müde wurden, begaben sich mit dem ratternden, schlingernden Bus zurück in ihr Hotel. Ich sah zu, wie die Leute aufbrachen, und dachte währenddessen über die Vorstellung nach, die eben zu Ende gegangen war.

Nachdem ich Japan verlassen hatte, erlebte ich mit *Orghast* zum erstenmal, daß ich eine besondere Rolle in einem Stück spielte. Die Aufführung des *Sturm* 1968 war ein Experiment mit Shakespeare-Fragmenten gewesen. *Orghast* dagegen war eine Geschichte mit einem Text, der den Zuschauern unverständlich blieb.

Soweit ich in Japan in Stücken des westlichen Theaters auftreten war, waren das immer Geschichten gewesen, die von gewöhnlichen menschlichen Situationen und Empfindungen handelten. Im Gegensatz dazu wurden in *Orghast* stark archetypische Situationen und kraftvolle, sonst nicht gebrauchte Sprachen benutzt. Die Sprachen Griechisch, Avesta und Orghast waren von jener vibrierenden Energie, die man bei Shakespeare findet. Dessen Sprache steht aber in Beziehung zu den Formen des Elisabethanischen Theaters, und man muß sie berücksichtigen, spielt man in einem Stück von Shakespeare. Beim Orghast, das eine Erfindung war, brauchte man keinerlei Form zu beachten. Man konnte sich so, wie man selbst es bestimmte, in das Stück einbringen.

Da die Beziehungen der Charaktere zueinander wahrhaft menschlich waren, empfand ich, daß dem Handeln eine universelle Bedeutung zukam. Dieses Gefühl wurde noch verstärkt durch den Ort. In der Rolle des Königs vor dem Grab eines Herrschers aufzutreten, der vor Tausenden von Jahren gestorben war, machte mir bewußt, daß die Worte, die ich sprach, über die Zeiten hinweg in die Vergangenheit reichten, aber auch in die Zukunft hinein. Nun verstand ich wirklich, was Brook mit »Heiligem Theater« meinte. Ich glaube, *Orghast* hatte etwas berührt, das dem alten griechischen Theater nahe kam. Das menschliche Handeln auf der Bühne war ein Mikrokosmos des großen Universums.

Es reicht nicht, eine Geschichte zu spielen; der Blick muß auch in andere Richtungen gehen. Schaut man nach oben, erblickt man die Weite des Universums. Schaut man nach unten, hat man die Realitäten des Lebens vor Augen, mit all den sozialen, politischen und ökonomischen Problemen. Zwischen diesen beiden Welten muß das Theater eine Brücke schlagen. Als Schauspieler hat man die Realität des Universums genauso wahrzunehmen wie die des Alltags. Es gibt Theatergruppen, die »Politisches Theater« – im engeren Sinne – machen. Andere beschäftigt im Theater nur das Universum, so daß sie von den Alltagserfahrungen ihres Publikums völlig abgeschnitten sind. Und in Japan hat man eine schöne Box mit Namen »Noh-Theater«. Durch die Tradition lange Jahre poliert, ist diese Box ein Museumsstück, denn sie gehört sozialen Welten an, die längst tot und vergangen sind. Sie kann Kommunikation auf einer universalen Ebene bewirken, steht aber in keiner Beziehung mehr zu dem, was die Leute in ihrem Alltag heute erfahren. Das Erlebnis im Iran gab mir das Gefühl, daß wir ein Theater hervorgebracht hatten, das versuchen wollte, beide Realitäten miteinander zu verbinden.

Die beiden Teile des Stücks spielten wir jeweils eine Woche lang. Kurz vor Abschluß des gesamten Programms gab es noch eine Sondervorstellung für die Kaiserin. Der erste Teil sollte wie bisher bei Sonnenuntergang, der zweite schon zwei Stunden später aufgeführt werden, ohne den Aufgang der Sonne abzuwarten, damit die Gäste nicht noch einmal hinausfahren mußten. Die Kaiserin war in Begleitung zahlreicher Bediensteter,

Freunde und Wachleute erschienen. Der erste Teil ging problemlos zu Ende, und während die Kaiserin eine Teepause machte, fuhren wir mit dem Bus voraus nach Naksch-i-Rustem, um unsere Vorbereitungen für den zweiten Teil der Vorstellung zu treffen. Dort angekommen, sahen wir, daß das Gebiet rund um die Spielstätte von Militär abgeriegelt war. Da die Kaiserin erwartet wurde, durfte niemand durch die Absperrung – mit dieser Begründung verwehrte man uns den Zutritt. Wie sehr Brook sich auch bemühte, den Militärs begreiflich zu machen, daß der Besuch der Kaiserin mit der Vorstellung zu tun hatte, die wir geben sollten, und daß wir deshalb rechtzeitig auf der Bühne sein müßten, um uns vorzubereiten, es half nichts, sie beharrten darauf, daß sie niemanden durchlassen könnten. Nach langem, fruchtlosem Hin und Her gaben wir es auf und gingen weg.

Das sture Verhalten der Soldaten war uns einfach zuviel. In einem Land, das so massiver militärischer Kontrolle unterlag, war es offenbar unmöglich, Theater zu spielen. Wir entschlossen uns zur Abreise und machten uns auf der Straße, die wir gekommen waren, zu Fuß auf den Weg ins Hotel. Wenig später kam uns bereits der Wagen der Kaiserin entgegen, die nun den zweiten Teil der Vorstellung sehen wollte. »Jetzt keine Ausfälligkeiten, bitte«, instruierte uns Brook. »Ruhig bleiben und weitergehen. Egal, was passiert, ihr werdet keinen Ton sagen!«

Der Wagen hielt vor uns an. Der Kulturminister, ein Bruder der Kaiserin, stieg aus und erkundigte sich, was mit uns los sei. Brook, völlig außer sich, schrie den Mann zusammen. Im übrigen, erklärte er dann, seien wir entschlossen, auf der Stelle die Rückreise nach Paris anzutreten (– das Ganze entbehrte nicht einer gewissen Theatralik). Daraufhin lenkte der Minister ein und versprach, daß die Kaiserin eine weitere Teepause einlegen und sich gedulden würde, bis wir bereit für den Auftritt seien. Damit war Brook einverstanden, so daß der zweite Teil des Stücks doch noch gespielt werden konnte.

Vor unserem Auftritt im Iran war mir nicht bewußt gewesen, daß man als Teil des Theaters automatisch Teil einer besonderen sozialen und politischen Situation ist. Ich glaubte, Theater sei eine schöne Flucht aus der realen Welt. Da man aber Geld braucht, um eine Show auf die Beine zu stellen, kommt man nicht umhin, bestimmte ökonomische Beziehungen einzugehen. Nach dem Iran-Besuch begriff ich, daß Theater an den Verhältnissen seines Publikums teilhaben sollte. Dadurch kann das Theater mehr als bloßes Entertainment sein.

Mit dem Ende des Theaterprojekts im Iran endete auch das erste Jahr gemeinsamer CIRT-Arbeit. Mit dem Versprechen, uns im Oktober wiederzutreffen, nahmen wir voneinander Abschied. Alle außer mir traten die Heimreise gen Westen an. Ich war der einzige, der in östlicher Richtung, nach Japan, flog. Einen Tag später als die anderen stand ich auf dem Flugplatz von Teheran. Ich kam aber nicht durch die Paßkontrolle, man nahm mich fest und steckte mich ins Gefängnis. Der Grund hierfür: Mein Visum, gültig für einen Aufenthalt von drei Monaten, war am Vortag abgelaufen, so daß ich mich zur Zeit ohne Visum im Iran aufhielt, und damit hatte ich das Gesetz verletzt. Zum Glück war unser iranischer Produzent, der mich zum Flughafen gebracht hatte, noch greifbar. Er rief sofort den Kulturminister an, der dafür sorgte, daß ich frei kam. Es gelang mir sogar, noch am selben Tag einen Flug nach Japan zu bekommen. Hinter mir lagen drei Monate, die ich ununterbrochen von Durchfall geplagt war. Auch Hitze und Trockenheit hatten mich erschöpft, ich war halbtot und wünschte mir nichts sehnlicher, als bald wieder in Japan zu sein. Ich wanderte im Flugzeug umher, als ginge es dadurch schneller.

Orghast, 1971

Als Gonzalo in *Der Sturm*, 1990 (Foto Simon)

V

Ehe im Oktober das Studienzentrum in Paris wieder aufmachte, wollte ich noch in die USA fahren. Nach meinem ersten Aufenthalt in Paris, drei Jahre zuvor, war ich auf dem Rückweg nach Japan bereits einmal dort gewesen, es war also mein zweiter USA-Besuch. Im Unterschied zum ersten Mal wurde ich nun, wohin ich auch kam, als Star behandelt.

Meine Reise begann an der Westküste. Ich kam an und war sämtlichen Theaterleuten und Theaterjournalisten bereits ein Begriff. Denn die *New York Times* hatte ausführlich über das Experiment im Iran berichtet und meine Person dabei groß herausgestellt. In New York wurde das alles noch imposanter. Schließlich wird die Zeitung dort gemacht. Daß der Text einer einzigen Zeitungsseite aber so bewußtseinsverändernd gewirkt haben soll, ist trotzdem sonderbar. Natürlich war es nicht schlecht, einmal richtig verhätschelt zu werden; doch ganz so großartig kann meine Schauspielkunst, objektiv betrachtet, nicht gewesen sein. Da hatte ein Theaterkritiker einen guten Eindruck von mir gehabt und in seiner Zeitung darüber geschrieben, worauf die Theaterleute von New York samt und sonders der Überzeugung waren, daß ich ein phantastischer Schauspieler sei – was für ein Unsinn.

Sicher hat das auch mit der Natur der Massenmedien zu tun, aber davon abgesehen, ist es schon ein Übermaß an blindem Vertrauen, das man der *New York Times* in den USA entgegenbringt. Bei den Provinzblättern hält man sich mit eigenen Stellungnahmen möglichst zurück, bis die *New York Times* ihr Urteil gefällt hat. Und wenn am Broadway um den Preis etlicher Millionen Dollar ein neues Stück herausgebracht wird, und der anwesende Kritiker der *New York Times*, der an dem Tag zufällig unausgeschlafen ist, schreibt dann, die Vorstellung sei zum Einschlafen langweilig gewesen, ist das Stück eben durchgefallen, das Theater kann zumachen, all die Dollarmillionen sind dahin. Unter solchen Umständen Theater zu machen ist ein Glückspiel, etwas Verrückteres gibt es nicht.

In Paris jedenfalls wurden die ersten Pläne für das Forschungsprogramm des zweiten Jahres gemacht. Das erste Jahr hatte der Erkundung des »heiligen«, rituellen Theaters gegolten, das zweite brachte thematisch eine totale Kehrtwendung; denn nun ging es um die Wiederentdeckung von »derbem«, urwüchsigem populärem Theater.

Unser erstes Projekt war *Kaspar Hauser* nach dem Stück von Peter Handke. Die Geschichte beruht auf den Erlebnissen eines Jungen, der bis zu seinem 16. Lebensjahr vollkommen von der Welt abgeschnitten war. Er besitzt keinerlei Vorstellung von der menschlichen Sprache und von sozialem Verhalten. Nachdem man ihn gefunden hat, lernt er sprechen, lernt, wie man geht, wie man sitzt, wie man sich anzieht. Ganz allmählich lernt er die Gesellschaft kennen und erlernt, wie man sich in ihr verhält. Als er alles gelernt hat, wird er verrückt. Dieses Stück war ein großes Werk, so empfand ich es. Es hat mich getroffen – auf ganz ähnliche Weise wie in der Zeit nach dem Krieg die Lektüre von *Warten auf Godot*. Die Frage, die damals mit dem *Godot* an uns gerichtet wurde, lautete: »Wie leben wir in dieser Welt?«

Fünfzehn Jahre später stieß ich auf *Kaspar Hauser*, und die Fragen, die dieses Stück an uns stellte, waren genauso relevant.

Im Herbst 1971 begannen wir mit den Proben. Es war ein sehr komplexes Stück. Anfangs folgten wir streng dem Text.

Wenn in der Anweisung stand: »Rechten Fuß vorsetzen«, wurde es auch so gemacht. Dann begann Brook, zu extrahieren und bestimmte Elemente des Stücks weiterzuentwickeln. Das so entstandene Stück basierte zwar auf Handke, hielt sich aber nicht an dessen Text. Wir spielten es vor Studenten des Polytechnikums. Wir gingen auch in psychiatrische Krankenhäuser und traten dort vor den Patienten und Ärzten auf, die in diesem Fall ein eher »trügerisches« Publikum waren. Wir zeigten das Stück jedoch auch in örtlichen Jugendclubs. Wo wir auch spielten, die Zuschauer reagierten stets auf die Frage der Sprache und deren Rolle bei der »Menschwerdung«. So war es auch bei der abschließenden Vorstellung, die für Theaterleute stattfand.

Das Stück offenbarte die beiden Seiten des menschlichen Daseins – einmal die künstliche Seite, entstanden in der sozialen Welt, und zum anderen die ursprüngliche, instinktive Natur des Menschen. Die Fragen, die Brook stellte, lauteten: »Was ist instinktives menschliches Dasein? Was passiert, wenn diese Person Sprache, Verhalten, physische Anpassung und soziales Bewußtsein erwirbt?«

Mir scheint, daß Brook, wenn er Regie führt, immer auf instinktives Reagieren aus ist. Er spielt mit Bewegung und Sprache nicht herum, sondern sucht nach einer tiefer gehenden Ebene des menschlichen Engagements. Nie spricht er über Geist oder Seele. Diskussionen darüber werden, wenn man sie führt, ja auch wirklich künstlich. Im Spiel jedoch, das man als Mensch von Grund auf frei gestaltet, tritt das geistige Element ganz von selbst zutage. Brook war immer auf lebendiges, freies, menschliches Reagieren aus. Der Anspruch, den er an alle Stücke, auch an die von Shakespeare, stellte, war nicht, eine Botschaft zu verkünden. Statt dessen ermutigte er die Schauspieler, den Text bzw. das Originalmaterial in entsprechend offener, humaner Art und Weise zu erkunden. Interpretationsmöglichkeiten und verschiedenartige Aspekte ergaben sich dann von selbst. Darüber hinaus stand es dem Zuschauer frei, zu entscheiden, was er als seine »Botschaft« betrachtete.

Zum Abschluß luden wir Peter Handke ein, sich unsere Arbeit anzusehen. Wir zeigten zwei Versionen. Die erste war eine von uns geschaffene freie Adaption; eine halbe Stunde später spielten wir Handkes Text Wort für Wort so, wie er ihn geschrieben hatte. Ich weiß nicht, was Handke wirklich von unserer freien Fassung hielt. Er sagte jedoch, sie habe ihm besser gefallen.

Als nächsten Schritt, das »derbe Theater« zu untersuchen, wollte Brook unser Theater in ein noch unverseuchtes, »unberührtes« Milieu versetzen, d. h. vor einem Publikum spielen, das noch unbeeinflußt von kommerziellem Theater und Fernsehen war und deshalb auch noch keine vorgefaßte Meinung über das Wesen des Theaters besaß. Damit verbunden war noch ein anderes wichtiges Thema: Offenbar wollte Brook auch beobachten, wie eine Gruppe, zusammengesetzt aus Leuten mit ganz verschiedenem kulturellem Hintergrund, in dieser speziellen Situation reagieren würde. Darüber hinaus hatte er vor, der Geschichte von der *Konferenz der Vögel* nachzugehen. Um all dies zu vereinen, faßte Brook den Entschluß, mit uns nach Afrika zu gehen.

Eigentlich hatte ich keine Lust, diese Reise zu machen. Ich hatte mich an die Vorteile der modernen westlichen Technik – wie Zentralheizung, Wassertoilette und klimatisierte Räume – gewöhnt. In meiner Jugend gab es das in Japan noch nicht. Ich konnte nicht begreifen, warum diese Westler unbedingt Erfahrungen mit einem Leben unter primitiven Bedingungen machen wollten. Mir gefiel der Komfort in Europa! Doch da die anderen so erpicht auf Afrika waren, entschied ich mich, die Reise mitzumachen.

Am 1. Dezember 1972 traten wir von Paris aus die auf einhundert Tage geplante Studienreise nach Afrika an. Mit über zwanzig Personen – außer elf Schauspielern waren Autoren, Musiker und weitere Leute dabei – flogen wir zunächst nach Algerien, wo noch einige Reiseführer, ein Koch und ein Mechaniker zu uns stießen, und dann begann mit vier Jeeps und einem Lastkraftwagen die Fahrt nach Süden.

Von Algerien aus ging es quer durch die Sahara, anschließend durch Niger, Nigeria, Benin und Mali und auf diesem Weg über Westafrika erneut durch die Wüste, nun von Süd nach Nord, bis wir wieder in Algerien waren – eine Reise von sechzehntausend Kilometern.

Im Norden, oberhalb der Wüste, ist Afrika überwiegend von moslemischen Arabern bewohnt. Eines Tages trafen wir dort aber in einem Ort schon nahe der Wüste viele Schwarzafrikaner an und wollten wissen, wieso das so war. Es stellte sich heraus, daß der Ort früher Durchgangsstation für die Sklavenhändler gewesen war, die Schwarze aus dem Süden durch die Wüste nach dem Norden brachten. Da die Härte der Wüstenwanderung viele der Sklaven so entkräftet hatte, daß sie nicht mehr weiter konnten, waren sie dort zurückgelassen worden und dann für immer geblieben. Daher leben ihre Nachkommen bis heute im afrikanischen Norden.

Ich sah, daß in dem Ort schwere Armreifen verkauft wurden. Solche Reifen hatte man früher den Sklaven angelegt, damit sie nicht weglaufen konnten. Angeboten wurden auch kleine, bunte Keramikstückchen aus Italien, die aussahen wie Süßigkeiten, aber früher das Zahlungsmittel waren, mit dem die Sklaven auf dem Markt gekauft wurden. Unfaßbar, daß man mit so billigem Zeug einmal Menschen kaufen konnte.

Der Weg nach Schwarzafrika führt durch die Sahara. Für uns war das eine dreitägige Fahrt von Oase zu Oase. Es heißt, daß die Wüste den Menschen verändert. Nachdem wir das Atlas-Gebirge und das Gebiet der Tuaregs, die mit ihren verhüllten Gesichtern und den Säbeln, die sie tragen, einen höchst bizarren Anblick boten, hinter uns gelassen hatten, wurde das Land flach wie ein Tablett. Von der Stelle aus, an der ich stand, war bis zum Horizont nichts zu sehen als hier und da eine Fata Morgana, die mir einen Teich vorgaukelte. In welche Richtung ich auch schaute, es war stets das gleiche Bild.

Im Dezember war das Wetter in der Wüste so heiter und angenehm wie an schönen Tagen im Herbst, ein sanfter Wind gab mir das Gefühl von Freiheit.

Geboren im westjapanischen Kobe, war ich den Zwängen des Familienlebens entflohen, indem ich nach Tokio ging, und den Zwängen der Gesellschaft entfloh ich später nach Paris. Paris, wo es niemanden gab, den ich kannte, war aber, als ich länger dort lebte, auch wieder die Gesellschaft geworden, die mich überall umgab; ich hatte aufgehört, dort fremd zu sein.

Hier jedoch gab es so etwas wie Gesellschaft nicht. Hier war die Haut, in der ich steckte, und außerhalb davon gab es nur den Himmel und die Erde. Mir kam ein japanischer Ausdruck in den Sinn, der aus dem alten China stammt: TEN–CHI–JIN = Himmel, Erde, Mensch. Außer mir existierten nur Himmel und Erde. Ich – zwischen Himmel und Erde. Sich das vorzustellen, fällt schwer; doch als ich bemerkte, daß ich mich wirklich zwischen Himmel und Erde befand, wußte ich nicht, welche Stellung ich zwischen den beiden einnehmen sollte. Denn so wie hier, zwischen Himmel und Erde, kam ich mir äußerst armselig vor und fühlte mich nichtig wie ein Sandkorn.

So legte ich mich erst einmal nieder, auf den Boden der Wüste, den all die kleinen Steine bedeckten, die der Wüstensand jahraus, jahrein bewegt und rundgeschliffen hatte. Ich schaute in den Himmel. Mir war, als sei ich gestorben und ein Teil des Wüstensands geworden. Ich war überhaupt nicht existent. Nun setzte ich mich auf und versuchte, den Rücken vollkommen gerade zu halten. Sitzend fühlte ich mich schon besser. Ich erinnerte mich an die Anweisung, die von einem alten Zen-Meister stammt: »Die Kraft auf den Unterleib konzentrieren.« Das tat ich, und nun schien ich hier, zwischen Himmel und Erde, tatsächlich irgendwie existent geworden zu sein. Es war das Gefühl einer Existenz, die meine und doch nicht meine war. Als sei mein Dasein ein anderes geworden. Die Wüste hatte mich verändert.

Parallel zum Erdboden hat das Rückgrat eine Stellung, die Schlaf oder auch Tod bedeutet, was für das Bewußtsein heißt, nicht existent zu sein. Eine Stellung des Rückrats senkrecht zum Erdboden dagegen bedeutet, am Leben zu sein, zu existieren. Zum Leben der Tiere gehört, daß ihr Rückgrat parallel zum Erdboden ausgerichtet ist. Nur der Mensch hat sich für die senkrechte Stellung entschieden.

Geistige Erfahrung haben sowohl Christus als auch Buddha und Mohammed nur bei aufrechter Haltung des Körpers machen können. Ich habe nie gehört, daß ihnen eine Erleuchtung etwa im Liegen gekommen wäre. Um Kontakt zu jener großen unsichtbaren Energie herzustellen, die es im Universum gibt, ist es offenbar nötig, das Rückrat senkrecht zu halten. Der Mensch sollte zwischen Himmel und Erde nicht bloß existieren, seine Existenz sollte das Verbindende zwischen beiden, die Brücke zwischen Himmel und Erde sein.

Wie die Wüste riecht und wie sie sich anfühlt, wie die Luft in der Wüste schmeckt und welche Stille dort herrscht, sind Dinge, die man schwer vergessen kann. Die englischen Gentlemen, die unsere Reiseführer waren – alles Intellektuelle, die die besten Universitäten absolviert hatten –, sollen professionelle Reiseführer nur deshalb geworden sein, weil sie den Wunsch hatten, immer in der Sahara zu sein. Wenn es um die Sahara geht, würde selbst ich, der ich sonst nicht reisefreudig bin, jede sich bietende Gelegenheit ergreifen, um wieder dorthin zu fahren. Was diese Wüste so anziehend macht, ist mit Worten schwer zu beschreiben; es ist etwas, das einen geradezu süchtig macht. Fern der Wüste bekommt man Entzugserscheinungen und wünscht, man wäre wieder in diesem Rauschzustand.

Früh morgens sollten wir in der Wüste schweigend zusammensitzen, in vollkommener Stille. Die meisten fanden diese Übung aus verschiedenen Gründen sehr schwer. Die Truppe hat die Übung aber bis heute beibehalten, und jetzt scheint sie allen leicht zu fallen. Vielleicht ist das einfach eine Frage der Praxis – oder es liegt daran, daß wir nicht mehr so jung sind wie damals in Afrika.

Gegen Ende der Wüste erreichten wir den Norden von Nigeria, wo der Boden durch die anhaltende Trockenheit der vergangenen Jahre mehr und mehr versandete, wo die Bäume verdorrten und die Straßen allmählich im Sand verschwanden. Der Anblick dieser Landschaft flößte einem unwillkürlich Furcht vor der großen Gewalt der Natur ein. Etwas weiter südlich davon hörte die Wüste auf. Wir kamen durch ein Dorf, in dem nur acht Frauen und ein paar Kinder lebten. Die Männer waren fortgegangen und arbeiteten jetzt weit weg im Süden. In der Gegend hatte es fünf Jahre schon nicht mehr geregnet und deshalb auch keine Ernte gegeben. Heute, sechzehn Jahre später, ist dieses Dorf vielleicht gar nicht mehr da, ist es vielleicht schon Wüste geworden.

Während der gesamten Reise schlief ich keine Nacht unter einem Dach, sondern stets unter freiem Himmel, auf einem Feldbett im Schlafsack. Zum Waschen gab es für jeden von uns etwa zwei Liter Wasser am Tag, und das nicht nur in der Trockenregion; in den wasserreichen Gebieten nahe dem Äquator war es nicht anders; denn dort bereitete es große Schwierigkeiten, Wasser aufzutreiben, das wirklich sauber war. Zu essen gab es morgens ein englisches Frühstück, das von dem Koch zubereitet wurde, mittags aßen wir Sardinen oder Corned beef aus der Büchse, und abends gab es warmes Essen. Fleisch rührte ich diesmal nicht an, einen Durchfall wie zuvor im Iran wollte ich nicht noch einmal erleben. Außerdem hatte ich gehört, daß man weniger anfällig für Malaria sei, wenn man auf Fleisch verzichte, weil die Körpertemperatur dann niedriger sei als sonst. Genauso war es, denn im Laufe der Reise sind alle, wenn auch unterschiedlich schwer, an Malaria erkrankt, nur ich nicht. Auch von Durchfall blieb ich die ganze Zeit über verschont.

Die erste Vorstellung gaben wir in Inshallah. Danach traten wir immer dort auf, wo sich eine geeignete Stelle fand, sei es auf einem Marktplatz oder mitten in einer Ortschaft. Der Teppich, der unsere Bühne war, wurde ausgelegt, und schon begannen wir zu improvisieren. So brachten wir es während der hundert Tage, die die Reise dauerte, auf mehr als dreißig Vorstellungen. In jedem Ort, der uns geeignet erschien, sprachen wir zuerst die Kinder an und fragten, ob sie uns nicht zum Dorfältesten bringen könnten. Je nachdem, ob die Gegend früher englisches oder französisches Kolonialgebiet war, lernten die Kinder in der Schule englisch oder französisch, so daß wir uns in Afrika Kindern gegenüber immer verständlich machen konnten. Das erste, worum wir einen Dorfältesten baten, war, in einiger Entfernung vom Dorf unser Lager aufschlagen zu dürfen. Wenn er uns das gestattet hatte, kamen wir auf unser Vorhaben zu sprechen. »Wir sind Sänger und Tänzer aus verschiedenen Ländern«, erklärten wir, »und wenn Sie nichts dagegen haben, würden wir den Leuten hier gern etwas vorsingen und -tanzen.« – Die Umschreibung wählten wir, weil es das Wort »Theater« in Afrika nicht gibt. So erreichten wir, daß man verstand, was wir wollten, und wenn ausgemacht war, wann die Vorstellung am Abend losgehen sollte, begannen wir mit den Vorbereitungen. Wie viele Zuschauer kommen würden, wußten wir nie. Mitunter waren es nur fünf, dann wieder fanden sich zu unserer Überraschung mehr als tausend ein.

Für die Auftritte war in Paris bereits Verschiedenes vorbereitet worden. Das zeigten wir nun, eins nach dem anderen, ohne daß jedoch irgend etwas davon bei den Leuten ankam. Ein Theater wie unseres, fernab in Paris in den Köpfen von Europäern entstanden, stand dem Empfinden der Menschen hier viel zu fern. Was wir auch unternahmen, die Leute schwatzten laut und zeigten nicht das mindeste Interesse an unserem Spiel. Das ging so lange, bis wir mit unserem Latein am Ende waren. Brook forderte mich nun auf, ein japanisches Volkslied zu singen, und eine Amerikanerin aus unserer Gruppe sollte es mit einem Folksong probieren – nach der Devise: »Gesang kennt keine Grenzen.« Also sang ich: »Kiso-no Na-a-naka-nori-san-wa«, und die Amerikanerin verfiel auf: »Summertime, and the living is easy.« – Es half nichts, man schwatzte weiter, niemand hörte zu. Da wir uns keinen Rat mehr wußten, schlug Brook den Zuschauern vor: »Jetzt singt ihr doch mal bitte was für uns!« Da begannen sie, in die Hände zu klatschen und nach einer sonderbaren Melodie »a-a-ah« zu singen. »Noch ein Lied«, baten wir, worauf sie wieder in die Hände klatschten, und was sie nun sangen, klang fast genauso wie beim ersten Mal. Es war ganz ähnlich wie bei den volkstümlichen Enka-Gesängen, die alle fast dieselbe Melodie haben.

»Natürlich«, sagte Brook, »in die Hände klatscht man überall auf der Welt, und A-a-ah ist eine Sprache, die jeder versteht. Machen wir es doch ebenso!« – Gut und schön, nur: Wie sollten wir das anstellen? Erst einmal klatschten wir in die Hände, dann schmetterte jemand von uns ein begeistertes A-a-ah, ein anderer sang es zornig, der dritte erschöpft und ein vierter traurig. Die Leute wurden mucksmäuschenstill, spitzten die Ohren und lauschten unserem A-a-ah. Endlich! Vor lauter Freude darüber legten wir uns noch mehr ins Zeug. Bis jemand – es war ein französischer Schauspieler, der Typ des Intellektuellen – anfing, ein A-a-ah in den komplizierten Tonstufen der modernen Musik zu intonieren. Augenblicklich setzte wieder das Zuschauerpalaver ein.

Eines erkannten wir nun: Der Mensch bringt gesteigerte Emotionen auf eine schlichte melodische Art zum Ausdruck – das ist bei einem Lied das Wesentliche, davon fühlen sich die Menschen überall auf der Welt berührt. Wie einfach uns japanische Volkslieder oder amerikanische Folksongs auch erscheinen mögen, sind sie doch viel zu kompliziert, um bei allen Menschen Anklang zu finden. Durch übermäßige Fixierung auf den Text oder einzelne Abschnitte ist ihnen das Wesentliche des Liedes bereits verlorengegangen. Ein Lied der Freude etwa, das jeden erreichen soll, muß seinem Wesen nach Freude sein, und dies soll möglichst einfach zum Ausdruck kommen.

Auf die in Paris vorbereitete Show hatten wir bereits verzichtet. Wenn wir auftraten, wurde von vornherein improvisiert. Eines Tages stellte jemand – es war ein Schauspieler aus den USA – seine Schuhe einfach mitten auf den Teppich. Sofort beobachteten die Leute neugierig, was da vor sich ging. In ihrer Kultur waren Schuhe ein Symbol für Macht und Erfolg, Wohlstand und modernes Leben. Eine Schauspielerin zog die Schuhe an und verwandelte sich in eine schöne Frau. Einen anderen wieder machten die Schuhe zu einem Aufschneider. So veränderten die Schuhe ihre Träger und stürzten sie in Konflikte, Betrügereien und Hoffnungslosigkeit. Die Schuhe versetzten den Schauspieler in die Lage, etwas zu finden, das er mit den afrikanischen Zuschauern gemeinsam hatte. Sooft wir die »Schuh-Show« spielten, eröffneten wir sie damit, daß die Schuhe mitten auf den Teppich gestellt wurden. Dann fing jemand von uns an, mit ihnen zu improvisieren, die anderen schlossen sich an. Von Mal zu Mal fanden wir neue Möglichkeiten, mit den Schuhen umzugehen und uns zu ihnen in Beziehung zu setzen. Keine Show glich der anderen, doch das Interesse der Zuschauer war jedesmal da. Da wir den Zugang zu ihnen über die Improvisation suchten, führte die Show zwar öfter auch von ihnen weg, doch am Ende fanden wir den Punkt, der einen echten Kontakt ermöglichte.

Nachdem wir festgestellt hatten, daß wir auf dem richtigen Weg waren, bemühten wir uns, andere, genauso wirkungsvolle Themen zu finden. Bei reiner Improvisation riskiert man immer auch eine Verflachung des Ausdrucks. Was man macht, kommt manchmal an, manchmal nicht. Um das Risiko zu verringern, entschied Brook, eine Grundstory aufzubauen, die wir die »Brot-Show« nannten. Ein Mann verkauft Brot, ein anderer kauft es, wieder andere wollen es ihm wegnehmen. Diese Struktur machte uns das Improvisieren leichter, doch unsere Arbeit bekam dadurch eine Tendenz zum Naturalistischen. Da wir wußten, was als nächstes kam, konzentrierten wir uns darauf, die Geschichte voranzutreiben, statt die einzelnen Situationen auszubeuten oder zu entwickeln. Das Spiel hatte etwas von einem Western bekommen, dem es nicht gelingt, echten Kontakt zu den Zuschauern herzustellen. Deshalb beschlossen wir, die Show mit rhythmischen Schlägen als Musikbegleitung aufzuführen. Wir spielten die gesamte Show in zeitlichem Bezug zu den Schlägen. Das erhöhte die Energie der Vorstellung und gab ihr Nachdruck. Rhythmische Arbeit war jedoch nicht unsere Stärke. Am Tag darauf hielten wir eine kleine Probe ab, übten mit den Händen und mit dem Gesicht. Am Abend traten wir wieder auf, und diesmal ging es gut.

Hinterher diskutierten wir meistens, was geklappt hatte und was nicht. Jede Show sollte 45 Minuten dauern. Wir machten die Erfahrung, daß 45 Minuten reine Improvisation sehr schwer durchzustehen waren. Zwar war es leichter, mit einer Grundstruktur zu arbeiten, doch das brachte wieder andere Probleme mit sich. Wir mußten weitersuchen. Morgens gingen wir zu den Bäumen und lauschten den Vögeln. Das gehörte zu unseren Vorbereitungen auf die *Konferenz der Vögel*. Dann begannen wir, die Bewegungen der Vögel nachzuahmen. Um das Sprachproblem zu bewältigen, führten wir mit Hilfe von Vogellauten improvisierte Gespräche. Wir schufen sogar eine komplette »Vogel-Version« von *Romeo und Julia*. Sämtliche Charaktere des Stücks waren Vögel, der Dialog wurde durch Vogellaute ersetzt. Ein andermal kamen wir auf die Idee zurück, spezifische Charaktere zu gestalten – »der König«, »die Hexe«, »der Tod« usw. –, um zu sehen, welche Situationen sich aus der Wechselwirkung solcher Charaktere entwickeln würden.

Da wir nicht immer nur die »Schuh-Show« und die »Brot-Show« zeigen wollten, bauten wir eine dritte Show dieser Art auf, die »Lauf-Show«. Das begann an einem Tag, an dem niemand von uns wußte, wie die Vorstellung eröffnet werden könnte. Ein sehr großer Mann, Schauspieler aus den USA, betrat den Teppich und fing sogleich an zu laufen. Er lief und lief, bis er sich endlich in einen Vogel verwandelte und jemand anderes hinzutrat, der irgendein Tier darstellte. Nach und nach führte das viele Laufen dazu, daß verschiedene Geschichten entstanden. (Das Vorteilhafte an der »Lauf-Show« war, daß man sich beim Laufen überlegen konnte, wie die Geschichte am besten weitergehen sollte.) Alle Dramen beruhen darauf, daß es stets zwei Sichtweisen gibt. Da sind zwei Personen, A und B, die sich begegnen und in verschiedener Beziehung zueinander stehen. Das Laufen ermöglicht, diese Beziehungen zu ergründen. Die eine Person geht vorwärts, die andere zieht sich zurück; die eine läuft, die andere folgt ihr. Durch solche einfachen Aktionen kann man den Eindruck vermitteln, verfeindet, verliebt oder befreundet zu sein. Wie schon die »Brot-Show« und die »Schuh-Show« beruhte auch die »Lauf-Show« auf einem ganz einfachen Konzept, das überall auf der Welt anwendbar ist. Es kommt ohne Sprache aus. Es ist an keine Kulturtradition gebunden. Es ist universell. Wir haben diese Geschichten unterwegs viele Male gespielt.

Mitunter bekamen wir von den Leuten zum Dank Hühner geschenkt. Einmal verschenkten wir sie im nächsten Dorf weiter, worauf nach Ende der Vorstellung der Dorfälteste zu uns kam und erklärte: »Wir müßten euch jetzt zum Essen einladen, leider haben wir nicht die Zeit dazu. Nehmt deshalb bitte dieses Schaf von uns an und macht euch daraus selber eine Mahlzeit.« – So kamen wir zu einem lebenden Schaf, und es setzte eine große Diskussion darüber ein, was mit dem Tier geschehen sollte. Die Frauen waren natürlich strikt dagegen, es zu essen, ebenso einige Männer, die unter anderem vorschlugen, das Schaf erst mit roter Farbe zu verzieren und dann laufen zu lassen. Aber frei nach dem Sprichwort: »Andere Länder, andere Sitten« lief schließlich alles darauf hinaus, mit dem Geschenk so zu verfahren, wie der Dorfälteste es bestimmt hatte, und das Schaf zum Abendessen zu verzehren. Also wurde das Tier zu einer felsigen Stelle geführt, zwei von uns hielten ihm die Beine fest, der französische Schauspieler packte es am Hals und schnitt ihm die Kehle durch. Das Blut rann über die Steine und färbte das weiße Schaffell rot. So ähnlich mußte es in uralter Zeit gewesen sein, wenn ein Tieropfer dargebracht wurde, dachte ich. Ich stand dabei und starrte auf das blutende Tier. Ich war schließlich dafür gewesen, es zu schlachten, und konnte mich jetzt nicht drücken. Der Anblick erinnerte mich an das Blut, das ich in *Salome* in der Rolle des syrischen Soldaten vergossen hatte. Auch an den Tod von Yukio Mishima mußte ich wieder denken. Ich konnte nur hoffen, daß mein eigener Tod einmal unblutig sein würde.

Als man dem Tier endlich das Fell abzog und das Fleisch zum Vorschein kam, atmete ich erleichtert auf. Von dem Blut, das über die Steine zu Boden geflossen war, hatte sich der Sand tief-rot gefärbt. Ich ging zurück ins Lager. Pünktlich zum Abendessen war das Ragout fertig, das aus dem Fleisch bereitet wurde. Keine der Frauen sprach auch nur ein Wort mit den Männern. Ich tat Reis auf meinen Teller und häufte eine Portion von dem Ragout darauf. Von Genuß konnte bei diesem Essen keine Rede sein. Die ganze Zeit über hatte ich das magere, ängstlich um sich blickende Schaf vor Augen. Ich legte mich gleich danach schlafen. In der Nacht erwachte ich mit heftigen Bauchschmerzen und stürzte aus dem Lager hinaus ins Freie. Ich hatte einen Durchfall, der wie Wasser war. Danach träumte ich noch von dem Schaf; doch als ich am Morgen erwachte, fühlte ich mich ausgeruht und frisch. Der Durchfall war ausgestanden. Das Schaffell begleitete uns bis zum Ende der Reise.

Meistens errichteten wir unser Lager außerhalb der Orte, in denen wir auftraten, manchmal aber auch direkt am Eingang, um die Dorfatmosphäre kennenzulernen, denn das kam der Vorstellung zugute, die am Tag darauf stattfand. Für uns war das jedesmal eine Strapaze, weil die Dorfbewohner aus Neugier in das Lager drängten, sich hier und da anboten zu helfen oder mit uns reden wollten. Dadurch hatte niemand von uns mehr Zeit für sich selbst, und es konnte auch niemand mehr eine Pause machen. Als der Besucherandrang derart überhand nahm, daß ein heilloses Durcheinander entstand und sich Furcht vor Dieben breitmachte, spannten die englischen Reiseführer ein Seil rund um das Lager. Die Dorfleute konnten jetzt nicht mehr zu uns herein, standen aber hinter der Absperrung und ließen kein

Auge von uns. Amüsiert beobachteten sie jede unserer Bewegungen. Das schienen sie viel interessanter zu finden als die Spiele, die wir ihnen später zeigten. Als jemand von den Köchen losging, um hart gewordenes Brot zum Müllplatz zu bringen, wurde es ihm entrissen, alle wollten etwas davon haben. Dabei gab es südlich der Sahara genügend zu essen, die Leute hungerten keineswegs. Sie waren nur neugierig auf die Dinge, die wir aßen, und wollten sie einfach mal probieren. Ein paar besonders ausgebuffte Burschen verschafften sich unter allen möglichen Vorwänden Zutritt zu unserem Lager und genossen seitdem so etwas wie einen Sonderstatus. Ich mußte an die Zeit nach Kriegsende denken, als Japan von US-Truppen besetzt war. Ein paar gewitzte Mitschüler hatten sich mit den Besatzungssoldaten angefreundet und bekamen von ihnen öfter Kaugummi und Schokolade geschenkt. Sie durften damals – genauso wie die cl418versten der Einheimischen hier – in das Soldatencamp hinein, es war eine schöne Zeit für sie. Natürlich hätte ich gern zu ihnen gehört, hätte mir auch gern Schokolade und Kaugummi schenken lassen. Doch etwas wie Selbstachtung hielt mich davon ab. Ich fand es einfach unwürdig, mich bei den anderen anzubiedern, um etwas zu bekommen, das ich gern haben wollte. Irgendwie verachtete ich diese Besatzer. Es war das leichtsinnige Benehmen, das mir an ihnen nicht gefiel. Und bei denen sollte ich mich einschmeicheln, damit sie mir Schokolade schenkten? Die Schokolade wäre mir im Hals steckengeblieben. So sagte ich mir, daß es besser sei, mich von ihnen fernzuhalten, da ich nichts von ihnen wollte. Von nun an beherrschte ich mich und war bemüht, dem Drahtzaun des Camps nicht zu nahe zu kommen.

Hier in Afrika sah ich mich auf der anderen Seite der Absperrung, und das widerstrebte mir sehr. Waren die Leute, die rund um das Lager hinter dem Seil standen, nicht von derselben gewitzten Art wie meine Schulkameraden oder wie all die Prostituierten, die sich damals in Japan in Scharen am Drahtzaun der Soldatencamps eingefunden hatten? Ich war sicher, daß es im Dorf auch andere gab, denen es so ging wie mir damals: Sie wären gern zu uns gekommen, hielten sich aber aus Stolz zurück und zeigten sich uns erst gar nicht. Gerade diese mehr zurückhaltenden Afrikaner hätten wir eigentlich gern getroffen.

Doch wie stand es mit mir? Wir waren eine internationale Truppe, der aber fast nur Weiße angehörten, die einzigen Farbigen waren ein Schauspieler aus Mali und ich. Der Malinese hielt sich allerdings für etwas ganz Besonderes unter den Afrikanern und gab sich wie ein Weißer. Die Tatsache, daß ich mich hier innerhalb des von Seilen umzäunten Lagers befand, machte mich schuldbewußt. Dennoch fragte ich mich, ob ich mich im Grunde nicht genauso verhielt wie der Afrikaner aus Mali. In Ländern wie Südafrika oder den USA, wo eine starke Rassendiskriminierung herrscht, werden Japaner stets wie Weiße behandelt. Darauf sind sie stolz, und sie neigen zu der Ansicht, daß diese Behandlung selbstverständlich sei. Sie haben die Kultur der Weißen angenommen. Alles, was sie anziehen, was sie essen, was sie sehen und was sie hören, haben sie den Weißen nachgemacht. Auch ich hatte immer davon profitiert. Die Wirklichkeit ist anders. Die Weißen betrachten einen Japaner als Angehörigen einer anderen Rasse, so entspricht es schließlich der Realität. Nur die Japaner bilden sich ein, daß es nicht so sei. Vielleicht, weil sie so gern glauben möchten, daß sie wie die Weißen sind.

Aus diesem Grund war es mir unerträglich, in dem afrikanischen Dorf auf der angenehmen Seite innerhalb des mit Seilen abgegrenzten Bezirks zu stehen und dort zu agieren wie ein Weißer. Hätte ich nicht eher auf dem Seil sitzen sollen – im Begriff, die Absperrung zu überwinden? Hätte ich nicht sogar draußen, hinter dem Seil, stehen müssen – als Beobachter dessen, was sich innerhalb der Umzäunung abspielte?

Die westliche Sicht, für die der Satz »Cogito ergo sum« exemplarisch ist, kann die Sicht auf die Realität einengen. Sie ist logisch, aber unzulänglich. Wir brauchen eine andere, tiefer gehende Ebene der Kommunikation, wir dürfen die westlichen Konzepte und Philosophien nicht einfach übernehmen. Im alten Griechenland war Theater Ausdruck der Vereinigung zwischen dem Individuum und dem Göttlichen. Menschen, die gewöhnlich alle ihr eigenes Leben lebten, trafen sich von Zeit zu Zeit im Theater und erfuhren dort ein Gefühl der Vereinigung mit den anderen, mit der Welt und mit ihren Göttern. Heute haben die Menschen kein Empfinden mehr dafür, Mitglieder einer integrierten Gemeinschaft mit einem ausgebildeten Sinn für das Heilige zu sein. Sie sind Atheisten oder Existentialisten oder Anhänger irgendeiner Religion. Das System unseres Glaubens ist zersplittert, einen gemeinsamen Boden mit anderen Menschen findet man nur schwer. Das macht ein Theater, wie es im alten Griechenland existierte, heute unmöglich. Trotzdem lohnt sich der Versuch, ein Theater zu schaffen, das die Menschen soweit wie möglich vereinigt.

Mit einer Kommunikation, beschränkt auf Konzepte, die der logischen Philosophie Europas folgen, wird man ein anderes als das westliche Publikum nicht ansprechen können. Um das zu erreichen, ist mehr erforderlich.

In allen Kulturen gibt es einen Sinn für das Heilige. Um Theater zu machen, das Kulturen-übergreifend ist, muß der Schauspieler zwischen dem eigenen Sinn für das Heilige und dem der Zuschauer unsichtbare Fäden knüpfen. Und er muß versuchen, auf diesem Niveau auch die Zuschauer untereinander zu verbinden.

Noch weiter südlich verließen wir die Welt des Islam. Von nun an hatten wir es mit pantheistischen Religionen zu tun, denen die Natur- und Geisterverehrung gemeinsam ist. Sie haben tatsächlich große Ähnlichkeit mit dem japanischen Shintoismus. Wie er haben auch diese Religionen weder einen Gründer noch ein Dogma, und Objekt der religiösen Verehrung kann alles sein – ein Phallussymbol oder auch ein großer Baum mitten im Dorf. In pantheistischen Religionen ist alles heilig.

Wir ließen Nigeria hinter uns und kamen nach Benin, das damals noch Dahomey hieß. In Oshogbo, einer kleinen Stadt mit alter Geschichte und Kultur, begegneten wir Suzanne, einer Frau von über sechzig, die seit zwanzig Jahren in dem Ort lebte und in dieser Gegend als Priesterin wirkte. Als ich ihr erzählte, ich hätte einmal Noh-Tanz gelernt, schlug sie sofort vor, dem Schrein, der sich in ihrem Haus befand, einen afrikanisch-japanischen Weihetanz darzubringen. Brook war einverstanden, und ich ebenfalls; denn im Kasuga-Schrein in Nara hatte ich einen Weihetanz schon einmal ausgeführt. Brook und ich machten uns auf zu dem Haus von Suzanne. Unterwegs stießen wir am Straßenrand, mitten in einem Graben voller Abfall, auf ein Phallussymbol. »In Europa«, sagte Brook dazu, »stellen wir Heiligenbilder an Stellen auf, die schon gereinigt sind, und diese Stellen erheben wir dann zu heiligen Plätzen. Hier gehen die

Leute ungezwungener damit um. Für sie ist jede Stelle geheiligt, Gott ist nichts Besonderes.«

Als ich klein war, sagte meine Mutter, wenn sie das Wohnzimmer saubermachte, während ich zum Spaß auf dem Besen herumbalancierte: »Wenn du nicht gleich damit aufhörst, wird der Besengott böse und bestraft dich!« Daran mußte ich jetzt wieder denken. Dem traditionellen japanischen Glauben entsprechend wird jedes Ding auf der Welt von einem Geist bewohnt.

Der Schrein in Suzannes Haus sah aus wie das Geschäft eines Steinhändlers, über den ganzen Boden verstreut lagen Steine herum, runde und eckige, auch phallusförmige, alle bunt durcheinander. Wo in diesem Raum sich der Altar befand, war nicht festzustellen. Den Altar bildete wahrscheinlich der Raum insgesamt. Ihn durften nur Priester betreten. Mich ließ man hinein, Brook nicht, er mußte den Weihetanz von draußen durch ein Fenster verfolgen. Als wir angekommen waren, hatten bereits einige Priester gewartet. Sie trommelten und tanzten. Ähnlich war es im Kasuga-Schrein von Nara, die zeremonielle Musik und der Weihetanz wurden dort ebenfalls von Priestern ausgeführt. Auch beim esoterischen Buddhismus sind Musik und Tanz Priestern oder Priesterinnen vorbehalten.

Wie Suzanne mir erklärte, sollten zu Beginn die Trommeln geschlagen werden, dann würden die Priester tanzen. »Wenn sie fertig sind«, sagte sie, »gebe ich Ihnen ein Zeichen, und Sie tanzen bitte weiter zu den Trommeln.« – Schon begannen mehrere Trommler zu spielen. Das klang ungemein kraftvoll, jedenfalls wesentlich anders als das Trommelspiel, das den Touristen vorgeführt wurde. Es war so markerschütternd, daß mir schien, ich würde entführt, an einen fremden Ort, fort aus dieser Welt. Das Trommeln klang, als sollten die Götter gebeten werden, zum Schrein herabzusteigen. Ein Priester begann zu tanzen – besser gesagt: er setzte sich in Bewegung, indem er die Schultern hob und senkte, sie nach vorn und nach hinten beugte und dazu die Füße ein wenig vor und zurück setzte. Die Bewegungen beruhten auf einer sehr einfachen Technik. In technischer Hinsicht mochte ihm ein schwarzer Tänzer vom Broadway denn auch turmhoch überlegen sein. Doch die Art und Weise dieses Priesters, sich zu bewegen, war ein Phänomen, das sich jeder Bewertung der tänzerischen Leistung als gut oder schlecht entzog. Freude hat seine Tanzbewegung beim Zuschauer nicht ausgelöst; doch man spürte die enorme Kraft, die konzentrierte Energie, die von ihr ausging. Es war, als tanzte dort eine Gottheit, die in den Körper des Priesters geschlüpft war, oder als sei der Priester, solange er tanzte, selber eine Gottheit. Die Spannung erreichte ihren Höhepunkt, dann zog sich der Tänzer seitwärts zurück, es schien, als sei er auf einmal verschwunden. Ich hatte ihm die ganze Zeit wie gebannt zugeschaut; doch nun war die Reihe an mir, einen Tanz zu zeigen. Ich dachte daran, daß kürzere Tänze, in denen ein Spieler in Gestalt einer Gottheit, etwa als Glücksgott, auftritt, auch in den japanischen Kyogen-Spielen vorkommen. Da ich aber weder Noh-Spieler bin noch die Absicht habe, die Gegenwart nur im Geist der Tradition zu leben, wollte ich die Chance, die sich mir hier bot, nutzen, um jenseits von traditioneller Kunst etwas Neues zu finden.

Doch wie sollte ich in dieser Situation, unter den Augen der Priester und zu dem gewaltigen Dröhnen der Trommeln, einen Tanz improvisieren? Ich brauchte einen Einstieg. So ging ich zunächst zu der Stelle, an der eben noch der Priester getanzt hatte. Und was mir dann plötzlich in den Sinn kam, war die Vorstellung vom Leben des Menschen: Der Mensch, der aus dem Mutterleib hervorgeht, ihm entspringt wie eine Pflanze dem Boden. Die Energie, die die Pflanze wachsen und gedeihen läßt, bezieht sie aus dem Boden und von der Sonne, genauso wie der Mensch.

Ich begann mit einer langsamen Bewegung, gleichsam mit der Geburt aus der Erde heraus, dann stampfte ich mit den Füßen auf. Ich merkte, wie der mächtige Klang der Trommeln meinen Körper in Bewegung setzte. Normalerweise würde sich der Rhythmus der Trommeln nach meiner Bewegung gerichtet haben, doch diesmal war es mein Körper, dessen Bewegung dem Trommelrhythmus folgte. Subjekt und Objekt verkehrten sich. Ich, das Subjekt, verschwand, absorbiert vom Objekt. Das Subjekt-Objekt-Verhältnis war auf den Kopf gestellt. Mein Körper fuhr fort mit seiner Bewegung. Lief das Leben im Grunde nicht ebenso ab? Statt daß ich selbst es lebte, war es vielleicht so etwas wie ein Klang, wie der Klang der Trommeln hier, der mich dazu brachte, mein Leben so zu leben, wie ich es tat. Wie lange ich tanzte, weiß ich nicht, mir fehlte das Zeitgefühl. Es kann eine halbe Stunde gewesen sein. Als die Bewegung ihr natürliches Ende fand, hörte ich auf zu tanzen. Ich konnte mich kaum mehr auf den Beinen halten. Suzanne und die Priester erklärten mir, daß ich durchaus eine Gottheit werden könnte. Sollten sie mir nicht nur geschmeichelt haben, sondern wirklich dieser Meinung gewesen sein, hätte ich gern gewußt, was mein Tanz für sie bedeutete, daß sie sich so von ihm angesprochen fühlten.

Wir verließen den Schrein und saßen anschließend noch im Zimmer der Priesterin beisammen. Die schwüle Hitze, die hier in Äquatornähe herrschte, belehrte mich wieder über die Realitäten des Alltags. Das Gefühl von Zufriedenheit, das sich jetzt einstellte, hatte sicher auch damit zu tun, daß der Palmwein, den man uns anbot und den ich in einem Zug genoß, so gut schmeckte.

In Benin besuchten wir auch noch die alte Stadt Abomey. Früher beherrschte sie ein König, dem heute nur noch sein Palast geblieben ist. Wie der Tenno in Japan besitzt er keine Regierungsgewalt mehr, das Königshaus besteht aber fort. Als wir in Abomey eintrafen, stand der 130. Geburtstag des Königs bevor, die Vorbereitungen für das Zeremoniell waren in vollem Gange. Der König – in Wahrheit dreißig Jahre jünger als offiziell behauptet – war aus diesem Grund extra in den Palast gekommen. Vor ihm und etlichen Königinnen, die hinter ihm Platz genommen hatten, führten Hofdamen unter Lobpreisungen ihre Tänze auf. Da der König uns erlaubt hatte, den Proben beizuwohnen, bedankten wir uns dafür mit eigenen Tänzen. Es waren Tanzbewegungen, die wir – wie die Afrikaner – mit Hilfe von Stöcken vollführten. Auf diese Weise brachte von uns zwölf Schauspielern jeder einzeln seine Hochachtung dem König gegenüber zum Ausdruck. Dann trugen wir ihm zögernd die Bitte vor, daß auch er uns etwas vortanzen möge. Zu unserer Überraschung stand er ohne weiteres auf und begann, sich mit ein paar Schritten schwankend zu bewegen. Er bewegte sich nur ganz wenig. Trotzdem geriet die Luft um ihn herum in dem Moment in heftige Schwingung. Die minimale Bewegung wirkte viel dynamischer als bei den Tänzen der Jüngeren. Allgemein heißt es ja: Besser etwas zuviel als zuwenig; doch in diesem Fall war das Wenige besser. Der Mensch besitzt enorme Fähigkeiten – Fähigkeiten besonderer Art, die kein anderes Lebewesen hat.

Ein achtzig Jahre alter amerikanischer Tanzlehrer erklärte mir einmal, die Afrikaner bewegten sich gummiartig, die Japaner mehr hölzern, die Inder dagegen fließend wie Wasser. »Und die Europäer?« fragte ich. »Was Europäer machen, ist doch keine Bewegung«, war seine Antwort. Ob dieses Urteil zutreffend ist oder nicht, soll dahingestellt bleiben, fest steht jedoch, daß die Afrikaner sich anders bewegen als die Japaner. Deshalb bin ich, bevor ich nach Afrika kam, auch der Ansicht gewesen, daß sich Japaner und Afrikaner von ihrer Kultur her vollkommen unterscheiden.

Nach allem, was ich in Afrika sah, ist das aber nicht so. Die Gefühlswelt der Afrikaner entspricht ziemlich genau der japanischen. Was ein Afrikaner denkt, habe ich mir mühelos vorstellen können. Wenn man länger in Afrika ist, fällt einem die schwarze Hautfarbe gar nicht mehr auf; Gesichter wie hier habe ich früher in Japan auch bei älteren Leuten auf dem Lande öfter gesehen. Übereinstimmung gibt es sogar im Charakter. Auch ihre Häuser bauen sich die Leute hier genauso wie die Bauern früher in Japan. Solange wir in Schwarzafrika waren, erlag ich öfter der Illusion, mich in Japan irgendwo auf dem Lande zu befinden. In Europa dagegen fühle ich mich am weitesten von Japan entfernt. Wenn ich zurückdenke, stelle ich fest, daß ich in Japan von der ersten Klasse an eine westliche Schulbildung erhielt, daß ich zum Frühstück Brot aß und Milch trank und daß meine Lektüre größtenteils aus westlicher Literatur bestand. Trotzdem ist mir die westliche Welt bis heute unbegreiflich geblieben. Ich habe keine Ahnung, was im Kopf eines Europäers vor sich geht. Ich bin zu der Überzeugung gelangt, daß der Iran, Indien oder Afrika längst nicht so fern von Japan liegen wie Europa.

Die hundert Tage in Afrika wurden mir sehr lang. Wenn zwanzig und mehr Leute unterschiedlicher Nationalität vierundzwanzig Stunden am Tag miteinander verbringen, ist das keine Kleinigkeit. Es gab Streit und Verliebtheiten, großen Jubel und Resignation, und einmal ging uns sogar ein Schauspieler verloren, als er allein einen Berg besteigen wollte, so daß wir auf der Suche nach ihm in den Felsen umherkletterten und immer wieder verzweifelt nach ihm riefen. Manchmal erwachte ich mitten in der Nacht und wünschte mir sehnlichst, daß das Zusammensein mit diesen Leuten möglichst bald ein Ende haben möge, ich zählte die Tage.

Endlich erreichten wir wieder die Wüste, um sie diesmal Richtung Norden zu durchqueren, und wenn unsere Jeeps nun mittags hielten und der Inhalt der Sardinenbüchsen, der uns allen schon zum Hals heraushing, auf die Teller verteilt war, strebten wir in alle Himmelsrichtungen auseinander, hinein in die Wüste, jeder wollte für sich allein sein. Allerdings war das ersehnte menschenleere Fleckchen in einer Wüste ohne Hügel und Sträucher nicht ohne weiteres zu finden.

In dieser Zeit unserer Beschäftigung mit dem »derben Theater« merkte ich, wie ich begann, ein »derber« Schauspieler zu werden. Während des ersten Jahres hatte ich als Schauspieler noch mehr oder weniger traditionell gearbeitet. Plötzlich in eine Vorstellung hineinzuspringen, bei der die Zuschauer rund um mich herum standen, war mir nie angenehm. Mich selbst mußte ich verbergen, bevor ich auftrat. Und ich glaubte, daß da etwas »Geheimnisvolles« um den Schauspieler sein sollte. Brook sagte, so sei das in Perioden und Kulturen mit einem starken Glauben an die Macht des Göttlichen gewesen. Unter solchen Umständen wurde ein Schauspieler, wenn er auftrat, nicht als gewöhnlicher Mensch wahrgenommen. Er galt als jemand, der von einer Gottheit besessen war, in deren Vertretung er handelte. Die Bühne stellte insofern einen heiligen Bereich dar, getrennt vom Alltagsleben. Heute gibt es dieses geheiligte Element nicht mehr, der Schauspieler ist ein Mensch wie jeder andere. Brook sagte, daß Theater aus diesem Grund auf derselben Ebene stattfinden sollte, die die Zuschauer haben – nicht über ihnen stehend und nicht getrennt von ihnen. Der Schauspieler ist so lange ein Teil der Menge, bis er vortritt und etwas tut. Damit wird er zum Schauspieler.

Beim Kathakali (dem heiligen Theater Indiens) braucht der Schauspieler sechs Stunden, um sich zu schminken. Währenddessen erreicht er langsam einen anderen Bewußtseinszustand, der ihn bereit macht für den Auftritt. In Japan bereitete ich mich auf ähnliche Weise vor. In Afrika aber hatten wir keine Garderoben, keine Bühne, keinen Vorhang. Da war nur ein Teppich auf dem Boden. Die Schauspieler saßen am Rande, unter den Zuschauern, dann betraten sie den Teppich und begannen zu spielen. Ich mußte also meine alte Gewohnheit ablegen. Vor dem Auftritt kam ich nicht dazu, eine Illusion herzustellen; das mußte ich während des Spiels tun. Jede Art Vorbereitung fiel weg.

Durch diese Arbeitsweise gewann ich schließlich Vertrauen zu meiner Fähigkeit, Kontakt zum Publikum zu finden, auch ohne gemeinsame Sprache. Seitdem brauchte ich keine bestimmte Idee vom Spiel, auch nicht auf einer Bühne in Europa. Und wenn dort etwas vorgeht, habe ich jetzt auch die Fertigkeit, damit umzugehen. Ich habe gelernt, ein »derber« Schauspieler zu sein.

Eines Tages hatte Brook einen der afrikanischen Zuschauer gefragt, was die Leute gern sehen würden, und bekam zur Antwort: »Keine Komödien, die haben wir nicht nötig, wir lachen sowieso immer viel. Wir hätten gern etwas Geheimnisvolles, etwas zum Fürchten.«

Er wünschte sich etwas, das irgendwie höher sein sollte als die Alltagserfahrung. Das erinnerte mich plötzlich wieder an ein Erlebnis, das ich als kleines Kind hatte. Ich wurde zu einer Theatervorstellung mitgenommen, die vor dem Tempel des Ortes stattfand. Ich weiß noch, daß ich angesichts der Schauspieler dachte, das seien »besondere« Leute, geheimnisvoll und irgendwie furchterregend. Ich hatte das Erlebnis bis zu diesem Moment völlig vergessen. Dabei sind Geheimnis und Furcht wichtige Elemente des Theaters.

Der Wunsch nach dem Geheimnisvollen wird meistens mit dem »Heiligen Theater« in Verbindung gebracht. Doch auch ihm fehlt etwas. Ohne die Eigenschaft, furchterregend zu sein, ist es eine religiöse Zeremonie, nicht ein Stück Theater. Auch das »derbe« Theater braucht etwas von Furcht im Lachen. Das Gefühl der Gefahr ist für jede Art von Theater wesentlich.

Zur persischen Dichtung des 12. Jahrhunderts gehört eine Geschichte, die der Mystiker Farid Ud-Din Attar erzählte. In der Gesellschaft der Vögel, heißt es, herrschte ein großes Durcheinander, weil die Vögel ständig im Streit miteinander lagen. Eines Tages rief einer der kleineren Vögel, ein Wiedehopf, die anderen zusammen. Er eröffnete eine Vogelkonferenz. »Daß wir uns immer so streiten«, sagte er, »liegt nur daran, daß wir keinen König (Gott) haben. Laßt uns also auf die Suche nach einem König gehen, ich werde euch zu ihm führen.« Alle waren einverstanden, und so flogen die Vögel gemeinsam los. Viele von ihnen fielen unterwegs in der Wüste der Hitze und der Trockenheit zum Opfer, andere hielten die Strapazen der Reise nicht aus und kehrten um. Am Ende waren es nur dreizehn Vögel, die das Tor zum Königspalast erreichten, nachdem sie noch einmal sieben Täler überflogen hatten. Der Wiedehopf wandte sich an den Torwächter und sagte: »Wir sind gekommen, um den König zu sprechen.« Der Wächter aber erklärte: »Hier gibt es keinen König.« Die Vögel waren entsetzt, einige fielen sogar in Ohnmacht. »Wozu haben wir all die Strapazen auf uns genommen, wenn es doch keinen König gibt!« – Ihre ganze Enttäuschung richtete sich gegen den Wiedehopf, der sie zu dieser Reise angestiftet hatte. Dem Wiedehopf ging es aber nicht besser, auch er war am Ende seiner Kräfte. So ließen sich die Vögel vor dem Palasttor nieder. Es blieb ihnen nichts anderes übrig, als hier ihren Tod zu erwarten. Da kam noch einmal der Wächter herbei und sagte: »Kommt, ich lasse euch ein zum König.« Mit diesen Worten öffnete er ihnen das Tor. Als die Vögel im Palast waren, überreichte er ihnen einen Spiegel und sagte: »Wenn ihr den König (Gott) sehen wollt, dann seht in den Spiegel. Er ist in ihm.« Alle schauten sie nun in den Spiegel und erkannten voller Freude ihren Gott.

Auch am Ziel unserer heißen und so beschwerlichen Fahrt durch Afrika erwartete uns nichts. Was einem am Ende blieb, war, sich nach den einhundert Tagen der Reise selbst ins Gesicht zu sehen, über sich selbst erneut nachzudenken. Niemand fand etwas anderes vor als sich selbst. Aber welches Selbst war das?

VI

Die Konferenz der Vögel wurde Thema unseres Arbeitsprogramms im dritten Jahr. Vorgesehen war, eine Bühnenfassung dieser Geschichte zu erarbeiten und nach einer Tour durch die USA, die nach New York führen sollte, eine große Vorstellung in Brooklyn zu geben, um die Ergebnisse unserer Arbeit im CIRT öffentlich zu machen. Damit sollte das Studienzentrum nach nunmehr dreijährigem Bestehen geschlossen werden.

Die USA-Tour begann im Juni 1973 in San Juan Batista, einer vierzig Kilometer südlich von San Francisco gelegenen Kleinstadt, die die Überreste eines im 16. Jahrhundert von den Spaniern errichteten Klosters beherbergt. In San Juan Batista trafen wir mit einer jungen Theatertruppe, dem »Teatro Campesino«, zu einem Austausch zusammen. Der Ort liegt in einem Weinbaugebiet. Zur Weinlese im Frühsommer wurden immer sehr viele Erntearbeiter beschäftigt, die illegal aus Mexiko herüberkamen. Den Besitzern der großen Weinplantagen war der ungesetzliche Grenzübertritt der Mexikaner nur recht, da solche Leute zu den schlechtesten Arbeitsbedingungen – geringe Bezahlung und Unterbringung auf engstem Raum in billigen Quartieren – eingestellt werden konnten. 1964 waren deshalb an mehreren Orten der Gegend Streiks ausgebrochen. Der energische Einsatz von Cesar Chávez, der die Streiks damals leitete, hatte bald zur Gründung der »Mexican Union« geführt, der ersten offiziell anerkannten Gewerkschaft mexikanischer Arbeiter. Während dieser Unruhen Mitte der 60er Jahre hatte der als Regisseur des amerikanischen Films *La Bamba* neuerdings auch in Japan bekannt gewordene Luis Valdez mit einer Gruppe junger Mexikaner begonnen, die streikenden Mexikaner zu unterstützen. Sie bildeten den Kern des späteren »Teatro Campesino«. Valdez und seine Truppe tauchten seitdem jeden Sommer in der Weinbaugegend auf, immer dort, wo mexikanische Arbeiter streikten, und ermutigten sie mit Liedern und improvisierten Szenen. Später gingen sie dazu über, in ihren Liedern und Tänzen die mexikanische Mythologie zu verarbeiten. Mit solchen Programmen traten sie nicht nur vor Arbeitern aus Mexiko auf, sie spielten auch für normales amerikanisches Publikum und wurden so im Laufe der Zeit zu einer professionellen Truppe. Unser Besuch bei den »Campesino«-Leuten hatte eigentlich das Ziel gehabt, gemeinsam mit ihnen ein Stück zu entwickeln, das auf Attars *Die Konferenz der Vögel* basierte; doch die Umstände sprachen gegen das Vorhaben. In jenem Sommer wurde wieder an vielen Orten gestreikt, und Valdez' Truppe fuhr zu den Arbeitern, um ihnen Mut zu machen. So beschlossen wir, uns an der Aktion zu beteiligen. Von San Juan Batista aus ging es in südlicher Richtung nach Santa Barbara, ins Zentrum des bestreikten Gebiets.

Unterwegs hielten wir bei einer Bar, um ein Bier zu trinken. Der Barkeeper, der gleich sah, daß wir fremd in der Gegend waren, fragte uns, wohin wir führen. »Zu den Streikposten«, sagten wir. Als er das hörte, wurde er blaß. »Um Himmels willen!« rief er. »Was wollen Sie da?« – Das Ganze hatte große Ähnlichkeit mit einer Szene aus dem Dracula-Film: Da kommt der Doktor in ein Café und löst mit der Bemerkung, daß er noch zum Schloß von Dracula wolle, wahres Entsetzen aus. – »Hoffentlich geht das gut«, meinte der Mann mit einer Miene, die wenig hoffnungsvoll wirkte. Wir sahen ihn verwundert an. Daß er so reagierte, hatte durchaus seinen Grund. Wie wir erfuhren, befanden sich die Gewerkschafter der »Mexican Union« diesmal in einer gefährlichen Situation. Es gab inzwischen noch eine andere Gewerkschaft, die sich »Teamster Union« nannte und berüchtigt war wegen ihrer Beziehungen zur Mafia. Die Fahrer der großen Trucks waren schon alle bei »Teamster« organisiert. Um als nächstes auch die Arbeiter der Weinplantagen unter Kontrolle zu bringen, legten es die »Teamster«-Leute darauf an, der von Cesar Chávez geführten »Mexican Union« die Mitglieder abzuwerben. Dagegen setzten sich ihre Gewerkschafter jetzt mit Streiks zur Wehr. Wenn wir zur »Mexican Union« führen, meinte der Barkeeper, sei zu befürchten, daß die »Teamster«-Leute gegen uns vorgehen würden.

»Was sollten die uns tun?« fragten wir überrascht.

»Nehmen Sie sich vor den Hunden in acht.«

»Hunden?«

»Ja, sie haben abgerichtete Hunde, die sie auf euch loslassen könnten. Hunde kann man bekanntlich nicht zur Verantwortung ziehen.«

Betreten sahen wir uns an. Es schien uns ratsam, in Santa Barbara stets unseren Bus in der Nähe zu haben, als Zuflucht für den Notfall, wie wir das schon im Iran praktiziert hatten.

Als wir am Ort des Geschehens eintrafen, war aber schon etwas weit Schlimmeres vorgefallen. Nachdem die Streikenden am Morgen jenes Tages ihre Posten aufgestellt hatten, war auf einmal ein Auto an ihnen vorbeigerast, aus dem sie beschossen wurden, und einer der Streikposten war dabei tödlich getroffen worden. Die Empörung über den Anschlag war noch immer groß. Die Arbeiter glaubten, daß als Täter nur die Mafia-Gewerkschaft in Frage kommen konnte. Um so stärker solidarisierten sie sich jetzt mit der »Mexican Union«.

Wir selbst aber standen vor der Frage, was es für uns in dieser gespannten Lage zu tun geben könnte. Unsere Improvistationsversuche wirkten hier nur kindisch, geradezu peinlich. Wir wußten uns nicht anders zu helfen, als die Leute zu fragen, was sie gern sehen würden. »Die Teamster«, sagten sie. Da wir von dieser Organisation noch niemanden zu Gesicht bekommen hatten, hielten wir uns an den Gangster-Typ, den man aus Comics kennt. Als nächstes war der Plantagenbesitzer dran. Also stopften wir uns jede Menge Zeug unters Hemd, bis der Bauch schön prall aussah, und fertig war der Kapitalist. Primitiver ging es nicht. Marx hätte bloß gelacht, wenn er das gesehen hätte. Es war billiges proletarisches Theater, was wir da machten. Ganz unbegründet kam es uns trotzdem nicht vor, weil bei uns die ganze Zeit über die Furcht mitspielte, daß die »Teamster«-Leute eine Schießerei anfangen oder ihre Hunde auf uns loslassen könnten.

»Den Streik unterstützen wir nicht nur, weil es hier um politische und ökonomische Fragen geht«, erklärte uns Luis Valdez, der Leiter des »Teatro Campesino«. »Vor dem Hintergrund dieser Fragen geht es um etwas viel Tieferes, das mit den Menschen und ihrer Kultur zu tun hat. Die Amerikaner stellen jetzt alles mögliche an, um etwas über den Mond zu erfahren. Sie schicken Raketen los und lassen Gesteinsproben zur Erde bringen. Als ob man auf die Art verstehen könnte, was der Mond mit dem Meer zu tun hat oder wie er mit der Regel der Frau zusammenhängt. Kann man denn so die Geheimnisse des Universums begreifen? In der Kultur des alten Mexiko, die auf die Indios zurückgeht, sind die Versuche, das Universum zu verstehen, nicht so oberflächlich, nicht so materiell gewesen. Danach richten wir uns. Unser Verständnis der menschlichen Gesellschaft hat seine Quelle in einer Kraft, die größer ist. Wir wollen den Menschen von der Sonne, von den Sternen her begreifen, dazu spielen wir Theater. Insofern ist unsere Unterstützung der Streiks auch keine politische Aktion. Wir lehnen es ab, das Verhältnis zwischen Arbeitnehmern und Arbeitgebern nur von der ökonomischen Seite her zu sehen. Die zwischenmenschlichen Verhältnisse halten wir für viel wesentlicher.«

In den Jahren nach dem Zweiten Weltkrieg galt die Wissenschaft als allmächtig. An die Stelle des farblos gewordenen Christentums war eine neue Religion getreten – die Wissenschaft. Nun war sie es, die alles vermochte: die Menschen vor Armut bewahren und von Krankheit befreien, alle Streitigkeiten beilegen und jedermann zu Glück und Frieden verhelfen. Man glaubte an sie wie an einen absoluten Wert. Daß diese Vorstellung illusorisch war, stellte sich bald heraus. Das Ende des Kriegs lag noch keine zwanzig Jahre zurück, als das für jeden bereits deutlich erkennbar wurde. Dennoch, ein Blick auf die moderne Geschichte zeigt, daß die Menschen außerhalb Europas und Nordamerikas – sei es im Mittleren Osten, in Afrika, Südamerika oder Asien – mehr und mehr von ihrer eigenen Welt Abstand nahmen und nur noch eins im Sinn hatten: die wissenschaftlich-rationale Gesellschaft Europas und Nordamerikas einzuholen.

In der nichteuropäischen Welt sind mir aber auch immer Menschen begegnet, die nicht darauf aus waren, nur materiellen Wohlstand einzufordern. Ich entdeckte, daß es dort Menschen wie Luis Valdez vom »Teatro Campesino« gab, die die Kultur ihrer eigenen Vergangenheit nicht hinter sich lassen wollten, sondern bemüht waren, sie in die Gegenwart hereinzunehmen. Das hat mich innerlich sehr bewegt.

Während unseres Aufenthalts in Kalifornien – es war ausnahmsweise ein Tag, an dem es keinen Streik gab – wurde ich vierzig Jahre alt, eine Tatsache, die mich schockierte. »Mit dreißig Jahren stand ich fest, mit vierzig hatte ich keine Zweifel mehr«, soll Konfuzius gesagt haben. Nun war auch ich auf einmal vierzig. Wenn ich mich umschaute, mußte ich feststellen, daß ich weder Heim noch Familie, weder Ruhm noch Geld besaß. Ich hatte mich und einen Koffer, das war mein ganzer Besitz. Mit den Jahren zugenommen hatten nur die Runzeln und die grauen Haare. Zu den unwiederbringlichen Verlusten gehörten Lehrer, Angehörige und Freunde, die bereits gestorben waren, gehörten die schwarzen Haare und die gezogenen Zähne.

Ich mußte an Yukio Mishima denken, der immer sagte: »Wenn ich schon sterben muß, dann mit vierzig.« (Bei seinem Tod 1970 war er über dieses Alter aber schon hinaus.) Als Peter Brook auf dem Höhepunkt seines Ruhms beschloß, die Royal Shakespeare Company zu verlassen und mit der CIRT-Gründung in Paris etwas ganz Neues zu beginnen, war er vierzig. Im selben Alter gab Grotowski das Theater auf und zog sich in die Wildnis zurück. In Dantes *Göttlicher Komödie* heißt es gleich zu Beginn:

> Als unseres Lebens Mitte ich erklomm,
> Befand ich mich in einem dunklen Wald,
> da ich vom rechten Weg abgekommen.

Die Mitte seines Lebens zu ereichen ist offenbar etwas, das niemandem leicht fällt. Als Unglücksjahr in der Lebensmitte gilt nach traditionell japanischer Vorstellung zwar erst das zweiundvierzigste Lebensjahr, doch sollen die Jahre davor schon unter schlechtem Vorzeichen stehen. Als Unglücksjahr für die Frauen gilt das dreiunddreißigste Lebensjahr.

Am Abend meines Geburtstages in San Juan Batista spazierte ich mit der amerikanischen Schauspielerin Michel Collinson noch ein wenig durch die verlassen in der Wüste stehende Klosterruine. Neben Michel, die fast doppelt so groß war wie ich, kam ich mir vor wie eine Fliege, die sich auf ihr niedergelassen hatte.

»Michel«, sagte ich, »heute, wo ich vierzig geworden bin, habe ich neben dir das Gefühl, noch kleiner zu sein als gestern.«

»Wenn das so ist«, meinte sie lachend, »besteht ja Hoffnung, daß ich in zehn Jahren, wenn ich vierzig bin, ein bißchen kleiner und dünner sein könnte als heute.«

Ein Schweizer Freund hatte mir mal zu bedenken gegeben: »Solange du jung bist, kannst du alles tun, was dir gefällt. Du wirst aber älter, was machst du dann?«

»Ich komme mit ungeschältem Reis, Miso-Suppe und Tofu aus, mehr brauche ich nicht zum Essen, und billig ist es außerdem. Was soll ich mir darum Sorgen machen?«

»Und wenn du krank wirst? Du fühlst dich wahrscheinlich noch jung, weil man Japaner in Europa meistens zehn Jahre jünger schätzt, als sie sind. Trotzdem, du bist fast vierzig.«

An meinem Geburtstag gab es auch eine Party, die die Kollegen vom »Teatro Campesino« nach mexikanischer Sitte mit bunter Dekoration und Tequilla veranstalteten. Das unvermeidliche »Happy birthday« wurde ebenfalls gesungen, allerdings mit einem etwas anders lautenden Text: »Happy morte to you, happy morte to Yoshi Oida, happy morte to you!«

Sie wünschten mir tatsächlich einen glücklichen Tod. Ich hielt das zuerst für einen Spaß. Es war nicht recht einzusehen, warum das Sterben Anlaß geben sollte, einem dazu zu gratulieren. Für die Mexikaner scheint aber der Tod ein ebenso glückliches Ereignis zu sein wie die Geburt. Mit der Wiedergeburt, an die man in Ostasien glaubt, hat das nichts zu tun. Im Christentum der Mexikaner mischt sich jene christliche Lehre, die die Spanier ins Land gebracht hatten, mit dem Glauben der indianischen Vorfahren. Für den Christen ist der Tod zweifellos gleichbedeutend mit der Befreiung von irdischem Leid und mit der Möglichkeit, in den Himmel oder in die Hölle zu kommen, aber wirkliches Glück verheißt er ihm bis zum Jüngsten Gericht wohl nicht. Das glückliche Ereignis der Geburt wiederum hat in gewissem Sinn auch mit Leid zu tun. Die Mexikaner dagegen verstehen Geburt und Tod gleichermaßen als glückliche Ereignisse, sie machen keinen Unterschied zwischen beiden.

Genauso schien das auch in Afrika gewesen zu sein. In dem Lager, das wir am Rande eines Dorfes aufgeschlagen hatten, hörten wir eines Nachts aus der Ferne Trommeln. Wir wußten erst nicht, was das zu bedeuten hatte, erfuhren dann aber, daß in einem der Nachbarorte jemand gestorben war, der nun bestattet wurde. Neugierig machten wir uns, obwohl es stockfinster war, sofort in Richtung der Trommelklänge auf den Weg. Als wir den Ort erreicht hatten und uns der Stelle näherten, an der die Dorfbewohner versammelt waren, herrschte dort zu unserer Überraschung alles andere als Trauer. Die Leute waren im Gegenteil fröhlich und tanzten wie besessen. Sie nahmen den Tod überhaupt nicht negativ auf, er hatte für sie etwas Fröhliches, das gefeiert werden mußte. Ähnliche Freude spürte ich bei den mexikanischen Theaterkollegen, als sie das »Happy morte to you« für mich sangen.

Auf dem Weg von Kalifornien nach New York hielten wir uns noch eine Zeitlang in Colorado auf, einem Staat mit vielen einzelnen, verstreut liegenden Gebieten, in denen Indianer leben. Oft strahlte die Landschaft so viel Schönheit und Ruhe aus, daß man eine Ahnung davon bekam, wie friedlich das Leben der Indianer in diesem Land früher gewesen sein mag. Ich erinnerte ich mich an die Western, die ich als Kind im Kino gesehen hatte. Mit klopfendem Herzen verfolgte ich damals, wie die Westernhelden Indianer umbrachten. Ich war von diesen Helden begeistert. Dabei handelten all diese Filme von der Inbesitznahme des amerikanischen Kontinents durch die Europäer. Sie nahmen den Indianern das Land weg. Dafür, daß die Indianer sich verteidigten, wurde sie von den Weißen umgebracht. Es war ungeheuer grausam, was da auf der Leinwand geschah, und ein Held wie John Wayne war gar nicht das, was ich damals in ihm sah, nicht »der Gute«, »der Streiter für die Gerechtigkeit«, sondern eigentlich das ganze Gegenteil davon.

Ich erinnerte mich auch an die Bildergeschichten, die ich als Kind las. In solchen Comics sah man japanische Soldaten mit dem Schwert in der Hand reihenweise Chinesen enthaupten, als gelte es, ein paar Kohlköpfe abzuschlagen. Die Comics gefielen mir, obwohl sie mich insgeheim auch schon unangenehm berührten. Ich frage mich, was die Verfasser solcher Geschichten wohl heute tun. Ob sie die Eroberung Chinas durch die Japaner für eine gerechte Sache hielten? Ob sie wirklich glaubten, daß man Menschen, die »nur« Chinesen waren, ohne weiteres enthaupten könne?

In Colorado arbeiteten wir mit einer indianischen Theatergruppe zusammen. Mir fiel auf, daß die Spielweise der Indianer der japanischen ähnlich war. Sie arbeiteten sehr feinfühlig, besonders im Umgang mit Stimme und Bewegung. Das hatte nicht die »Zähigkeit«, die ich oft im westlichen Theater erlebte.

Dafür gehörte zum westlichen Theater ein Moment des »Unvermuteten«, das sich deutlich im Prozeß des Improvisierens zeigte.

Zu Beginn meiner Arbeit in Brooks Truppe stellte ich überrascht fest, wie viele verschiedene Möglichkeiten man hier fand, ein vorgegebenes Thema auszudrücken. Mich verblüffte die Folge der Reaktionen. Japaner neigen mehr dazu, logisch und konsequent vorzugehen, wenn sie sich einem Thema nähern. Ich könnte im voraus sagen, wie ein Japaner auf ein bestimmtes Thema reagiert. Phantasie wird eher »rational« entwickelt, nicht so sprunghaft und »verrückt«, wie es bei den Westlern vorkommt. Wie ein Westler auf ein Thema reagieren würde, könnte ich niemals vorhersagen. Wahrscheinlich mit Phantasiesprüngen, die man nicht für möglich hält. Als die CIRT-Arbeit begann, improvisierten wir einmal auf der Grundlage einer Geschichte, die in mehrere Szenen zerlegt worden war. Die erste Szene verlangte von uns, auf einem Gerüst sehr weit nach oben zu steigen, die letzte Szene mußte wieder unten auf dem Boden gespielt werden. Die westlichen Darsteller stiegen also nach oben, immer höher hinauf, und da die Geschichte inzwischen weiterlief, stellten sie auf einmal fest, daß sie ein Problem hatten: Wie sollten sie es anstellen, in der nächsten Szene wieder unten zu sein? Es begann eine lange Diskussion darüber, die ich als »typischer« Japaner ziemlich grundlos fand. Für mich stand die Lösung fest: Wenn man in der kommenden Szene unten sein muß, darf man vorher nicht so hoch hinaufsteigen. Man brauchte nur nicht ganz so hoch zu klettern, dann kam man auch leicht wieder hinunter. Die Diskussion ging dennoch weiter – bis jemand sagte: »Holt doch eine Leiter her, und stellt sie ans Gerüst.« Diese Lösung wurde dem Problem gerecht, und sie verlieh dem Geschehen auf der Bühne auch eine sichtlich größere Dimension. Die »logische« Lösung des »typischen« Japaners hätte diese Skala verringert. Durch zu weit vorauseilendes Denken und durch eine »Lösung«, die das Problem umgeht (statt es zu lösen), kann das Element des Überraschenden, des ganz Unerwarteten verlorengehen. In gewissem Sinne ist es geboten, »dumm« zu sein; Logik kann dem Überraschenden, Unvorhersehbaren im Wege stehen. Die Theaterarbeit mit Nicht-Japanern zwang mich, das Spielen in »kreativen Sprüngen« zu lernen. Es ist der einzige Weg, bei der Arbeit weit genug zu denken. Für mich ist das ein Grund, auch weiterhin in Europa tätig zu sein.

Schließlich ging es von Colorado nach New York. New York – das war die Stadt der großen Ambitionen. Hier war jeder nur mit einem beschäftigt: sich den Weg zum Erfolg zu bahnen, und zwar im Busineß genauso wie in Kunst oder Politik. Man sah es schon daran, wie die Leute gingen – der Kopf war den Füßen stets ein Stück voraus. Es war der Wille zum Erfolg, der sie so trieb. Als ob sie Ruhm und Geld ständig greifbar vor Augen gehabt hätten. Europäer machen sich gern darüber lustig. Sie behaupten, daß sich ein Amerikaner keine fünf Minuten unterhalten könne, ohne wenigstens einmal von Dollars zu reden. Wenn Paris schon international war, dann war es New York noch viel mehr. Menschen aller Rassen, Nationalitäten und Berufe gingen hier ihren ehrgeizigen Zielen nach. Vielleicht ist diese Stadt der einzige Ort, an dem sich Japaner in einer weißen Gesellschaft relativ frei von rassischen Komplexen bewegen und anderen Menschen unbefangen gegenübertreten können.

Wie in Afrika, wo wir improvisierend über die Dörfer gezogen waren, machten wir es nun auch in Brooklyn. Wir traten in

Parks auf, manchmal auch in einer Stadthalle, das waren unsere Theater. Das Publikum bestand überwiegend aus Schwarzen, den Nachkommen der einst nach Amerika verkauften Negersklaven, die jenem Schwarzafrika entstammten, das wir bereist hatten. Ethnisch gehörten beide, die Afrikaner und die Schwarzen in Brooklyn, zusammen, aber als Zuschauer reagierten sie unterschiedlich. Wie in Afrika hatten wir auch hier wieder versucht, die Leute in unser improvisiertes Spiel miteinzubeziehen, sie zum Mitspielen zu animieren. Das machte sie erst verlegen, sie wußten nicht recht, was sie tun sollten; doch das war nichts Besonderes, so reagierte das Publikum zu Anfang immer, in jedem Land. Die Unterschiede zeigten sich erst nach Überwindung der anfänglichen Verlegenheit. Die Reaktion, die von den Schwarzen in Brooklyn kam, war jedenfalls gewalttätig und zerstörerisch. Sie lief immer nur darauf hinaus, die Requisiten, die wir benutzten, kaputt zu machen oder unflätige Ausdrücke anzubringen. Das eine Mal kam sogar ein gekochtes Ei geflogen (– wie jemand ein gekochtes Ei zur Hand haben konnte, war mir unbegreiflich).

Wenn ich daran dachte, welche Ruhe von den Schwarzen in Afrika ausgegangen war, fragte ich mich, woran es lag, daß sich die Schwarzen in Amerika derart verändert hatten. Amerika besaß alles – hervorragende Theater und Opernhäuser, Musik und Kunst, alle Religionen der Welt, alle Delikatessen der Welt, alle Vergnügungen der Welt. Doch wenn ich den Leuten, die durch Manhattan liefen, nachschaute – wie jemand von hinten aussieht, gibt meist genauer Auskunft über die innere Verfassung des Betreffenden als der Anblick, den er von vorn bietet, sagt man jedenfalls in Japan –, entdeckte ich so viel Einsamkeit, Hoffnungslosigkeit und Verzweiflung, daß mir Zweifel kamen, ob ich es wirklich mit Bürgern des reichsten Landes der Welt zu tun hatte.

Eines Tages bekamen wir in unserem Studio in Brooklyn Besuch von dem berühmten polnischen Regisseur Jerzy Grotowski und seinen Schauspielern. Im Bereich des sogenannten experimentellen Theaters hatten es zu der Zeit nur zwei Gruppen zu internationaler Anerkennung gebracht – Grotowskis Gruppe und unsere. Bei der Begegnung in Brooklyn gab es deshalb auf beiden Seiten gewisse Hemmungen, aufeinander zuzugehen, was die ganze Sache etwas bedrückend machte. Auf einmal kam Grotowski zu mir – ich spielte gerade Flöte – und sagte: »Omae!« (im Japanischen ein gröberer Ausdruck für »du«). Ich tat, als verstünde ich ihn nicht, antwortete aber unwillkürlich mit einem kurzen Flötenton: »Pi!« Er versuchte es noch einmal: »Omae!« Ich antwortete ihm mit »Pi!«. Wieder kam von ihm das »Omae!« und von mir ein »Pi!«. So ging das eine ganze Weile, vielleicht eine Viertelstunde lang, dann hörte es plötzlich wie von selbst auf. Grotowski und ich sahen uns an und fielen uns wie alte Freunde in die Arme. Es war ein Gefühl kollegialer Verbundenheit, das ich mit Worten nicht beschreiben kann.

Grotowski war ich bis dahin dann und wann schon mal begegnet, hatte aber, wenn ich mit ihm sprach, nie mehr als die üblichen Höflichkeitsfragen gestellt: Wie geht es Ihnen? Was machen Sie zur Zeit? Wie lange bleiben Sie in Paris? – Da war immer ein Abstand, der mich von ihm trennte. Doch seit jenem Dialog mit »Omae!« und »Pi!« spürte ich, daß dadurch erstmals so etwas wie menschliches Verständnis für ihn geweckt worden war. Mit einem anderen Menschen wirklich zu kommunizieren hängt ja nicht allein von körperlichem Kontakt oder rein sprachlichem Austausch ab, es hat einen viel tieferen Grund. Entscheidend ist wohl, daß etwas eintritt, das man eine Berührung der Seelen nennen könnte. Sicher bedarf es dazu auch der Sprache; doch kann sie nicht mehr als einen Anstoß geben. Damit ein Mensch das Gefühl bekommt, mit einem anderen wie durch unsichtbare Fäden verbunden zu sein, ist eher ein Austausch nötig, der – wie unser »Omae!«–»Pi!« – auf theatralischer Ebene liegt und zugleich nicht-logischer Natur ist.

Dazu mußte ich aber nicht unbedingt Schauspieler sein. Die »japanische« Spielweise, der »japanische« Schauspieler oder »das Internationale« der Schauspielkunst waren ja Begriffe, die nur benötigt wurden, wenn man das Theater für sich betrachtete. Sah man in ihm jedoch nur einen Bestandteil des menschlichen Lebens, verloren solche Begriffe ihren Sinn. Dann entfiel auch die Notwendigkeit, ein glänzender Darsteller zu sein oder auf der Bühne mit einer Technik zu brillieren, die das Publikum in Erstaunen versetzte. Es reichte, sich als Mitglied der Gesellschaft zu verstehen und als solches verantwortlich für das eigene Leben zu sein. Nötig war dazu nur die Fähigkeit, tiefe Beziehungen zu anderen Menschen herzustellen.

Die Frage war, wie man diese Fähigkeit erlangen konnte. Durch Selbstbefreiung? Wenn ja, wie fing man das an? Warum hielt ich die Herstellung menschlicher Beziehungen überhaupt für so wichtig? Warum legte ich so großen Wert auf Kommunikation mit anderen Menschen? Ich glaube, das hing mit meinem Charakter zusammen. Wenn es darum ging, mich vor anderen zu äußern, tat ich mich immer schwer damit. Nur auf der Bühne gelang es mir, mich zu öffnen, mein Innerstes zu offenbaren. Wahrscheinlich war das Theaterspielen für mich eine Art Psychotherapie, die ich brauchte, um mich selbst zu befreien.

Dabei war es falsch, einen Mangel damit kompensieren zu wollen, daß man sich auf die Bühne stellte; denn wie sollte jemand, der mit sich nicht zufrieden war, imstande sein, andere Menschen zu bewegen. Gut Theater spielen konnte man erst, wenn man die seelische Ausgeglichenheit besaß, mit den Dingen des täglichen Lebens in der Gesellschaft zurechtzukommen. Mir war eine gesunde Kunst lieber als eine kranke.

Ende September 1973, als wir, die »Vögel« des CIRT (Maurice Benichou, Michelle Collinson-George, Miriam Goldschmidt, Alain Maratrat, Bruce Myers, Arby Ovanessian, Andrej Serban), das dritte Jahr auf der Suche nach dem »König« waren, mußten wir die Reise abbrechen, noch ehe wir das Tor des Palastes erreicht hatten. Der Grund dafür war einfach: Für die Fortsetzung der Reise gab es keine Sponsoren mehr.

In Brooklyn gaben wir eine Vorstellung, um zu zeigen, was wir in den drei Jahren herausgefunden hatten. Das war die erste Fassung der *Konferenz der Vögel*.

Spätere Inszenierungen von Brook wie *Carmen*, *Der Kirschgarten* und *Das Mahabharata* erwiesen sich gerade deshalb als so erfolgreich, weil es zuvor die drei Jahre CIRT-Arbeit gegeben hatte. Daß ich selbst später eigene Produktionen herausbringen konnte und andere aus unserer Gruppe in der Folgezeit durch so gute Arbeiten auffielen, daß sie berühmt wurden, war zum großen Teil ebenfalls der vorausgegangenen Mitarbeit im CIRT zu danken. Welchen Anstoß diese Periode gab, sollte sich erst mit der Zeit herausstellen.

VII

Im Dezember 1973 kehrte ich nach Japan zurück. Tokio hatte sich in den beiden Jahren meiner Abwesenheit sehr verändert. Es war inzwischen viel gebaut worden. Die Zeichen des größer gewordenen Wohlstands waren nirgends zu übersehen, auch nicht im Lebensstil der Japaner, der äußerlich – erkennbar an solchen Dingen wie der Verbreitung von Computern, der Kleidung der Leute oder dem Lebensmittelangebot – sehr dem westlichen Lebensstil glich. Die Mode in Japan folgte nun den neuesten internationalen Trends. Verändert hatte sich aber auch das Innenleben der Menschen, ihr gefühlsmäßiges Verhalten. Leider schien dadurch manches von dem, was zu den vornehmsten ideellen Werten in Japan gehörte, verlorengegangen zu sein. Das betraf vor allem das Wesen dessen, was wir als »Wabi« bezeichnen. »Wabi« ist ein Begriff, in dem die Vorstellung von Armut steckt. In der Gesellschaft von heute mißt man den Wert der Dinge gewöhnlich an Macht, Wohlstand und Erfolg. Jenseits dessen, was heute als Wohlstand gilt, gibt es jedoch einen Reichtum, der aus anderer Quelle kommt. Allein in einer dürftigen Hütte lebend, kann ein Mensch, so arm er den äußeren Bedingungen nach auch sein mag, sehr wohl über großen inneren Reichtum verfügen. Er bezieht ihn aus seinem Empfinden für den richtigen Platz im Universum. Das ist es, was »Wabi« uns nahelegen will – den inneren Reichtum bei äußerlicher Armut.

Schaute man sich in Japan die Leute auf der Straße an, fand man, daß sie alle friedlich und freundlich aussahen. Nicht so in Europa. Dort wirkten sie manchmal geradezu schizophren, anderen wieder sah man an, wie elend und erschöpft sie waren, und manch einer kam einem ruhelos vor wie ein wildes Tier. Im Vergleich dazu machten die Menschen in Japan den Eindruck, glücklich zu sein. Gott, wenn es ihn geben sollte, meinte es zweifellos besonders gut mit ihnen. Es war nicht ratsam, das zu vergessen und so zu tun, als ob die neuen Erfolge ausschließlich der eigenen Tüchtigkeit zu verdanken seien. Denn solcher Hochmut – das war meine Befürchtung – könnte, wie schon einmal, mit Atombomben bestraft werden. Die japanische Gesellschaft war im Begriff, reich im materiellen Sinne des Wortes zu werden. Ich wünschte, wir schafften es, auch geistig so reich zu werden, daß der innere Reichtum dem äußeren nicht mehr nachzustehen brauchte.

Da ich nun wieder zu Hause war, beschloß ich, dies zum Anlaß zu nehmen, um mich einmal drei Monate lang mit der Kultur des Landes zu beschäftigen, in dem ich geboren wurde. Es ging mir um die Suche nach den eigenen Wurzeln, und das Thema, das ich mir dabei stellte, lautete: Stimme und Bewegung in der japanischen Kultur.

Zum Arbeitsprogramm in Brooks Theaterzentrum hatten die Studienreisen gehört, die wir in jedem Jahr für jeweils drei Monate unternahmen. Im ersten Jahr war es das »heilige Theater« im Iran, das wir untersuchten, im zweiten Jahr das sozusagen »derbe« Theater in Afrika, und im dritten Jahr beschäftigte uns die »Vereinigung zweier Theater« in den USA. Dies sollte nun, im vierten Jahr, mit einer Studienreise im eigenen Land fortgeführt werden. Von allem, was ich in den vergangenen Jahren gesehen und gehört hatte, interessierten mich am meisten die Lieder und Tänze, die mit der Sufi-Tradition, mit dem tibetanischen Buddhismus und mit religiösen afrikanischen Ritualen zu tun haben. Sie dienten nicht nur dem Vergnügen der Zuschauer, sondern bewirkten bei den Ausführenden selbst das Erlebnis einer geistigen Veränderung. Für sie stellten Lieder und Tänze dieser Art ein Mittel der geistigen Befreiung dar, waren also das, was man in Japan als »Gyoho«, als religiöse Übung bezeichnen würde. Der buddhistischen Zen-Lehre nach ist »Satori« (die Erleuchtung) durch den körperlichen Einsatz, nämlich durch das »Za-zen« (Sitzmeditation) erreichbar. Beim Shintoismus sind es Vorgänge wie »Misogi« (die rituelle Reinigung) und »Chinkon« (Befriedung der Seele), durch die man zu einer Vereinigung mit den Göttern gelangt. Shintoistische Lobgesänge wie die »Mikotonori« und Choräle der buddhistischen Shingon-Sekte wie die »Shomyo« enthalten zwar auch künstlerische Elemente, sind aber in erster Linie religiöse Übungen, auch für den Schauspieler. Mein Wunsch war nun, die Schauspielkunst nach Möglichkeit mit diesen Übungen zu verbinden, das stellte ich mir großartig vor. Der Gedanke daran ging mir nicht aus dem Sinn, während ich auf dem Koya-san, dem heiligen Berg der Shingon-Sekte, stand und dem Klang der Tempelglocken lauschte, die das alte Jahr ausläuteten. Dort traf ich Hideyuki Nagaoka wieder, einen alten Schulfreund. In unserem Schulclub waren wir beide Mitglieder der Theatergruppe gewesen. Nach dem Studium hatte er sich entschlossen, Priester in einem Tempel der Shingon-Sekte zu werden, und zwar im selben Tempel, dem sein Vater als Priester vorstand. Von diesem Freund bekam ich nun ein Buch über den esoterischen Buddhismus.

Die buddhistischen Sekten der esoterischen Richtung – in Japan sind das die Shingon- und die Tendai-Sekte – stützten sich weit mehr als andere buddhistische Sekten auf die magische Wirkung bestimmter Worte und Bewegungen. Geeignetere Objekte als diese hätte ich für meine Untersuchungen kaum finden können. Die Mantras (Gesänge) und Mudras (Bewegungen) der Shingon-Sekte sind einfach einzigartig. Mein besonderes Interesse galt der für die religiöse Übung notwendigen Einheit von SHIN, KO und I. SHIN steht hier für die körperliche Bewegung, KO für das Sprechen bzw. die mündliche Äußerung allgemein. I bedeutet soviel wie Wille, Absicht, Sinn, Vorstellung usw., weist also auf die innere Haltung hin. Die angestrebte Einheit von SHIN, KO und I kommt dem, was der Schauspieler auf der Bühne zu leisten hat, erstaunlich nahe. Auch von ihm wird verlangt, seine Rolle mit Hilfe von Sprache und Bewegung zu gestalten – und dadurch, daß er sich innerlich auf sie einstellt.

Das ist der Grund, weshalb ich versuchen wollte, die Mantras und Mudras der Shingon-Sekte zu erlernen und möglichst jenen Zustand zu erreichen, in dem SHIN, KO und I eine harmonische Einheit bilden. Dazu mußte ich mich einem speziellen Training, dem sogenannten »Shido-kagyo«, unterziehen. Allgemein zugängliche Darstellungen in Wort oder Bild gibt es darüber nicht, da die Lehre des esoterischen Buddhismus nicht in dieser Form überliefert wird. Zur Erklärung von »Shido-kagyo« reicht hier die Feststellung, daß man dieses Training absolviert haben muß, um als Shingon-Priester anerkannt zu werden. Früher brauchte man dafür vier Jahre, heute reicht gewöhnlich eins. Man kann es auch schon in drei Monaten, ja sogar in nur vierzig Tagen bewältigen, gewissermaßen im Schnellverfahren. Mir reichte ein Kurztraining; denn es kam mir nicht darauf an, Priester zu werden, sondern den Inhalt der Lehre aus eigener Erfahrung kennenzulernen. Das »Shido-kagyo« wird von einem Ajari geleitet, einem hochrangigen Priester, verantwortlich für die Weitergabe des geheimen Wissens, die nur von Person zu Person erfolgen darf. Man mußte das Wissen also direkt von einem Meister erwerben, mußte es gleichsam aus seiner Hand empfangen wie eine Schale Wasser. So suchte ich den damals 84jährigen, inzwischen verstorbenen Oberpriester Yuko Aoki auf, der für seinen schönen »Shomyo«-Gesang bekannt war. Ich bat ihn, für die Dauer des Trainings mein Lehrer zu sein, wozu er auch sofort bereit war. Eins machte er mir jedoch zur Bedingung: Da das »Shido-kagyo« eine religiöse Übung für angehende Priester sei, werde von jedem, der sich dieser Übung unterziehe, verlangt, dem weltlichen Leben zu entsagen und Mönch zu werden. – Damit hatte ich nicht gerechnet. War ich wirklich dazu bereit? Daß Theater spielen etwas mit Geistigkeit zu tun hatte und daß es Zusammenhänge zwischen Gott (Makrokosmos) und Theater (Mikrokosmos) sowie zwischen darstellender Kunst und Gebet gab, war mir in den drei Jahren unserer CIRT-Arbeit durchaus bewußt geworden, aber an die Existenz einer Energie des Universums oder an so etwas wie transzendentale Kräfte glaubte ich nicht. Der Verstand sagte mir, daß es so etwas gab, ohne daß ich deswegen gleich den Wunsch hegte, mich einer bestimmten Religion zu verschreiben. Religiöse Vorgänge, die ich aus eigenem Erleben kannte, hatten mir manchmal in der Tat das Gefühl gegeben, daß da irgendeine Energie oder irgend etwas Übersinnliches existiert haben mußte. Nur hatte mich das bis dahin noch nie veranlaßt, der Welt zu entsagen, dazu fehlte mir die innere Bereitschaft. Inzwischen war ich aber neugierig geworden, ich wollte zu gern wissen, was »Shido-kagyo« ist, und begann, mich mit dem Gedanken an ein vorübergehendes Dasein als Mönch vertraut zu machen. Da ich weder Heim noch Familie besaß und sowieso aus dem Koffer lebte, konnte ich fürs erste ebensogut Mönch werden. Sofern es mir nach Abschluß des Trainings freistünde, ins weltliche Leben zurückzukehren, wollte ich mich der Forderung des Priesters fügen. Ich rang mich also dazu durch, die gestellte Bedingung zu akzeptieren, und war nun entschlossen, das »Shido-kagyo« als Mönch zu absolvieren.

Bis die Übung im Tempel begann, blieb mir gut ein Monat Zeit, den ich nutzen wollte, um mich mit einer speziellen Art der Bewegung vertraut zu machen, dem Yoga. Ich wandte mich aus diesem Grund an ein Institut für Parapsychologie in Tokio-Inogashira, das mir von einem befreundeten Theaterregisseur empfohlen worden war. Ich hatte ihm von meinem Vorhaben erzählt, mich in den kommenden Monaten mit dem speziell japanischen Einsatz von Stimme und Bewegung zu beschäftigen, worauf ich den Rat erhielt, möglichst mit Yoga zu beginnen. – »Sämtliche shintoistischen und buddhistischen Praktiken in Japan gehen auf das indische Yoga zurück«, sagte er. »Wer sich für diese Praktiken interessiert, muß zuerst die Quelle studieren, der sie entstammen, und das ist nun mal Yoga. Wir haben hier in Tokio einen Mann, den ich dir als Spezialisten empfehlen kann, du solltest einmal zu ihm gehen. Es ist Dr. Motoyama. Seine Mutter, die eine Guji (Priesterin) im Tamamitsu-Schrein ist, gilt als große Schamanin. Doch für dein Anliegen kommt wohl eher der junge Motoyama in Betracht, den das Übersinnliche als Gegenstand wissenschaftlicher Forschung interessiert. Motoyama ist promovierter Psychologe, hat später in Indien Yoga erlernt und dann hier ein internationales Institut für Parapsychologie aufgebaut, dessen Direktor er jetzt ist. Das Institut arbeitet in engem Kontakt mit ähnlichen Einrichtungen im Ausland und solchen Wissenschaftlern wie dem Schweizer Psychologen Jung. Es werden häufig Konferenzen veranstaltet, die dem internationalen Erfahrungsaustausch dienen. In der Sowjetunion und in den USA gibt es sogar Versuche, Ergebnisse der psychologischen Forschung militärisch nutzbar zu machen, um beispielsweise an Geheiminformationen des Gegners heranzukommen. Dr. Motoyama ist jedenfalls genau der richtige Mann für dich. Er wird dir alles, was du wissen willst, logisch erklären können.«

Das besagte Institut befand sich unmittelbar neben dem Tamamitsu-Schrein, was darauf hinzudeuten schien, daß Religion und Wissenschaft hier in einer gewissermaßen freundschaftlichen Beziehung zueinander standen. Die Yoga-Übungen begannen morgens um sechs. Um mir die tägliche Anfahrt zu dieser frühen Stunde zu ersparen, bot Dr. Motoyama mir an, im Schrein zu übernachten. – »Es ist gerade ein Amerikaner hier, bei dem Sie sich erkundigen können, wie die Übung im einzelnen abläuft.« – Ein Amerikaner? Kaum daß ich aus den USA heimgekehrt war und mir vorgenommen hatte, mich einmal nur mit Japan zu befassen, sollte ich mich ausgerechnet an einen Amerikaner wenden. Begeistert war ich nicht davon; doch da der Doktor es so wollte, blieb mir nichts übrig, als mich danach zu richten. So traf ich das erste Mal mit Hugh McCormick zusammen, dem ich dieses Buch gewidmet habe. Hugh gibt es heute nicht mehr. Damals war er ungefähr dreißig, ein stiller junger Mann mit Brille, der einen intelligenten Eindruck machte. Für einen bestimmten Typus des Westlers war die Beschäftigung mit Yoga in jenen Jahren Grund genug für einen Trip nach Asien. Auch Hippies konnte man damals noch überall begegnen, sie kamen in ganzen Scharen, besonders aus den USA. Zu diesen Leuten gehörte Hugh aber nicht, er war ein ganz gewöhnlicher Amerikaner. Seine Art, mir die Yoga-Übungen zu erklären, war einfach und leicht verständlich.

Da nun feststand, daß ich im Schrein übernachten würde, besorgte ich mir umgehend einen Schlafsack und richtete meinen Schlafplatz her, dann ging ich mit Hugh in ein einfaches Lokal, das nicht weit vom Schrein lag. Fleischgerichte waren uns für die Dauer der Yoga-Übung nicht erlaubt, so daß wir nur Tofu, Miso-Suppe und gekochtes Gemüse aßen. – »Durch den plötzlichen Verzicht auf Fleisch tun mir die Gelenke so weh, daß ich kaum sitzen kann, und beim Üben habe ich Schmerzen in den Knien«, sagte Hugh. Dann erzählte er mir, daß er vorher in einem Tempel in Kyoto, im Daitokuji, gewesen sei und sich in Zen-Meditation geübt habe. »Zwei Jahre lang bin ich Sommer wie Winter jeden Morgen zu Fuß durch die ganze Stadt zum Daitokuji gegangen. Eines Tages machte ich eine besondere Erfahrung. Ich hatte an jenem Tag beschlossen, mich nicht eher von der Stelle zu rühren, bis die Götter mir die Wahrheit offenbaren würden. So verharrte ich an meinem Platz, saß lange Zeit da und meditierte. Ich sah einen Garten voll herrlicher Blumen, die in den schönsten Farben blühten. Durch diesen Garten bin ich gegangen, weiter und weiter, wie lange, weiß ich nicht.« – Nachdem er wieder zu sich gekommen war, verließ er den Tempel; doch draußen auf der Straße geriet sein Körper heftig ins Schwanken. Außerstande, geradeaus zu gehen, irrte er umher, um jemanden zu finden, der ihm helfen könnte. Diese Suche, sagte er, habe ihn schließlich zum Tamamitsu-Schrein geführt.

Außer Hugh und mir hielten sich in dem Schrein auch zwei Amerikanerinnen auf, die vorher in Indien gewesen waren. Sie hatten gehofft, dort geistige Anleitung bei einem Guru zu finden; doch ihre Suche blieb erfolglos. Dann hörten sie, daß es in Japan einen guten Yoga-Lehrer geben solle. So waren sie zu Dr.

Motoyama gekommen. Ihren Lebensunterhalt finanzierten sie dadurch, daß sie von Zeit zu Zeit als Animiermädchen in verschiedenen Bars in der Provinz arbeiteten. Was sie dort verdienten, reichte wieder eine Weile, um das Training im Tamamitsu-Schrein fortzusetzen.

Von Dr. Motoyama habe ich vieles gelernt, so zum Beispiel über die sieben Chakras, die der menschliche Körper aufweist. – »Man erkennt sie, wenn man sich Bilder der indischen Malerei ansieht«, sagte er. »Es sind sieben bestimmte Stellen des Körpers – das Zentrum der Schädeldecke, das Zentrum der Stirn, die Kehle und die Brust, der Nabel, der Bauch (etwas unterhalb des Nabels) und das Steißbein. Sie stellen sozusagen besondere Relaisstationen für die Nerven dar. Am toten Körper sind sie nicht mehr nachweisbar, auch nicht durch Obduktion; es gibt sie nur, solange der Mensch am Leben ist. Normalerweise befinden sich die sieben Chakras im Ruhezustand, aber geistige Konzentration (etwa in Form von Meditation) oder andere Umstände können dazu führen, daß sie aus diesem Zustand erwachen und beginnen, aktiv zu werden. Die Öffnung nur eines der sieben Chakras kann aktivierend in einem Maße wirken, daß jener Zustand eintritt, den die Zen-Lehre als ›Satori‹ (Erleuchtung) bezeichnet, zu erkennen an dem Licht, das den Erweckten wie ein heller Ring umgibt, der im Durchmesser etwa einen Meter groß ist. So ist es jedenfalls von allen, die dies schon einmal selbst erfahren und in bildlicher Form wiedergegeben haben, übereinstimmend dargestellt worden.«

Die Beschreibung erinnerte mich an eine Stelle in Dantes *Göttlicher Komödie* (Paradies, XXVIII. Gesang), wo es heißt:

Sah einen Punkt ich, solchen Glanzes Quelle,
Daß ich die Augen, die er so erhellt,
Verschließen mußte vor der starken Grelle;

(...)

Lief um den Punkt ein Feuerkreis so dicht
In einer Schnelle über jener höchsten
Geschwindigkeit, die unsere Welt umflicht.

Und dieser war verschlossen von dem nächsten,
Und der vom dritten, der vom vierten dann,
Vom fünften vierter, fünfter von dem sechsten.

Darüber schloß der siebte dann sich an
In einer Breite, daß zu eng selbst ganz
Der Bote Junos, um ihn zu umfahn.

So auch der achte, neunte; jeder Kranz
Bewegte träger sich, je wie er war
An Zahl von eins in größerer Distanz.

Doch jene Flamme war besonders klar,
Die sich am nächsten fand dem reinen Funken,
Ich glaube, weil an ihm sie wird so wahr.

Da sie mich tief in Sorgen sah versunken,
Sprach meine Herrin: Von dem Punkte hängt
Der Himmel ab, ist Allnatur ganz trunken.

Schau jenen Kreis, der ihm zunächst sich drängt,
Und wisse, daß so schnell ist sein Bewegen,
Weil ihn solch eine feurige Liebe sengt!
(*Deutsch von Wilhelm G. Hertz*)

Der innere Zustand, den Dante hier beschreibt, ist dem des »Satori« vergleichbar. Ging das auf eine Entdeckung zurück, die er an sich selbst gemacht hatte, oder nur auf den Bericht eines Dritten? Interessanter als die Antwort auf diese Frage schien mir, daß es auch in Europa eine Vorstellung von göttlicher Macht gibt, die auf ähnliche Art dargestellt wird wie in Asien. Ich fand auch, daß mit den bunten Fenstern gotischer Kirchen und den buddhistischen Mandalas im Grunde ein und dasselbe zum Ausdruck gebracht wird.

»Das Erwachen eines Chakra«, fuhr Dr. Motoyama fort, »kann zur Folge haben, daß man fähig wird, Stimmen zu hören oder bestimmte Ereignisse vorherzusehen. Einen Menschen, der das kann, bezeichnen wir als Medium oder als einen Erleuchteten. Das hat viel mit der Wirbelsäule zu tun. Wenn der hinter dem Steißbein liegende Kundalini-chakra geweckt wird, ist die dadurch aufbrechende spirituelle Energie so stark, daß sie große Hitze erzeugt. Wer Yoga beherrscht, ist imstande, diese Energie von der Wirbelsäule aus nach oben zum Kopf sowie über Stirn, Kehle, Nabel und Bauch nach unten zu drücken, sie also im Körper kreisen zu lassen. Auf taoistischen Bildern findet man die Kundalini-Energie als Flüssigkeit dargestellt, die wie bei einer Wassermühle durch das Rückgrat nach oben transportiert wird. Sie wird also nicht, wie beim Sex, nach vorn abgegeben, sondern in Richtung des Kopfes nach oben gedrückt. Angeblich erreicht man auf diese Weise ein langes Leben, was aber nicht heißt, daß Verzicht auf Sex etwa lebensverlängernd wäre. Es kommt vielmehr darauf an, daß man die Technik erlernt, die dazu befähigt, die Energie-Flüssigkeit nach oben zu pressen.«

Als nächstes legte mir Dr. Motoyama mehrere Photos vor, auf denen Hände abgebildet waren. Man sah, daß von den Fingerspitzen blaue oder rötliche Lichtstrahlen ausgingen. – »Was tun Sie, wenn Sie Zahnschmerzen haben oder wenn Ihnen der Bauch weh tut?« fragte er mich. Er gab die Antwort gleich selbst: »Sie legen die Hand auf die schmerzende Stelle. Warum wohl? Weil der Mensch, auch wenn ihm das nicht bewußt sein sollte, weiß, daß der Schmerz durch Auflegen der Hand gelindert wird. Daher kommt der Ausdruck ›Be-handlung‹. Von der Hand geht eine unsichtbare Energie aus, die Schmerzen lindern kann. Die Aufnahmen zeigen diese Energie. Sichtbar gemacht wurde sie dadurch, daß an die Hand jeweils ein Strom von hoher elektrischer Spannung angelegt wurde. Blaues Licht strahlten die Finger dann aus, wenn die betreffende Person ruhig und entspannt war, während das rötliche Licht auf eine starke emotionale Anspannung hinweist.«

Hugh und ich standen jeden Morgen um halb fünf auf. Wir wuschen uns und reinigten anschließend den Schrein. Die Übung begann um sechs Uhr und dauerte bis neun. Danach nahmen wir unser Frühstück ein, das aus Brot und Käse bestand. Zu trinken gab es schwarzen Tee. Beim Essen erzählte mir Hugh, welche inneren Veränderungen er während der Übung an sich selbst erlebt hatte. So erfuhr ich, welcher Art die Vorgänge waren, die sich in ihm abspielten. Mit Verwunderung und wachsendem Interesse hörte ich ihm zu und konnte ihn am Ende nur beneiden um diese Erfahrung. Die Frühstückszeit war für mich die angenehmste Zeit des ganzen Tages.

Dann war es soweit, daß ich den Schrein verlassen mußte, um nach Saitama zu fahren, wo sich der Entsuji befindet, jener Tempel der buddhistischen Shingon-Sekte. Zum Abschied sangen Hugh und die anderen Teilnehmer eine halbe Stunde lang das »Hanya-shinkyo« (Herz-Sutra) für mich.

»Good luck, Yoshi.«

»Thank you, Hugh. Bye-bye.«

Im Entsuji erwartete mich als erstes eine Zeremonie, mit der ich formal bekunden mußte, dem weltlichen Leben zu entsagen. Zur Vorbereitung gehörte, daß mir ein junger Priester die Haare abschnitt, die ich damals der Mode entsprechend lang trug. Die Strähnen, die nach und nach fielen und sich auf einem Stück weißen Papier sammelten, waren schon ziemlich graumeliert. Da die Schere nicht gut schnitt, sah ich am Ende wie gerupft aus. An den Seiten und oben auf dem Kopf hatte der Priester noch ein paar Haarbüschel übriggelassen, die erst während der Zeremonie abgenommen werden sollten. Als nächstes gab mir der Oberpriester den buddhistischen Namen Shoko (gebildet durch die sino-japanische Lesung der beiden Schriftzeichen, mit denen mein Künstlername Katsuhiro geschrieben wird). Damit verlor ich meinen Familiennamen, so daß ich nach meinem Tod nicht mehr im Grab meiner Angehörigen beerdigt werden konnte. Was unter diesen Umständen einmal aus meiner Asche werden sollte, war mir nicht recht klar.

Die Zeremonie verlangte, daß ich mich nun dem Priester gegenüber zu den Geboten bekannte, die er mir vortrug: »Sei barmherzig – töte nicht. Halte dich an das Recht – begeh keinen Diebstahl. Bewahre dir Aufrichtigkeit – sei ehrlich und treu.« – Dem folgte jedesmal die Frage, ob ich bereit sei, mich an das Gebot zu halten, und ich beantwortete sie jedesmal mit: »Ja, das bin ich«, denn solange ich hier, fern dem weltlichen Leben verweilte, konnte es nicht so schwer sein, den gestellten Anforderungen nachzukommen. Das Papier mit den graumelierten Strähnen, die man mir abgeschnitten hatte, wurde daraufhin in einer der zum Tempel gehörenden Kapellen eingeschlossen – ein Vorgang, der mir vorkam, als sei mir auch der Zugang zu meinem weltlichen Dasein versperrt worden.

Während der vierzig Tage, die ich im Tempel verbrachte, war jeder Verkehr mit der Außenwelt untersagt. Das betraf Telephongespräche und den Empfang von Post ebenso wie Zeitungslektüre und Fernsehen. Der Tempel durfte auch nicht verlassen werden. Der Genuß von Alkohol und Tabak war verboten, und zu den Essensvorschriften gehörte der Verzicht auf Fleisch. Große Schwierigkeiten bereitete mir der Text des Shingon-Sutras »Rishikyo«, den ich zum erstenmal im Leben las. Es dauerte eine Weile, bis ich ihn beherrschte. Für mich war überhaupt alles neu, alles tat ich zum erstenmal. Da ich die anderen – drei junge Mönche, die sich derselben Übung unterzogen wie ich – durch meine Langsamkeit ziemlich aufhielt, mußte ich früher aufstehen als sie, schon um halb fünf, um früher mit dem Üben beginnen zu können. Beim Reinigen der Toiletten, die sich draußen im Garten befanden, kam ich mir wahrhaftig vor wie bei einem Askese-Training. Statt moderner Wasserklosetts benutzte man hier immer noch Gruben. Es wimmelte darin von Würmern, ein Anblick, der mich an die Lebensumstände der Menschen im alten Japan erinnerte. Dazu kam die winterliche Jahreszeit. Es war Februar, aber außer einem Kohlebecken in meinem Schlafraum gab es nirgendwo eine Wärmequelle. So bekam ich nach langer Zeit wieder einmal am eigenen Leib zu spüren, wie weh es tut, wenn man Frostbeulen und aufgerissene Hände hat.

Inhaltlich waren die Übungen des »Shido-kagyo« natürlich von indischen Vorbildern bestimmt. Sprachlich hat der Shingon-Buddhismus bis heute das Sanskrit beibehalten. Sämtliche Zeremonien des Shingon haben sich aus der indischen Lebensweise heraus entwickelt. Die Praktiken des »Goma« zum Beispiel gehen eindeutig auf die buddhistische Feuer-Zeremonie zurück. Die durchweg indische Prägung ist naheliegend, da der Buddhismus ursprünglich aus Indien kam. Nach Japan gelangte er aber auf dem Weg über China, so daß ich erst der irrigen Meinung war, der Buddhismus in Japan müsse vor allem chinesisch beeinflußt worden sein.

Im einzelnen hatte ich vier Rituale des esoterischen Buddhismus zu erlernen. Ein solches Ritual ist in gewissem Sinne der Aufführung eines Stücks vergleichbar. Es beginnt damit, daß man auf einem Altartisch verschiedene Dinge anzuordnen hat – ein Gefäß mit Wasser, eine Blume, Weihrauch und ein Musikinstrument. Ist das geschehen, wird die Gottheit an diesen Platz geladen. Dazu ist dreierlei erforderlich. Als erstes sind mit den Händen bestimmte Mudras zu gestalten (unter Mudras versteht man besondere Handstellungen, die im buddhistischen Ritual und in der Kunst vorkommen). Die Ausführung nimmt aber den ganzen Körper in Anspruch, auch wenn davon nicht mehr sichtbar wird als die Bewegung der Finger. Das zweite ist die Intonierung von Mantras (rhythmische Wortreihen) in Sanskrit. Dies wiederum erfordert, sich – drittens – bewußt zu machen, welcher Sinn hinter den Mantra-Worten steckt. Um den Sinn der Worte geht es analog dazu auf der Bühne, wenn man den Text eines Stücks zu sprechen hat.

Diese drei Teile des Rituals hatte ich gleichzeitig auszuführen – in Gegenwart der Gottheit, des geladenen Gastes. Dabei stellte sich gefühlsmäßig eine bestimmte Beziehung zu dem Besucher her. Nichts anderes geschieht im Grunde auf der Bühne, indem durch Bewegung, gesprochenes Wort und Sinngebung von der Bühne herab eine Beziehung zum Publikum geschaffen wird. Das Publikum im Theater jedoch kann man täuschen, eine Gottheit nicht, das ist der einzige Unterschied zwischen den beiden Vorgängen. Solange ich mich im Tempel aufhielt, übte ich das Ritual in der geschilderten Weise an jedem Tag dreimal. Ich spielte gewissermaßen vor dem strengsten Publikum, das ich je hatte. So streng war nicht einmal Peter Brook gewesen, wenn er mich bei den Proben beobachtete. Schließlich führte ich die esoterisch-buddhistischen Rituale nicht als rein religiöse Übung aus. Für mich war es jedesmal der Auftritt des Schauspielers vor einem Publikum, wie es schwieriger nicht sein konnte.

Oberpriester Aoki, der mich unterwies, war ein wirklich großer Mann. Von seinen Schülern hatte ich gehört, daß es in seiner umfangreichen Bibliothek eine Fülle von Büchern über den esoterischen Buddhismus gebe, die er alle intensiv durchgearbeitet habe, wie man an den vielen rot angestrichenen Stellen sehen könne. Trotz des großen Wissens, das er in sich aufgenommen hatte, waren es immer ganz einfache Dinge, von denen er sprach. So sagte er zum Beispiel:

»Die menschliche Existenz ist etwas Großartiges. Denk doch nur einmal daran, was aus solchen Speisen wird, wie wir sie hier vor uns haben. Sie verderben, wenn man sie stehen läßt. Hat man sie aber gegessen, wird ein Teil davon als Kot wieder ausgeschieden. Wenn man ißt, tut man das nicht nur, um seinen

Hunger zu stillen. Das Essen hat zur Folge, daß Kot entsteht, aus dem wieder Erde wird, aus der dann wieder Eßbares wächst. Indem man Essen zu sich nimmt, tut man etwas, das in den Kreislauf des ganzen Universums einbezogen ist.«

Vor diesem Gespräch im Tempel hatte ich den Vorgang des Essens eher für etwas Peinliches gehalten. Jetzt verstand ich, daß man nicht nur aß, um sich am Leben zu erhalten, vielmehr erfüllte man damit zugleich seine Rolle als Teil einer universalen Lebenskette.

Wiederholt kam der Meister auch auf den Umgang mit Krankheiten zu sprechen. Wer sich erkältet habe, sagte er öfter, solle zuerst bemüht sein, mit der ihn umgebenden Atmosphäre eins zu werden, statt sogleich zu Medikamenten zu greifen. Wenn es gelinge, eins mit dem Universum zu werden, würde die Erkältung von selbst verschwinden. – Aokis Schüler hatten erzählt, wie ihr Meister kranke Menschen zu behandeln pflegte, um ihnen die Schmerzen zu nehmen. Er strich ihnen nur leicht über den Körper und sang dabei das »Hanya-Shinkyo«-Sutra, so daß die Kranken sich entspannten und beruhigt einschliefen. Der Priester erklärte mir dieses Phänomen mit fast denselben Worten wie zuvor Dr. Motoyama. – »Von der Hand des Menschen«, sagte er, »geht etwas Wohltuendes aus, das die Kraft besitzt, Schmerzen zu lindern. Wer einen Kranken besucht, sollte deshalb nicht zu viele Worte machen. Er braucht ihm nur über die schmerzende Stelle zu streichen, das ist die beste Behandlung.«

Von sich selbst sagte er einmal: »Nachdem mir ein Leben von nun schon 85 Jahren gewährt worden ist, mag der Tod ruhig kommen, ich habe nichts dagegen. Eigentlich ist es ein Wunder, daß mein Körper die vielen Unfälle, die mir im Laufe der Zeit schon zugestoßen sind, so lange überstanden hat. Nun beobachte ich mit Interesse, wie lange dieser ramponierte Körper wohl noch weiterleben wird.« – Als ich ihn einige Jahre darauf wieder besuchen durfte, war er noch immer bei guter Gesundheit, während seine Frau (Shingon-Priestern ist es erlaubt, sich zu verheiraten) inzwischen bettlägerig geworden war. »Sie hat es mit den Beinen und kann jetzt nicht mehr laufen«, erklärte er, »aber mir geht es gut, so daß ich sie noch versorgen kann. Dafür bin ich wirklich dankbar. Sollte ich auch noch krank werden, wären wir beide auf fremde Hilfe angewiesen. Bisher ist das zum Glück nicht nötig, noch ist es mir vergönnt, mich selbst um meine Frau zu kümmern, dafür danke ich Buddha.« – Als er starb, war er 95 Jahre alt. Ich hatte ihn zuvor noch einmal besucht, aber da war er schon so vergeßlich geworden, daß er sich nicht mehr an mich erinnern konnte.

»Einen Menschen durch den Tod zu verlieren, ist etwas sehr Trauriges; doch durch Konzentration auf den Punkt in der Mitte der Stirn wird einem dieser Mensch, sobald man sich seiner erinnert, wieder gegenwärtig sein. Man stellt sich am besten vor, er sei nicht tot, sondern nur irgendwo auf Reisen.« – Auch das hatte der Meister einmal gesagt. Dennoch, wenn ich daran dachte, wen alles ich durch den Tod verloren hatte, dann wünschte ich mir bei manch einem von ihnen, seinen Körper noch einmal berühren zu können. Der Körper, heißt es, sei vergänglich, sei nur Illusion. Ich wußte das und brachte es trotzdem nicht fertig, den Tod einfach zu akzeptieren.

Das Training im Tempel, mitten im Winter, war hart für mich. Ich sehnte sein Ende herbei. Auf dem selbstgemachten Kalender, den ich mir an die Wand gehängt hatte, strich ich die Tage aus. Als der Februar fast vorüber war, trafen die ersten warmen Sonnenstrahlen meinen geschorenen Kopf, das wohlige Gefühl breitete sich im ganzen Körper aus. Eines Morgens, als ich dabei war, Holz für das Feuer-Ritual zu spalten, erblickte ich auf einmal eine einzelne rosafarbene Pflaumenblüte. Sie war wunderschön, das fand sogar ich, obwohl ich sonst ein viel zu prosaischer Mensch war, um an solchen Erscheinungen Freude zu finden. In dem Moment aber fragte ich mich verwundert, warum dem Menschen soviel daran lag, Kunst zu produzieren, wenn es in der Natur etwas so Schönes wie diese Pflaumenblüte gab. Kunst war nun mal künstlich. Wie sollte etwas Künstliches das von Natur aus Schöne jemals übertreffen können! War es nicht vollauf genug, was die Natur dem Menschen an Schönem zu bieten hatte? War es denn nötig, daß ich mich mit Kunst abgab? Wozu das alles – die Auseinandersetzungen mit Leuten, die einem unangenehm waren, die Beleidigungen und Zurücksetzungen, die man erlebte, die Jagd nach Ruhm und Ehre, der ganze häßliche Existenzkampf, der sich hinter den Kulissen abspielte? Warum mühte ich mich dermaßen ab? Hier im Tempel war es viel schöner. Hier lebte ich in der schönen abgeschlossenen Welt des Buddhismus, hatte Umgang mit lauter Menschen, die reinen Herzens waren, und widmete mein Dasein ausschließlich Buddha. Es war herrlich, so zu leben – und es war weit angenehmer als in der Welt des Theaters, die ich jetzt sinnlos fand. Das brachte mich zu dem Entschluß, im Tempel zu bleiben und das Theater aufzugeben.

In den zweieinhalb Monaten, die ich nun schon damit verbrachte, das Thema »Stimme und Bewegung« in bezug auf ihren Ausdruck in Japan zu untersuchen, hatte sich meine Lebenseinstellung entscheidend verändert. Den Gedanken an Selbstmord hatte ich überwunden. Inzwischen traute ich mir zu, Zeuge des allmählichen Verfalls meines Körpers zu werden, bis ich einmal sterben würde. Die Furcht vor dem Alter hatte sich vollkommen verflüchtigt. Nun war ich sogar interessiert daran, zu beobachten, wie mein Leben weitergehen würde. Mit mir war eine Veränderung vorgegangen, für die es keine logische Erklärung gab.

Was bleibt einem, wenn man alt und von allen vergessen ist, wenn zu Alter und Einsamkeit auch noch Armut kommt – was soll man dann tun? Die übliche Antwort auf diese Frage lautet: »Dann zieht man sich in die Berge zurück und lebt als Eremit still vor sich hin in der Natur.« – Romantische Vorstellungen dieser Art haben viele; doch wer hält so was schon für möglich, wer glaubt von sich, daß er das wirklich könnte? Ich jedenfalls hatte in jenen zweieinhalb Monaten die Überzeugung gewonnen, daß ich es könnte, und das war ein großer Gewinn für mich. Ich wußte, daß ich imstande wäre, für mich allein zu leben, und daß ich außer bescheidenem Essen nichts weiter dazu brauchte. So viel Selbstvertrauen besaß ich, während der Übung im Tempel war ich mir dessen ganz sicher (was nicht heißt, daß das inzwischen völlig anders geworden sei, doch in jenem besonderen Augenblick hatte ich darüber absolute Gewißheit).

In meinem Training war ich inzwischen so weit gelangt, daß die Ausführung des vierten und letzten Rituals bevorstand, des Feuer-Rituals »Goma-kagyo«. Es verlangt, daß man kleine Stückchen Holz in einen Kessel tut, sie mit Öl übergießt und entzündet. Sofort lodert Feuer aus der Öffnung des Kessels, dem »Mund Buddhas«, und die Getreidekörner, die man dann in das Feuer wirft, sind gleichsam die Buddha dargebrachte Speise. Dazu wurde ein Gebet gesprochen. Flammen, Flammen, Flammen.

In das Feuer starrend, erinnerte ich mich an etwas, das ich im Alter von ungefähr vier Jahren erlebte. Mit meiner Mutter, die mich im Arm hielt, sah ich damals ein Haus in Flammen stehen. Das bange Gefühl, daß das mit unserem Haus auch passieren könnte, machte mich auf einmal so traurig, daß ich anfing zu weinen. Meine Mutter, die ganz erschrocken darüber war, fragte mich immer wieder, was mit mir sei. Ich schämte mich aber, weil die Tränen, die ich vergoß, einen so seltsamen Grund hatten. So sagte ich nichts und weinte weiter. Sieben Jahre später wurde unser Haus von einer Brandbombe getroffen, die ein amerikanisches Flugzeug abgeworfen hatte, und ging in Flammen auf. Meine Befürchtung hatte sich bewahrheitet, wieder mußte ich weinen, diesmal jedoch aus Erleichterung. – »Als uns damals das Haus abbrannte, war ich natürlich traurig. Andererseits sind wir dadurch den ganzen alten Krempel – das alte Spielzeug von dir und was sich sonst so angesammelt hatte – mit einem Schlag losgeworden, das war das Gute daran«, sagte meine Mutter einmal lange danach.

Nun sah ich erneut Flammen lodern, die Flammen des Feuer-Rituals in einem Shingon-Tempel, doch dieser Anblick machte nicht traurig, im Gegenteil. Mir war dabei ähnlich zumute wie meiner Mutter damals; denn es kam mir so vor, als würde vor meinen Augen aller Krempel, der sich in meinem Leben angesammelt hatte, im Feuer vergehen. In diesem Gefühl sagte ich mir, daß ich ins weltliche Leben zurückkehren solle, statt weiter im Tempel zu bleiben. – »Fang wieder an, Theater zu machen. Seit über zwanzig Jahren hast du nun schon damit zu tun, so lange war das Theater dein Leben. Du mußt jetzt nicht ganz anders leben wollen. Bleib bei deinem Beruf, und versuche lieber, all das, was du hier im Tempel gelernt hast, im Theater umzusetzen. Draußen, im weltlichen Leben, wird das viel schwerer sein als hier; doch das ist dein Schicksal. Versuche es.« – Das war das Fazit meiner Gedanken.

Am Ende des »Shido-kagyo« war ich froh, alle Übungen so gut durchgehalten zu haben. Als das letzte Zeremoniell vorüber war, gab es auch wieder Fleisch zu essen. Die Entscheidung, doch nicht im Tempel zu bleiben, änderte nichts daran, daß ich dem weltlichen Leben abgeschworen hatte. Daran war ich nach wie vor gebunden. Als ich aber ein Jahr später aus dem Ausland zurückkam und den Tempel aufsuchte, mußte ich dem Meister gestehen, daß ich mein Gelübde doch als zu große Bürde empfand. Ich bat ihn, mich davon zu entbinden. – »Du bist streng mit dir«, sagte er und redete mir zu, die Sache besser auf sich beruhen zu lassen. Das tat ich und kann auch nichts mehr daran ändern, da der Priester jetzt nicht mehr am Leben ist. Am Ende meines Trainings hatte er mir gesagt: »Wer sich dem Shido-kagyo unterzieht, ist in der Regel unter zwanzig. Für einen Mann von vierzig ist die körperliche Anstrengung zu groß. Deshalb nahm ich an, daß du vorzeitig aufgeben würdest. Du hast aber durchgehalten, ich gratuliere.«

So verließ ich den Tempel nach vierzig Tagen. Gleich danach suchte ich Dr. Motoyama in seinem Institut auf, um ihm vom Verlauf des Trainings zu berichten. Dann traf ich mich mit Hugh. Er begrüßte mich mit strahlender Miene, wir setzten uns in ein Café, und ich begann zu erzählen. Es gab so vieles, das ich loswerden mußte, denn vierzig Tage lang hatte ich nichts anderes von mir gegeben als Sutren. So redete ich drauflos. – »In den drei Monaten, die ich jetzt in Japan bin, habe ich vieles gelernt. Mit Hilfe des Theaters wird es mir hoffentlich gelingen, auch andere daran teilhaben zu lassen«, sagte ich zum Schluß. Hugh hatte mir die ganze Zeit über lächelnd zugehört. Kein anderer Zuhörer als er wäre imstande gewesen zu verstehen, was ich meinte. Einem Menschen wie ihm begegnet zu sein empfand ich als ein großes Glück.

Draußen war es Frühling geworden, die Kirschbäume standen in voller Blüte, alles sah so friedlich aus. Nichts lag mir ferner als Europa. Ich dachte nicht im mindesten daran, wieder ins Ausland zu gehen.

Die drei Monate in Japan waren mein »Theatralischer Versuch über die japanische Kultur« – so nannte ich dieses ertragreiche und für mich deshalb so erfreuliche Vierteljahr. Ich sah darin die Fortsetzung jener Theaterexperimente, die wir mit Peter Brook für jeweils drei Monate in Persien, Afrika, Mexiko und den USA unternommen hatten. Ich hoffte, dies nach Möglichkeit einmal weiterzuführen, und zwar durch ähnliche Versuche in China, in Südostasien und schließlich auch dort, wo die Wurzeln der japanischen Kultur zu suchen waren, in Indien.

Vorerst hieß es jedoch, wieder nach Paris zu reisen, da die Arbeit mit Brook weitergehen sollte. Nach drei Jahren gemeinsamen Lernens und Experimentierens fand sich die Gruppe, erweitert um einige französische Schauspieler, im übrigen aber in der alten Zusammensetzung, erneut in Paris ein, um zu kreativer Theaterarbeit überzugehen. Dementsprechend nannten wir uns jetzt nicht mehr »Centre Internationale de la Recherche Théâtrale« (CIRT), sondern »Centre Internationale de la Création Théâtrale« (CICT). Die Leitung hatten Brook und Micheline Rozan. Gemeinsam hatten sie für das CICT in Paris ein

Theater eröffnet. Micheline Rozan besaß erstaunlichen Sinn für alles, was das Theaterzentrum brauchte, und ich bin mir sicher, daß sich das CICT ohne ihren Einsatz nicht so günstig entwickelt hätte.

Konferenz der Vögel, 1980

The Tale of the Chameleon, mit Koffi Koko und Pape Thian, 1990 (Foto Kyncl)

VIII

Im Frühjahr 1974 war ich wieder in Paris und fühlte mich hier auch gleich wieder heimisch, obwohl mir von Japan aus nichts so fern gelegen hatte wie diese Stadt. Im Kreis der Pariser Freunde wurde ich herzlich aufgenommen, und als ich abends im Auto am hellerleuchteten Seine-Ufer entlangfuhr, zweifelte ich nicht daran, daß Paris die schönste Stadt der Welt sei.

Diesmal hatte ich in Paris eine eigene Wohnung, die ich ganz allein bewohnte. Bis dahin – erst zu Hause in der Familie, in späteren Jahren als Untermieter oder Hotelgast – war immer jemand dagewesen, der sich um die Wäsche kümmerte, saubermachte, Essen kochte. All das mußte ich nun, im Alter von vierzig, erstmals selbst erledigen, und das war sehr viel schwieriger, als ich es mir vorgestellt hatte. Im Nu sammelte sich ein Berg von schmutziger Wäsche an, und ständig darauf zu achten, daß mir nicht das Toilettenpapier ausging, war ein Problem, das mir Kopfschmerzen bereitete. Einmal hatte ich nachts, als ich im Dunklen zur Toilette tappte, den Glastisch umgeworfen. Er ging zu Bruch, ich verletzte mir an den Scherben die Hand, die heftig zu bluten begann. Den Verband mußte ich mir mühsam selbst anlegen, denn es war niemand da, den ich um Hilfe hätte bitten können.

Natürlich kamen auch Freunde zu Besuch, aber irgendwann gingen sie wieder, und wenn die Wohnungstür hinter ihnen ins Schloß fiel, hatte ich stets das schmerzliche Gefühl, vollkommen allein zu sein. Verlassenheit oder Fremdheit hatte ich in Japan nie verspürt, selbst dann nicht, wenn ich allein war; auch dann war es immer so, als sei Japan das Dach, unter dem alle im Lande lebten wie eine Familie. In Paris dagegen fühlte ich mich selbst auf der Straße im dichtesten Gedränge so verloren, als sei ich der einzige Mensch inmitten einer Wüste.

Ich mußte an eine Szene aus Sartres Roman *Der Ekel* denken: Der Held der Geschichte geht eine belebte Straße entlang und stellt fest, daß er mit den Menschen ringsum nicht das geringste gemeinsam hat, daß seine Existenz auf dem bloßen Nichts beruht. Sowenig wie ihn verband mich hier mit den Leuten auf der Straße. Es gab nichts, das sie und ich miteinander teilten. Menschlichen Kontakt schien niemand vom anderen zu erwarten. Man konnte fröhlich mit den Leuten plaudern und spürte dabei im Grunde seines Herzens trotzdem etwas, das wie ein kühler Luftstrom war. Mitunter glaubte ich schon, daß ich auf dem besten Wege sei, genauso zu werden wie sie. An Tagen, wo ich nichts im Theater zu tun hatte und allein zu Hause war, blieb mir nur das Telephon, um mich mit jemandem zu unterhalten. Das war die einzige Möglichkeit, mit einem Freund zu sprechen, vorausgesetzt, er war da und nahm den Hörer ab. Wäre das Telephon nicht gewesen, hätte ich mir einen Hund anschaffen müssen, um einen Gesprächspartner zu haben. Wenn ich jemanden anrief und es am anderen Ende der Leitung läuten hörte, wurde mir jedesmal ganz sentimental zumute, denn das Telephon hatte in jedem Land seinen besonderen Ton, den ich ganz genau kannte. »Ah, das ist England!« dachte ich dann. Oder: »Ah, das ist Japan!«

Damals begann ich auch, das einfache Leben, das ich nun führte, als ein wirkliches Glück zu empfinden. Wenn ich zu Hause beim Essen saß, das nur aus ungeschältem Reis und selbstgekochter Miso-Suppe bestand, und dabei Musik aus dem Radio hörte, fühlte ich manchmal, wie mir Tränen der Freude in die Augen stiegen. Solche Empfindungen, die ganz neu für mich waren, hingen sicher mit meiner veränderten Haltung zum Selbstmord zusammen – mit meinem Entschluß, so lange zu leben, bis ich eines natürlichen Todes sterben würde.

Im Herbst jenes Jahres stand ich zum erstenmal in einem Pariser Theater auf der Bühne. Brook hatte an der Rue Pigalle nahe dem Gare du Nord ein Theater für uns gefunden, das »Bouffes du Nord« hieß. Da es dort vor zwanzig Jahren einen Brand gegeben hatte, war das Haus damals geschlossen worden und hatte seitdem leergestanden. Nun wurde es wieder in Betrieb genommen, und zwar weitgehend so, wie wir es vorgefunden hatten. Brook ließ die Brandspuren absichtlich nicht beseitigen, und dort, wo das Gebäude repariert oder ausgebaut werden mußte, wurden diese Stellen extra so behandelt, daß alles seinen alten, ruinösen Eindruck behielt. Heute gehört das Theater zu den begehrtesten von Paris, viele Künstler würden liebend gern dort auftreten.

Die erste Produktion am neuen Ort war das Shakespeare-Stück *Timon von Athen*. Aufgeführt wurde es in französischer Sprache, so daß ich zu meinem ersten Bühnenauftritt kam, bei dem ich französisch zu sprechen hatte. – »1968 warst du der erste japanische Schauspieler, der einen Text von Shakespeare in London auf englisch sprach, nun wirst du der erste Japaner sein, der Shakespeare auf französisch spricht«, lästerte Brook. Mein Text bestand aus einigen wenigen Zeilen, die zur Rolle des Cupido gehörten. Zwar hatte ich Brook zu bedenken gegeben, daß ich für den Cupido schon etwas zu alt wäre, doch er sah das anders. »Nein, nein«, beruhigte er mich, »der Cupido ist ein ziemlich alter Bursche.«

Mit *Timon von Athen* wandten wir uns wieder einem Bühnentext in einer modernen europäischen Sprache zu. Im Iran hatten wir alte Sprachen und zum Teil auch unsere Kunstsprache benutzt, in Afrika hatten wir andere Mittel der Kommunikation eingesetzt als das Wort. In gewissem Sinne waren wir nun zu normalem westlichem Theater zurückgekehrt. Wir hatten einen Raum und einen Text, wir probten ein Stück und hofften, ein Publikum dafür zu finden. Wir trieben nicht länger Theaterstudien, wir waren in die Gesellschaft zurückgekehrt.

Von den elf Vögeln, die noch beisammen gewesen waren, als wir New York verließen, hatten sich sieben in Paris eingefunden. Da nur zwei von ihnen Französisch konnten, standen wir vor der Notwendigkeit, etwa zehn französisch sprechende Schauspieler zu finden. Jean-Pierre Vincent, der eine eigene Truppe leitete, wurde Brooks Mitarbeiter und konnte ihm geeignete Leute empfehlen. So bekamen wir die Truppe für *Timon von Athen* zusammen. Die vordringlichste Aufgabe war nun die, in dieser Truppe den nötigen Teamgeist herzustellen. Die CIRT-Arbeit hatte uns gelehrt, daß eine Theatervorstellung nur erfolgreich sein konnte, wenn es bei allen Beteiligten das Gefühl der Zusammengehörigkeit gab. Aus diesem Grund konzentrierten wir uns zunächst darauf, die mit der Arbeit der vergangenen Jahre bereits vertrauten älteren Mitglieder der Truppe und die neu hinzugekommenen zu einem Team zusammenzuschweißen.

Um jene unsichtbaren Fäden zu knüpfen, die Schauspieler miteinander verbinden, wurde viel mit Improvisation gearbeitet. Die betreffenden Übungen waren zum Teil ähnlich angelegt wie die Improvisationen, die wir im Iran und in Afrika angewandt hatten – mit einem gravierenden Unterschied: Die Schauspieler verfügten diesmal über eine gemeinsame Sprache, die sie mit dem Publikum teilten und die deshalb auch beim Improvisieren benutzt wurde. Bald merkten wir aber, daß der Einsatz der Sprache zu Lasten des körperlichen Ausdrucks ging, der viel an Kraft verlor. Die Schauspieler standen da und sprachen miteinander, ohne daß wirklich ein Kontakt oder ein Energieaustausch zwischen ihnen zustande kam. Wir mußten also einen Weg finden, unsere Energie wiederzugewinnen – bei gleichzeitigem Gebrauch der Sprache. Brook entwickelte dafür die »Tür-Show«, eine Reihe von Improvisationen rund um eine Tür, die mitten im Raum aufgestellt wurde. Sie konnte offen oder geschlossen sein, konnte innen von außen trennen oder der Durchgang von einem Raum in den anderen sein. Manchmal war sie als »religiöse« Tür auch der Durchgang in die andere Welt, dann wieder Haustür oder eine bloße Abstraktion. Mit dieser »Tür-Show« (und anderen Improvisationen) machten wir die Runde in Ausländerwohnheimen und Schulen, und dadurch entstand im Laufe der Zeit ein neues Gefühl der Zusammengehörigkeit, das nicht auf dem Wort beruhte und deshalb einen sehr großen Einsatz physischer Energie von uns verlangte.

Der Gebrauch der Sprache erwies sich in anderer Hinsicht als wertvoll, besonders dadurch, daß der Bühnentext eine Übersetzung war. Sprachlich mußten Shakespeares Stücke zur Zeit ihrer Entstehung möglichst vielen Leuten zugänglich sein, da die Zuschauer aus allen sozialen Schichten kamen; Handwerker und Bauern gehörten ebenso zu ihnen wie Kaufleute und Aristokraten. Heute dagegen kommt das Shakespeare-Publikum überwiegend aus der Mittelklasse, auch deshalb, weil der Text seiner Stücke inzwischen so fern der Alltagssprache ist, daß er ein »gebildetes« Publikum verlangt. Brook strebte wieder jene Breitenwirkung an, die Shakespeares Texten ursprünglich, im 16. Jahrhundert, eigen war. Mit dem Übertragen eines solchen Textes ins Französische war es möglich, sich an den modernen Sprachgebrauch zu halten, was den Text für jeden leicht verständlich machte. Hinzu kam, daß das Stück in den vergangenen vier Jahrhunderten sprachlich viel von seiner ursprünglichen Energie und Wortgewalt verloren hatte. Brook bat den Übersetzer Jean-Claude Carrière ausdrücklich, darauf zu achten, daß die neue französische Version möglichst wieder dieselbe Energie ausstrahlte wie das englische Original.

Bei der Einrichtung des Stücks für die »Bouffes du Nord« ging Brook von einem wichtigen Grundsatz aus, der gleichfalls mit unseren Erfahrungen in Afrika zu tun hatte: Die Spielfläche mußte in Höhe der ersten Zuschauerreihe liegen. Den Zuschauern wurde dadurch das Gefühl gegeben, daß sich die Vorgänge auf der Bühne mitten unter ihnen abspielen. Damit man von allen Plätzen gut sehen konnte, stiegen die Sitzreihen ab der zweiten Reihe allmählich an. So wichtig es war, mitten im Publikum zu spielen, sagte uns die Erfahrung, die wir in Afrika gemacht hatten, doch auch, daß es für die Schauspieler außerordentlich schwer war, rundum von Zuschauern umgeben zu sein und sie von der Mitte aus zu erreichen; das Äußerste, was sie bewältigen konnten, war die nach drei Seiten offene Spielfläche. Genauso sah der Spielraum in den »Bouffes du Nord« aus – nach drei Seiten offen und auf einer Ebene mit der vordersten Zuschauerreihe. Die Leute sahen auf das Spiel hinunter, statt zur Bühne hinauf. Für die Beziehung zwischen Darstellern und Zuschauern machte das sehr viel aus. Unsere Bühne hatte auch kein Proszenium, sie war keine Welt für sich, getrennt von der der Zuschauer. Alles spielte sich mitten im Publikum ab, es war ein und derselbe Raum, ein und dieselbe Welt.

Vor jeder Vorstellung verharrte die ganze Gruppe für fünf Minuten in Schweigen. Das hatten wir in Afrika eingeführt, aber damals noch ohne eine bestimmte Absicht. Wenn wir zusammensaßen und schwiegen, war es jedem selbst überlassen, sich einen Grund dafür zu suchen. In Paris dagegen verfolgten wir mit dem schweigenden Beisammensein die gemeinsame Absicht, uns von den Alltagsproblemen zu lösen, uns als Gruppe auf die bevorstehende Vorstellung zu konzentrieren. Wir saßen da und sammelten uns, ohne daß jemand sprach, oder wir versuchten, kleinere technische Details zu klären. Jemand hatte zum Beispiel festgestellt, daß einem Mitspieler in einer bestimmten Szene stets der Hut vom Kopf fiel. So fragte er ihn nun, ob er ihm den Hut vielleicht vorher abnehmen solle. Unterhaltungen dieser Art gehörten ebenfalls zur Vorbereitung auf die Vorstellung. In den Theatern des Westens begegnen sich die Schauspieler meistens erst auf der Bühne. Normalerweise bleiben sie in der Garderobe, bis man sie zum Auftritt ruft. Sie haben nur sehr wenig Kontakt miteinander. Daß sich die Mitwirkenden eines Stücks vor jeder Vorstellung als Gruppe zusammenfinden, ist keineswegs üblich. Um wirklich Theater zu machen, brauchen sie aber das Gefühl, ein Team zu sein.

Zu Beginn des neuen Jahres, im Januar 1975, wurden *Die Ik* herausgebracht, die zweite Produktion für die »Bouffes du Nord«. Das Stück geht auf eine Studie des englischen Anthropologen Colin Turnbull zurück. Während einer Forschungsreise durch den Sudan war er zufällig auf eine Siedlung gestoßen, die schon im Norden Ugandas lag. Eine Zeitlang lebte er dort, um den Alltag der Bewohner zu studieren und später darüber zu berichten. Dieser Bericht war für das Theater bearbeitet worden. Die Bewohner der von Turnbull entdeckten Siedlung waren einmal

Jäger gewesen – bis ihr angestammtes Territorium als Nationalpark ausgewiesen wurde, in dem das Jagen nicht mehr erlaubt war. Die Menschen verloren dadurch ihre Existenzgrundlage. Von Seiten der Regierung forderte man sie auf, sich auf Landwirtschaft umzustellen, und bot ihnen dafür auch gutes Ackerland in einer anderen Gegend an. Doch die Leute wollten den Ort, an dem sie bereits seit Generationen lebten, um keinen Preis verlassen, zumal der nahe dem Dorf aufragende Molungole für sie symbolische Bedeutung als heiliger Berg besaß, ähnlich dem Fuji für die Japaner. So blieben sie, wo sie waren, und versuchten dort, einen Neuanfang als Bauern zu machen. Der Erfolg blieb aus, trotz der finanziellen Hilfe, die sie vom Staat bekamen. Das lag auch, aber nicht nur, an dem schlechten Boden. Anthropologisch gesehen bedarf es sehr langer Zeit, bis aus Jägern und Sammlern Ackerbauern werden. Von den Dorfbewohnern zu erwarten, daß sie das von einem Tag auf den anderen schafften, war von vornherein illusorisch. Die Folge für das Dorf war, daß es von Hunger und Not heimgesucht wurde. Unter diesen Bedingungen kam es zur Auflösung der gewachsenen sozialen Bindungen. Die Kinder stahlen den Alten das Essen. Jeder nahm, was er kriegen konnte, und behielt es für sich. Es gab kein gemeinsames Essen in der Familie mehr, das Familienleben wurde völlig zerstört. Selbst Mütter begannen, Eßbares vor den eigenen Männern und Kindern zu verbergen, um es selber zu essen. Die Leute verloren allen religiösen Glauben. Mit dreißig Jahren waren sie bereits wie Greise, und sie starben, ehe sie vierzig wurden. Daß es Menschen gab, die heute noch so leben mußten, schockierte mich sehr.

Unsere Vorbereitung auf das Stück enthielt drei Aspekte. Da war zunächst die Zusammenarbeit mit Monika Pagneux aus der

Schule von Jacques LeCoq. Inhaltlich ging es darum, den menschlichen Körper besser verstehen zu lernen, mehr über ihn zu wissen, als ein Schauspieler gemeinhin weiß. In der Regel hat er es mit zwei Arten von körperlicher Bewegung zu tun, einer naturalistischen und einer total stilisierten (letzteres trifft zum Beispiel auf das Noh-Spiel und auf das Kathakali zu). Es gab aber noch eine andere Möglichkeit. Ausgehend von der natürlichen Bewegung des Menschen konnte man versuchen, diese Bewegung kontrollierter und klarer zu gestalten. Das mußte trainiert werden. Eine klassische Theaterform nur zu kopieren kam ebensowenig in Frage wie eine rein naturalistische Art der Bewegung. Monika Pagneux half uns, die Funktionen des Körpers – der Knochen, der Muskeln, der Gelenke – zu entdecken. Wir beschäftigten uns auch viel mit der Wirbelsäule. Es war das erste Mal, daß wir in dieser Weise an uns gearbeitet haben.

Wir sahen uns damals auch Dokumentarfilmaufnahmen über die Ik an. Dabei stellten wir fest, daß sie eine ganz besondere Art zu gehen hatten, die leicht und sehr kontrolliert war. Das kam daher, daß sie ausgehungert waren und ständig darauf achten mußten, mit ihren Kräften sparsam umzugehen. Sie gingen langsam, um sich nicht unnötig anzustrengen. Da man eine Menge Energie verbraucht, wenn man »schlecht« geht, hatten sie sich eine leichte, entspannte Art zu gehen angewöhnt. Durch die Arbeit mit Monika Pagneux lernten wir, uns diese Art der Bewegung anzueignen.

Zweiter Aspekt unserer Vorbereitungen war, daß wir bestimmte Photographien zu Hilfe nahmen. Brook hatte uns Photos vorgelegt, die die Ik in alltäglichen Situationen zeigten; man sah sie beim Essen, sah sie lachen oder einfach dasitzen. Nach genauer Betrachtung der Photos imitierten wir Körperhaltung und Gesichtsausdruck. Beginnend mit rein äußerlicher Nachahmung, erreichten wir nach und nach, daß sich bei uns dieselben Empfindungen einstellten wie bei den Personen auf den Photos im Moment der Aufnahme. Eine Haltung wirklich gut nachzuahmen kann ohne den Versuch, zum Innern dieser Erscheinung vorzudringen, nicht gelingen. Andererseits wird etwas Äußerliches wie die Körperhaltung bei dem, der sie detailgetreu nachahmt, auch die dazugehörende Empfindung hervorrufen. Hat man diesen Zusammenhang zwischen äußerer und innerer Erscheinung einmal erfaßt, kann man dazu übergehen, den Moment kurz vor Entstehung des Photos zu spielen, indem man sich fragt, was zu der abgebildeten Position geführt haben könnte. Genauso lassen sich dann auch die Momente nach Entstehung des Photos entwickeln. Nachahmung, die sich auf die äußere Erscheinung beschränkt, bleibt statisch. Es fehlt das Empfinden für die Zeit. Durch Einbeziehung dessen, was vorher und was nachher war, bekommt sie eine zeitliche Dimension, die für die schauspielerische Darstellung wesentlich ist. Was wir uns mit Hilfe der Photos erarbeiteten, befähigte uns zu wirklicher Verwandlung. Trotz unserer hellen Haut – wir benutzten keine Schminke – sahen die Zuschauer in uns »Afrikaner«. Eine Amerikanerin, die zu den etwas korpulenteren Darstellerinnen der Truppe gehörte, verwandelte sich auf diese Weise in eine dünne, ausgemergelte Frau aus dem Dorf der Ik.

Der dritte Aspekt betraf den Text des Stücks. Wir hatten uns mit Colin Turnbull in Verbindung gesetzt und ihn gebeten, uns einige Ik-Worte beizubringen. Die Sätze, die wir damit bildeten, benutzten wir, wenn wir miteinander sprachen. Turnbulls Buch (die Veröffentlichung seiner Studie) wurde durch Colin Higgings (Drehbuchautor des Films *Harold and Maude*) und Dennis Cannan (Brooks Mitarbeiter bei *US*) für die Bühne bearbeitet. Auf diesem Text basierte die Übertragung ins Französische, die Jean-Claude Carrière vornahm. Brook bat die Autoren, bei der Bearbeitung des Turnbull-Textes in Begriffen zu denken, die mehr einem Filmszenario entsprechen. Die meisten Autoren, die vor so einer Aufgabe stehen, neigen dazu, die ganze Handlung in einem Raum unterzubringen. Sie denken in Begriffen, die auf das Drama des 19. Jahrhunderts zutreffen, etwa auf die Stücke von Tschechow. Durch Brooks Orientierung auf das Filmszenario konnten kurze Szenen entstehen, die einen zeitlichen und räumlichen Wechsel erlaubten. Während Brook noch mit *Timon von Athen* beschäftigt war, liefen die Vorbereitungen für *Die Ik* an, vorerst anhand des Originaltextes. Mit dem Regieassistenten Yutaka Wada, der sich in Moskau mehrere Jahre lang mit der Methode Stanislawskis befaßt hatte, begannen wir mit Improvisationen. Dabei wurde eine abstrakte Sprache benutzt. Auf diese Weise entstand eine ganze Reihe von Szenen, die etwa acht Stunden füllten. Wir zeigten sie Brook und den Autoren, die die Auswahl trafen und das improvisierte Material adaptierten. Ursprünglich wollte Brook das Material in voller Länge verwenden, aber es wurde dann doch verkürzt und verdichtet. Auf die Idee, daß es möglich sein müßte, ein Bühnenstück auch einmal sehr extensiv zu gestalten, kam er später beim *Mahabharata* zurück.

Ich spielte in dem Stück einen alten Mann, den durchtriebensten Alten im ganzen Dorf, der den anderen das Essen wegnimmt und sich beim Anthropologen Liebkind macht, um bei Gelegenheit Zigaretten und Lebensmittel mitgehen zu lassen. Auf der Bühne sprachen die Dorfbewohner mit dem Anthropologen französisch, untereinander in der Ik-Sprache. Als Schauspieler fand ich das Stück sehr schwierig. Es wurde wie ein Dokument dargeboten, wie eine genaue Kopie dessen, was die Leute in dem Dorf taten. Wir versuchten, einen genauen, detailgetreuen Eindruck von ihrem Alltag zu geben. Für meine Rolle hieß das, daß ich den abscheulichen Alten, seine physische Erscheinung und seine Persönlichkeit, sehr realistisch zu spielen hatte. Dramatische Höhepunkte wie in den Stücken von Shakespeare gab es nicht, so daß man an keiner Stelle Gelegenheit hatte, zum Publikum zu sprechen und ihm sein Herz zu zeigen. Es gab keine emotionalen Höhen, kein Freilassen der Gefühle, keine Katharsis. Einem Schauspieler ist ein Stück mit dramatischen Höhepunkten natürlich lieber. Ich fand es deshalb auch frustrierend, mich anderthalb Stunden lang auf eine Rolle wie diese zu konzentrieren. Hier war ich nicht der Darsteller, der die Rolle eines üblen Burschen spielte, ich »lebte« diesen Mann in jedem Augenblick.

Im Frühjahr jenes Jahres, in dem wir *Die Ik* herausbrachten, fuhr ich erneut nach Japan, in eigener Sache. Schon immer hatte ich mir gewünscht, Regisseur zu werden, deshalb war ich überhaupt zum Theater gegangen. Jetzt, nach zwanzig Jahren, sollte mein Traum endlich wahr werden, jetzt konnte ich endlich ein eigenes Stück in eigener Regie in Nordamerika (Kanada und USA) und Europa (Frankreich und Holland) vorstellen, da diese Länder bereit waren, die Produktionskosten dafür zu tragen.

Ich wußte, daß es ziemlich schwer war, für eine Theaterproduktion Geld aufzutreiben. Man mußte es sehr geschickt anstellen, um Geldgeber zu finden. In meinem Fall gab es nur eine

Möglichkeit, mich entsprechend zu motivieren. Sie bestand darin, mir des Wertes meiner Arbeit bewußt zu sein. Wenn ein Projekt für die Gesellschaft wirklich von Wert sei, wirklich von ihr gebraucht werde, würden sich auch Geldgeber dafür finden lassen, hatte Brook mir erklärt. Diese Denkweise hatte ich mir zu eigen gemacht und begonnen, verschiedene Leute anzusprechen und sie um finanzielle Unterstützung zu bitten. Sofern man davon überzeugt war, eine nutzbringende Arbeit zu leisten, konnte man solche Bittgänge machen, ohne sich anbiedern zu müssen. Ließ sich das Geld nicht beschaffen, hieß das eben, daß das Projekt nicht mit den realen Bedürfnissen der Gesellschaft in Einklang stand. Eine fehlgeschlagene Finanzierung war deshalb kein Grund, seine Bemühungen zu bedauern oder zu bereuen.

Als nächstes stand ich vor dem Problem, die Schauspieler auszuwählen. Nach den drei Jahren CIRT-Arbeit mit Brook, besonders aber nach der Afrika-Tour hatte ich den Eindruck gewonnen, daß echtes Theater nur dann entstehen konnte, wenn man die menschlichen Beziehungen der Beteiligten von der Ebene des Alltäglichen auf eine höhere, metaphysische Ebene verlagerte, wenn man Kontakt zu der gewaltigen Energie des Kosmos herstellte, die über die menschliche Dimension hinausgeht. Sofern man Theater in diesem Sinne herstellen wollte, brauchte man Schauspieler, die die Phantasie besaßen, sich zu sagen: Wir leben nicht nur für den Alltag, wir haben auch eine unsichtbare Energie in uns, und das ist die große Energie des Universums. – Aber solche Schauspieler zu finden war gar nicht so einfach. Es gab viele, die einem etwas über Brecht, über den Existentialismus oder das proletarische Theater erzählten, aber phantasiebegabt waren nur wenige. Wenige brachten Ideen mit, die mich interessierten. So entschloß ich mich, auf Schauspieler aus dem Bereich des modernen (im Sinne des westlichen) Theaters zu verzichten und mir meine Darsteller woanders zu suchen. Ein Jahr zuvor hatte ich mich für drei Monate mit dem Thema »Stimme und Bewegung in der japanischen Kultur« beschäftigt. Auf diese Erfahrung griff ich nun zurück. Ich überlegte mir, wie die beiden Elemente Stimme und Bewegung mit dem philosophischen Denken in Japan zusammenhängen. In Japan bestehen von jeher starke Bindungen zwischen Religion und Kunst und den traditionellen Kriegskünsten (Bujutsu). Es sind Bindungen nicht nur geistiger Art, sie betreffen auch die Praxis. Religiöse Übungen – die des Shintoismus ebenso wie des Buddhismus (Mudras und Mantras, Reinigungsrituale, Sitzmeditationen u. a.) – haben Ähnlichkeit mit jener Art von Übungen, die als »Weg« der Kriegskünste bezeichnet werden. Im einen wie im anderen Fall geht es darum, zur Erkenntnis der Wahrheit eher physisch, über den Körper, als mit Hilfe des Intellekts vorzudringen. Traditionell wird der physischen Erfahrung als Mittel der Erkenntnis der Vorzug gegeben vor der rein verstandesmäßigen Einsicht.

Der Schluß, den ich daraus zog, war, mir für meine Theatertruppe lieber Leute zu suchen, die mit dieser traditionell japanischen Art der Erkenntnis bereits vertraut waren. Das gelang mir auch. In der Truppe waren am Ende sowohl der Shinto-Priester und der buddhistische Mönch vertreten als auch Spezialisten verschiedener traditioneller Kampftechniken und der Noh-Meister. Hinzu kam ein Drummer des Free Jazz. Sie waren alle im Alter zwischen dreißig und vierzig Jahren. Für mein Vorhaben schien mir diese Altersgruppe die geeignetste zu sein. Mit über dreißig haben die meisten Menschen ihren Beruf gut zehn Jahre ausgeübt, sind also auf ihrem Gebiet gewissermaßen Fachleute und sind auch noch jung und flexibel genug, um sich auf eine Zusammenarbeit mit Fachleuten anderer Gebiete einstellen zu können; mit über vierzig hat man damit oft schon Schwierigkeiten – dachte ich jedenfalls damals. Obwohl die Gruppe sich nun aus Leuten zusammensetzte, die sich bisher auf verschiedenartigen Gebieten betätigten, war es doch ein und dasselbe Ziel, das sie verfolgt hatten. Außerdem einte sie alle die Überzeugung von der Existenz einer kosmischen Energie außerhalb des menschlichen Daseins.

Nachdem die Truppe komplett war, stellte sich die Frage, womit wir eigentlich auftreten wollten. In der Diskussion, die es darüber gab, einigten sich alle auf die Durchführung einer Art weltweiter »Angya« (zu verstehen als Askese-Training durch Pilgerschaft bzw. Reisen). Sie sollte dazu dienen, daß die Beteiligten selbst einander kennenlernten, daß sie unterwegs aber auch Kontakt zu anderen aufnahmen und um Verständnis für das eigene Tun – also für bestimmte shintoistische oder buddhistische Praktiken, für bestimmte traditionelle Kampftechniken oder für das Noh-Spiel – warben und daß sie durch die Vorführung bestimmter Zeremonien und Rituale auch überall demonstrierten, welches gemeinsame Ziel wir verfolgten. Das lief gewöhnlich so ab, daß wir dort, wo wir auftraten, zunächst einen Workshop anboten, für eine Gruppe von etwa dreißig Interessenten. Diese Veranstaltung stand unter dem Titel »Stimme und Bewegung in der japanischen Kultur«. Da wir weder Hochschullehrer noch Kulturkritiker waren, zudem alle nicht sehr sprachbegabt, arbeiteten wir auch nicht mit dem erklärenden Wort und hielten keine Vorträge, sondern ließen die Workshop-Teilnehmer selbst mit Stimme und Bewegung umgehen, um sie zu einem körperlichen Verständnis dessen zu führen, was Buddhismus beziehungsweise Shintoismus in der japanischen Kultur ist. Das Workshop-Angebot beschrieben wir damals folgendermaßen:

»Die Lebensanschauung der Japaner hat, bezogen auf das traditionelle philosophische Denken in Japan, zwei Quellen. Zum einen kommt sie vom ›Bushido‹ her, zum anderen von den Religionen. Beides hängt sehr eng zusammen, so daß man das eine nicht ohne weiteres vom anderen abgrenzen kann. Jeweils offenbar wird es jedoch durch bestimmte körperliche Handlungen. Das Sitzen, das zur Zen-Meditation gehört, oder solche Praktiken des esoterischen Buddhismus wie das Singen von Mantras und das Formen von Mudras mit den Händen sind gleichermaßen Handlungen, die den Ausübenden zur Erleuchtung führen sollen und ihn im Laufe dieses Prozesses immer mehr befähigen, das Wesen des Menschen zu erkennen. Ähnliches gilt für die traditionell japanischen Kampftechniken, auch wenn sie ursprünglich darauf gerichtet sind, den Feind zu töten; auch sie sollen vor allem ein Mittel sein, um eine höhere Stufe des Bewußtseins und damit jenen Grenzbereich zu erreichen, der jenseits unserer Begriffe von Leben und Tod liegt.«

Für den Workshop waren aus der Vielzahl körperlicher Aktionen des Shintoismus, des Buddhismus, des Noh-Spiels und der verschiedenen Kriegskünste einige ausgewählt worden, die die Teilnehmer durch den Einsatz von Stimme und Bewegung selbst auszuführen hatten. Es gab dazu verschiedene Klassen, jede geleitet von einem anderen Lehrer.

Ein Tag galt dem Shintoismus, der ursprünglichen Religion der Japaner. Er existierte in Japan bereits Jahrhunderte vor Einführung des Buddhismus aus China, zu der es im 6. Jahrhundert kam. Eine Religion im eigentlichen Sinne ist er nicht, denn er hat keinen Gründer, keine Heiligen Schriften, kein Dogma und keinen Gott. Was ihn kennzeichnet, ist der Glaube an eine Art von universaler Energie, die als »Kami« bezeichnet wird. Kontakt mit dieser Energie besteht über besondere Erscheinungen der Natur in Gestalt von Bergen, großen Bäumen, Felsen usw. In zeremonieller Form bitten die Menschen darum, daß ein »Kami« auf einen Felsen herabsteigen möge (dafür kann der Laut »o« verwendet werden). Es folgt ein Gebet, worauf der »Kami« wieder von den Menschen scheidet.

Da der Shintoismus keine bestimmte religiöse Struktur besitzt, weiß man nicht genau, was er eigentlich bedeutet. Die Frage »Was ist Shintoismus?« wird einem deshalb jeder Shinto-Priester anders beantworten, das ist ganz normal. Es gibt im Shinto aber zwei Linien. Die eine ist der »orthodoxe« Shintoismus, der sich an den ursprünglichen Glauben hält, daß die Angehörigen der kaiserlichen Familie Nachfahren von »Kami« seien. Die andere besteht in den Shinto-Sekten, da in späteren Jahrhunderten viele »Propheten« auftraten, die jeweils eigene Sekten gründeten. Generell gesprochen, ist der Shintoismus eine Tradition des geistigen Trainings, wobei die Übungen je nach Sekte variieren. In unserem Workshop waren Übungen mehrer Sekten vertreten.

Allen Shinto-Sekten gemeinsam ist der Glaube, daß das menschliche Dasein und »Kami« das Gleiche sind. Der Mensch, von Natur aus Teil der großen kosmischen Energie, ist bei seiner Geburt rein und mit dem, was »Kami« bedeutet, vollkommen eins. Die Schwierigkeiten des Lebens bringen es mit sich, daß diese ursprüngliche Reinheit im Laufe der Zeit mit negativer Energie durchsetzt wird. Auf der menschlichen Seele lagert sich eine Art von geistigem »Staub« ab. Daß der Mensch krank wird, daß ihm ein Unglück zustößt oder daß er sogar zum Mörder wird, geschieht nicht, weil er von Grund auf böse oder schlecht wäre, sondern weil er mit diesem »Staub« verunreinigt ist. Daher nimmt der Gedanke der Reinigung einen zentralen Platz unter den geistigen Übungen des Shinto ein.

Die erste geistige Übung im Rahmen des Workshops war das »Misogi« (Reinigung), bezogen auf die unmittelbare Umgebung und den eigenen Körper. Normalerweise wird die Reinigung des Körpers im Meer, in einem Fluß oder einem Wasserfall vollzogen, jedoch nicht in einem See, der stehendes Wasser hat. Die Reinigung erfordert fließendes Wasser. Ist es in der Natur nicht verfügbar, kann »Misogi« auch mit Hilfe einer kalten Dusche ausgeführt werden.

Die zweite Übung erforderte eine heftige körperliche Bewegung, wie die Bezeichnung »Furutama« (etwa: Schütteln der Seele) verdeutlicht. Ich halte sie nicht unbedingt für eine religiöse Übung. Während der Studienreisen mit Brook stellte ich fest, daß es in den Regionen, die wir kennenlernten, jeweils bestimmte Bewegungen gibt, die für geistige Zwecke genutzt werden. Die Menschen in Afrika zum Beispiel bewegen sich vom Steißbein aus und nutzen die Schwingungen der Wirbelsäule. Zur Derwisch-Tradition des Mittleren Ostens dagegen gehören mehr kreisende Bewegungen und ein bestimmtes wiederholtes Bewegen von Kopf und Schultern, begleitet von »Hai-hai«-Rufen. Ähnliche Übungen kennt man auch in Japan. Durch die Ausführung solcher Bewegungen wird ein Gefühl gesteigerter Spiritualität erzeugt, was häufig in religiösem Zusammenhang zu beobachten ist. Die eigentliche Funktion derartiger Bewegungen liegt aber eher außerhalb organisierter Traditionen. Zum Menschen gehören sowohl innere Energie als auch der

Körper. Besorgt sind wir meist nur um den Körper, um ihn kümmern wir uns, denn er ist ja sichtbar. Wir nähren ihn, führen ihm Vitamin C, Proteine und nicht zuviel Zucker zu, um ihn gesund zu erhalten. Den Geist, der nicht sichtbar ist, vergessen wir darüber. Er braucht aber auch seine Nahrung, genauso wie der Körper, sonst wird er schwach und lethargisch, und wir sind dann nicht mehr in vollem Maße »wach«. Bewegungen der beschriebenen Art sind Übungen, die dem Geist Nahrung geben und ihn revitalisieren. An eine Idee von »Gott« sind sie nicht unbedingt gebunden. In alter Zeit war es für die Menschen eine Frage von Leben und Tod, stets wachsam und innerlich auf dem Sprung zu sein. Übungen wie diese dienten ihnen dazu, sich auf die Jagd vorzubereiten oder auf die Umwelt zu reagieren (Bewegungen der Wirbelsäule wirken wahrscheinlich stimulierend auf die Reaktion der Nerven; insofern mögen die »Tänze« afrikanischer Jäger den praktischen Zweck erfüllt haben, das Reaktionsvermögen zu schärfen). Früher existierten solche Bewegungsmuster sicherlich unabhängig von der Religion, doch in Anbetracht des geistigen Elements, das sie enthalten, sind sie von den Religionen später in ihre Praktiken einbezogen worden. Mit der Entwicklung der modernen Technik hörten die Menschen auf, in ihrem Alltag ein geistiges Training zu praktizieren. Heute findet man solche Übungen nur noch in religiösem Zusammenhang vor, nur dort haben sie sich noch erhalten. Dazu gehören auch die »Furutama«-Übungen des Shinto. Es sind äußerst energische Bewegungen, gepaart mit dem Gebrauch spezifischer Laute zur geistigen Stimulierung.

Die dritte Übung trägt die Bezeichnung »Chin-kon« (etwa: Vertiefen der Seele), zu verstehen als stille Reise nach innen. Hierzu gehört die Meditation. Diese drei Elemente – Reinigung, spirituelle Bewegung und Meditation – stellten die Grundlage des Shinto-Trainings dar.

Analog dazu gab es im Programm auch einen Tag, der dem Buddhismus gewidmet war. Die Übungen, die wir anboten, entstammten dem esoterischen Buddhismus und umfaßten hauptsächlich Atemübungen.

Es sind drei Grundphasen, über die sich das Atmen vollzieht: das Einatmen, das Ausatmen und das Verhalten des Atems (jeweils kurz nach dem Ein- bzw. Ausatmen). Diese drei Phasen gehören zum normalen Vorgang des Atmens. Im Schlaf ist es das Ein- und Ausatmen, bei Eintritt des Todes der generelle Stillstand des Atems, aber tagsüber atmen wir gewöhnlich so, daß alle drei Phasen vertreten sind. Manche Leute sind der Meinung, daß ein Schauspieler völlig entspannt sein müßte, aber das ist nicht richtig. Völlig entspannt ist man dann, wenn man schläft, ansonsten ist das Atmen eine Bewegung, die von einer Phase zur nächsten führt. Genau das tun wir normalerweise, und genauso muß es auch beim Schauspieler sein, der auf der Bühne steht.

In unseren Übungen ging es um alle drei Phasen des Atmens, in verschiedenartiger Kombination. Es begann mit dem Einatmen durch die Nase und dem Ausatmen durch den Mund, dann wurde die Übung umgekehrt, d. h. Einatmen durch den Mund und Ausatmen durch die Nase, wiederholt. Die Teilnehmer hatten sich beim Üben selbst zu beobachten und darauf zu achten, welche Empfindungen sich bei ihnen je nach Art der Kombination einstellten. Die nächste Übung verlangte von ihnen, sich vorzustellen, daß sie durch den Nabel ein- und durch den Mund ausatmeten. Anschließend sollten sie sich vorstellen, wie zuvor durch den Nabel einzuatmen, den Atem aber durch die Poren der Haut aus dem Körper zu entlassen. Jedesmal war der Atem nach dem Einatmen für einen Moment anzuhalten, erst danach folgte das Ausatmen.

Atemübungen nach diesem Muster wurden im weiteren mit der Vorstellung bestimmter Laute verbunden. Beim Einatmen konnte das zum Beispiel der Laut »a«, beim Ausatmen der Laut »om« sein – oder auch umgekehrt. Dann kamen bestimmte Bewegungen der Hände hinzu. Der esoterische Buddhismus sieht in der Hand die Miniaturfassung des Körpers, so daß mit dem Bewegen der Finger gewissermaßen der ganze Körper trainiert wird. (Eine ähnliche Annahme liegt der Akupunktur zugrunde; durch das Berühren der Finger soll der Kontakt zu bestimmten inneren Organen hergestellt werden.) Bei entsprechender Vorstellung läßt sich wirklich eine innere Verbindung zwischen den Aktionen der Hände und dem Atmen herstellen. Mit dem Öffnen und Schließen der Hand kann man zum Beispiel die visuelle Vorstellung einer Blume verbinden, die ihre Blüten öffnet und schließt. Je weiter man die Atemübungen ausbaut, desto mehr können Körper und Geist darin einbezogen werden, so daß man die Fähigkeit erlangt, Laut, Bewegung und Vorstellung gleichzeitig einzusetzen.

Jeden Workshop beendeten wir damit, daß die Teilnehmer hundert »Kniefälle« ausführten. Zuerst übte jeder für sich, dann en face mit einem Partner. Schließlich übten alle gemeinsam im Kreis. Mit dem Gesicht nach innen gewandt, führten sie die Übungen zur Kreismitte hin aus, also in Richtung auf die anderen Teilnehmer. Der Kreis repräsentierte dabei auch immer die Gesamtheit der Menschen.

Wenn wir uns auch mit Kriegskünsten beschäftigten, ging es uns dabei nicht um das Erlernen von Kampftechniken. Vielmehr wollten wir herausfinden, woher die Energie des Kämpfers kommt und wie sie genutzt wird. Da den Kriegskünsten der Gedanke der »Partnerschaft« zugrunde liegt, kann mit ihrer Hilfe auch trainiert werden, direkt aufeinander zu reagieren. Zum Üben braucht man jemanden, den man angreifen bzw. gegen den man sich verteidigen kann. Im Workshop untersuchten wir verschiedene Wege, unsere Energie zu bündeln.

Eine Möglichkeit besteht im Einsatz von Lauten. Eine energische Aktion wird dadurch, daß man gleichzeitig einen Laut ausstößt, kraftvoller als bei stummer Ausübung. (Dieses Prinzip findet in vielen Gesellschaften der Welt Anwendung, sowohl bei der Arbeit als auch im Kampf.)

Eine andere technische Möglichkeit ist die der Visualisierung. Wenn man versucht, jemandem einen Schlag zu versetzen, und sich nur auf diese Person konzentriert, wird der Schlag sehr schwach ausfallen. Und zwar deshalb, weil man den Raum zwischen sich und dem anderen weitgehend eingeschränkt hat. Besser ist, sich vorzustellen, daß der Schlag, den man führen will, bis zum Horizont reicht. Ein so gewaltiger Schlag wird sich an dem anderen, da man ihn nun zwischen sich und dem Horizont hat, brechen. Ähnlich wird auch das Schwert eingesetzt. Man stellt sich vor, den Himmel zu zerteilen, nicht nur das Stück Bambus, das man vor sich hat.

Schauspieler sollten sich bei allem, was sie auf der Bühne tun, an diese weitgreifende Vorstellung halten. Dies erfüllt selbst kleine Gesten mit ungeheurer Kraft. Auch die Beziehungen zwischen den Charakteren eines Stücks erhalten so die symbolische Kraft einer größeren Welt, statt nur ein Augenblick im Verhältnis zweier Individuen zu sein. Ein Stück von Tschechow zum Beispiel könnte auf der Bühne den Eindruck machen, als ginge es nur um kleine Begebenheiten des Alltags; dabei müßten die Darsteller imstande sein, mit ihrem Spiel die Existenz insgesamt vorzustellen.

Durch ein Training der Kriegskünste lassen sich physische Beziehungen zu einem anderen erlernen. Und erlernen läßt sich auch die tiefergehende, zwischen den inneren Energien zweier Menschen bestehende Beziehung – eine Beziehung, die sogar mit der Energie der Welt korrespondiert.

Im »Noh-Workshop« konzentrierten wir uns auf das Erlernen so fundamentaler Aktionen wie Stehen, Sitzen und Gehen. Da das Noh eine bis auf das Minimum reduzierte Spielweise ist, beschränken sich diese Aktionen auf sehr einfache Formen. Durch das Erlernen der streng klassischen Spielweise kann man in seinem Körper empfinden, was die wesentlichen Aktionen des Spielers ausdrücken. Die Aktionen sind mit dem Atmen verbunden. Beim Vorwärtsgehen kann man einatmen, ausatmen oder den Atem anhalten. Die physische Empfindung ist jedesmal anders, und dieser Unterschied ist von außen zu sehen. Obwohl es keinen großen Unterschied in der äußeren Aktivität gibt, wird die innere Abweichung für den Zuschauer deutlich erkennbar.

Uns beschäftigte auch ein wichtiges Konzept wie »Iguse«, das Bewegung durch Vorstellung ist. Beim Noh ergibt sich die theatralische Kommunikation in Kombination von physischem und imaginiertem Ausdruck. Zunächst versucht man, eine bestimmte Vorstellung mit maximalem physischem Ausdruck zu spielen. Das ist der erste Schritt. Ist es einem gelungen, versucht man, die Emotion auf diesem Niveau zu halten, während die physische Aktion gleichzeitig reduziert wird. Das macht den Ausdruck intensiver. Hat man das geschafft, wird die physische

Aktion ein weiteres Mal reduziert, bei Aufrechterhaltung der inneren »Bewegung«. Ein sehr erfahrener Darsteller wird sogar imstande sein, die sichtbare physische Bewegung auf Null zu reduzieren und den emotionalen Ausdruck gleichzeitig auf maximaler Höhe zu halten. Das ist »Iguse«.

Außerdem arbeiteten wir mit dem JO-HA-KYU-Rhythmus. Nach diesem besonderen Zeitmuster wurden sprachliche Übungen und eine ganze Reihe von Aktionen durchgeführt.

In all diesen Workshops konzentrierten wir uns eher auf Übungen, die von unmittelbarem Nutzen für einen Darsteller sind, und nicht auf das Fremde, »Exotische« der jeweiligen Tradition.

Nach Abschluß des Workshops zeigten wir ein auf der Grundlage mehrerer speziell japanischer Zeremonien entwickeltes Stück, das wir *Liturgische Spiele* nannten. Die Vorstellung begann damit, daß die Mitglieder der Truppe, alle nur bekleidet mit einer einfachen weißen Hose, ähnlich der, die zur Judobekleidung gehört, gemeinsam auf die Bühne traten. Wir hatten einen Eimer voll Wasser und Wischtücher bei uns und taten zunächst nichts weiter, als die Bühne aufzuwischen. Anschließend wuschen wir uns die Hände und spülten den Mund. Von den Zuschauern kam später öfter die Frage, warum wir das taten. Da es *Liturgische Spiele* waren, die wir aufführten, hatten wir uns entschlossen, das dazugehörende Reinigungsritual teilweise in die Vorstellung miteinzubeziehen. Wer in Japan einen Tempel besucht oder an einer Zeremonie teilnimmt, reinigt sich zuvor Hände und Mund. Selbst beim Noh-Theater ist das so, die Spieler reinigen vor ihrem Auftritt die Bühne und sich selbst, allerdings nicht in Gegenwart des Publikums.

Inhaltlich basierte das Stück auf dem *Bardo Thosgrol*, dem Tibetanischen Totenbuch, dessen Text dem Sterbenden von einem

Priester sehr leise, fast schon flüsternd vorgesungen wird. Die Seele des Sterbenden wird auf diese Weise instruiert, wie ihre Reise nach Loslösung vom Körper weitergehen wird. Wenn sie innerhalb der nächsten neunundvierzig Tage zur Erleuchtung gelangen sollte, wird sie für immer im Jenseits bleiben können. Gelingt ihr dies nicht, muß sie erneut in einen menschlichen Körper, den Körper eines Kindes im Mutterleib, zurückkehren. Die gewaltige Lautstärke, mit der das geschieht, läßt die Seele alles vergessen, was vorher war, und ermöglicht die Wiedergeburt als jemand, der ein vollkommen anderer ist, als er war. Im Totenbuch wird zwar nur davon gesprochen, was nach dem Tod ist, doch dadurch wird der Mensch darüber belehrt, wie er im Diesseits leben soll.

Das Spiel setzte mit dem Gesang des »Hanya-Shinkyo«, des Herz-Sutra ein. Ein Mann liegt im Sterben. Nach dem Tod tritt er jene Reise an, auf der er die verschiedensten Erfahrungen macht. Die Reise endet mit seiner Wiedergeburt. Diesen Mann spielte ich, seine Vision vom Jenseits verkörperten die übrigen Mitglieder der Truppe. Sie ermutigten ihn, all das, was ihn ans Leben band – das Streben nach Geld und Vergnügen, die Gefühlswelt mit ihren Problemen –, als illusionär zu erkennen und endlich aufzugeben. An einer bestimmten Stelle des Spiels begannen sie jedoch, sich umzukleiden, wieder die Sachen anzuziehen, die ihrer Rolle im wirklichen Leben entsprachen. Der buddhistische Geistliche legte sein Priestergewand an, desgleichen der Shinto-Priester, die Meister der verschiedenen Kampftechniken und der Noh-Spieler. Indem sie wieder ihre traditionellen Kleider anlegten, wurden aus der Gruppe anonymer Darsteller unverwechselbare Individuen, Träger einer jeweils besonderen Tradition.

Obwohl die Umkleideaktion länger als fünf Minuten dauerte, erklärten viele Zuschauer später, daß sie diese Szene am interessantesten gefunden hätten. Kleidung der westlichen Art ist dreidimensional, auf einen Rauminhalt zugeschnitten, da die Körperform ihre Wiederholung in der Form der Kleider findet. Die traditionell japanische Kleidung dagegen ist zweidimensional. Sie ist so gut wie unstrukturiert, ein flächiges Gebilde, das, wenn es nicht in Gebrauch ist, zusammengefaltet weggelegt wird. Insofern war es für die Zuschauer sicherlich interessant zu erleben, wie ein solches Kleidungsstück, das wie ein flaches Stück Stoff aussieht, beim Anziehen ein dreidimensionales Ausmaß gewinnt. Während die Sachen, die wir heute tragen, durch Knöpfe und Reißverschlüsse schnell und bequem zu schließen sind, wird bei der traditionell japanischen Kleidung alles nur durch Umwickeln und Binden, oft mit Hilfe prachtvoller Seidenschnüre, zusammengehalten. Interessant war aber auch die Beobachtung, welche Veränderung beim Umkleiden mit den Darstellern selbst vor sich ging. Der Mann in den einfachen weißen Hosen verschwand, zum Vorschein kam ein buddhistischer Priester.

Die Sprache des Stücks war modernes Japanisch, bis auf einige alte Texte, die buddhistischen und shintoistischen Ritualen entstammen und in einer Sprache gehalten sind, die heute in Japan kaum noch jemand versteht. Außerhalb Japans war das sprachliche Verständnis sowieso gleich Null, dort konnten wir nur auf Energie und Musikalität des gesprochenen Wortes setzen.

Während der Probenarbeit in Japan mußte ich oft daran denken, was Brook mir vor meiner Abreise aus Paris als Rat mit auf den Weg gegeben hatte. Ich hatte ihn gefragt, was er bei der Regiearbeit für das Wichtigste halte. Seine Antwort lautete: »Geduld!!« – Den Grund dafür verstand ich, nachdem ich viele

Male selber Regie geführt hatte. Da war zunächst die Schwierigkeit, die eigenen Vorstellungen während der Proben richtig zu vermitteln. Meistens wurden sie nach Belieben interpretiert, immer in der Überzeugung, daß es so richtig sei. Direkt und unvoreingenommen aufgenommen wurden sie nur von wenigen. Um sich als Regisseur verständlich zu machen, mußte man sich den Mund fusselig reden und seine Vorstellungen immer wieder von neuem erläutern. Niemand kann ja einen anderen Menschen ändern. Um das zu erreichen, müßte man zu besonderen Maßnahmen greifen, zu spartanischen Erziehungsmethoden etwa oder zu einer Gehirnwäsche. Aber Zwang bringt keine kreative Zusammenarbeit hervor, sondern nur faschistoide Deformation. Beim traditionellen japanischen Theater – beim Kabuki und beim Noh-Spiel – ist der Schauspieler natürlich gezwungen, die einmal überlieferte Form widerspruchslos zu kopieren. Lernen heißt in diesem Fall imitieren. Ich jedoch wollte mit meiner Arbeit über das Vergangene hinausgelangen, einen Schritt voran tun und Künftiges entdecken. Mit Zwang wird ein Regisseur nicht mehr erreichen, als die Schauspieler zu seinen Robotern zu machen. Wenn er etwas Neues entdecken will, muß er abwarten und sehen, was der Schauspieler im Ergebnis einer inneren Gärung von sich freisetzt, um es aufzunehmen und daraus Theater zu gestalten. Ein Regisseur, der immer alles vorschreibt, macht den Schauspieler damit nur gehorsam und nimmt ihm die Lust, aus eigener Initiative zu handeln. Deshalb sollte er warten, bis der Schauspieler von sich aus das tut, was der Regisseur beabsichtigt hat. Das Gefühl, etwas selbst gefunden zu haben, verhilft dem Schauspieler dazu, sich frei zu bewegen, und das ist die Quelle, aus der jene Energie kommt, die das Theater gedeihen läßt und es wirklich interessant macht.

Zu dieser Zeit, während der Probenarbeit, verspürte ich auf einmal den Wunsch, Hugh McCormick wiederzusehen. Ich rief ihn an. Er war noch immer in dem Institut von Dr. Motoyama beschäftigt, half ihm, die Post aus dem Ausland zu erledigen, und kümmerte sich um organisatorische Dinge, etwa um Reiseformalitäten, wenn der Doktor zu Fachkongressen fuhr. Wir trafen uns in einem Soba-Restaurant in Shibuya. Nudeln schlürfend, saßen wir beisammen und freuten uns über das Wiedersehen. Auf meine Frage, welche Pläne er habe, sagte er: »Ich werde Japan verlassen, aber was ich danach mache, steht noch nicht fest.« – Offenbar hatte er hier etwas durchgemacht, das ein tiefes Erlebnis für ihn darstellte, wußte aber nicht, was er tun sollte, um diese Erfahrung umzusetzen. Im Grunde ging es mir genauso. Obwohl meine Erfahrung nicht so tief gegangen war wie bei ihm, stand ich ebenfalls vor der Frage, wohin ich mich wenden und was ich als nächstes tun sollte. Es war, als schleppte er sich genauso mühsam wie ich durch die endlose Weite einer Wüste, ohne zu wissen, wo das Ziel lag. So sehr ich mich freute, ihn wiederzusehen, machte mich sein Anblick auch traurig. Da er vorhatte, Japan zu verlassen, war überhaupt nicht abzusehen, wann ich ihm das nächste Mal begegnen würde. Vielleicht würde es auch nie mehr dazu kommen. Keinem anderen als ihm konnte ich mich in allen Dingen so rückhaltlos anvertrauen und dabei sicher sein, daß er alles verstand, was ich sagte. Der Gedanke, daß er nicht mehr da sein sollte, war mir unerträglich. Diese Aussicht machte mich so niedergeschlagen, als gelte es, von einer Geliebten Abschied für immer zu nehmen. Das Treffen in Shibuya war in der Tat meine letzte Begegnung mit Hugh McCormick, denn er hat aufgehört zu existieren. Wie groß der Schock unseres Wiedersehens später sein würde, ahnte ich zu der Zeit nicht, darauf wäre ich nicht mal im Traum gekommen.

Unsere Auslandstournee begann im September 1975 im kanadischen Vancouver. Die erste Vorstellung wollten wir in der japanischen Gemeinde der Stadt, gegründet von Fischern, die vor dem Zweiten Weltkrieg aus Japan eingewandert waren, veranstalten, doch niemand kam, der Zuschauerraum blieb leer. Einer der angesehensten Ältesten der Gemeinde war gestorben und wurde an jenem Abend beigesetzt, natürlich im Beisein aller Bewohner des Ortes. Er hatte zur ersten Generation der Einwanderer gehört, die im Krieg interniert waren und Schweres erlebten. Da wir unter uns einen buddhistischen Priester hatten, baten wir ihn, die Zeremonie zum Gedächtnis des Verstorbenen abzuhalten. Alle anderen Vorstellungen – wir traten anschließend in Montreal, Stratford (Kanada), New York, Amsterdam und Paris auf – liefen ab wie geplant und wurden günstig aufgenommen. In bezug auf die Sprache machten wir mit dem Stück ähnliche Erfahrungen wie bei der Aufführung von *Orghast* in Persepolis. Für *Orghast* wurden Sprachen des Altertums verwendet, also Sprachen, die nicht mehr allgemein verständlich sind, so daß sich die Kommunikation auf der Ebene von Intention und Energie vollzog. Das war 1975, als dieser Stil einem allgemeinen Trend entsprach. Im Theater wurde zu der Zeit nach vielen Richtungen hin experimentiert, gerade auch in Richtung der nonverbalen Kommunikation. Artaud war in Mode, man beschäftigte sich intensiv mit den physischen, nicht vom intellektuellen Verständnis abhängenden Mitteln des Ausdrucks. Unter diesen Umständen war ein Stück wie die *Liturgischen Spiele* erfolgreich. Ich bin mir nicht sicher, ob das heute auch so wäre. Eine Theaterproduktion hat, um mit Brook zu sprechen, eine Lebensdauer von höchstens fünf Jahren, darüber hinaus ist sie nicht mehr zeitgemäß.

Als ich Brook fragte, was er von meinem Stück halte, sagte er: »Wenn du vorgibst, tot zu sein, hast du ehrlich zum Ausdruck gebracht, was du dir darunter vorstellst, nicht mehr am Leben zu sein. Aber wenn ein Schauspieler sich selber darstellt, ein Dokument von sich selber gibt, dann ist das theatralisch nicht interessant.«

Vorher, als ich den Alten aus dem Dorf der Ik spielte, hatten die Zuschauer zwei verschiedene Dinge zu sehen bekommen: Yoshi Oida in der Rolle des alten Bauern. Das machte ihnen die Sache interessant, denn ihnen war bewußt, daß sie es mit zwei Wesen zu tun hatten, mit dem Darsteller und der dargestellten Person. Sie wollten gern sehen, wie diese beiden sich zueinander verhielten. Sich selbst zu spielen führt zu nichts. Nichts ist da erforscht und mit Leben erfüllt. So etwas ist für die Zuschauer ohne Reiz.

Die Hauptsache für mich war aber dies: Mit dem Theaterprojekt der *Liturgischen Spiele* hatte sich mein Wunsch erfüllt, einmal Regisseur einer eigenen Truppe zu sein. Durch diese Erfahrung wurde mir aber bewußt, daß ich nicht die Führungsqualitäten besaß, um eine Theatertruppe zusammenzuhalten, und daß mir auch das Geschick fehlte, die kreative Arbeit der Truppe in finanzieller Hinsicht weiter sicherzustellen, denn das erforderte mehr kämpferischen Geist, als ich aufbringen konnte. So nahmen die Mitglieder der Truppe sicher ein Gefühl der Unzufriedenheit mit, als wir uns trennten. Man vergißt meist, was gut war, nur das Schlechte bleibt im Gedächtnis. Das mag mit meinem Charakter zu tun haben. Ich sprach darüber auch mit

Brook, dem ich es mit zu verdanken hatte, daß es mir gelungen war, mir meinen Wunsch zu erfüllen. Ich sagte ihm, wie sehr mich das befriedigt habe, sprach aber auch von dem Zweifel, der mich jetzt bewegte: »Bin ich nun, nachdem sich mein Wunsch erfüllt hat, an einem Endpunkt angelangt, oder stehe ich an einem Anfang? Ich habe mich erstmals als Regisseur versucht und habe erkannt, daß es mir nicht gegeben ist, eine Truppe zu leiten. Ich eigne mich nicht zum Regisseur. Für weitere schöpferische Theaterarbeit fehlt mir die Energie.« – Wie war das bei einem so erfahrenen Regisseur wie Brook? Woher bezog er jedesmal die Energie, das nächste Projekt in Angriff zu nehmen? Brooks Antwort darauf war: »Bisher war es immer die Neugier, die mich dazu brachte, die nächste Inszenierung zu machen. Bei jedem Stück, das ich auf die Bühne gebracht hatte, sagte ich mir: Soweit hast du das jetzt begriffen, aber wie geht es weiter? Ich glaube, daß es diese Neugier ist, die mir die Energie gibt, weiterzumachen ... Und schließlich muß ich auch davon leben.« – Eine Antwort, die sich ganz vernünftig anhörte.

IX

Nach den Erfahrungen mit einem Theaterprojekt, das ich erstmals als Regisseur geleitet hatte, spürte ich den Wunsch und die innere Bereitschaft, die Theaterarbeit trotz allem fortzusetzen. Sie ruhte von nun an auf drei Säulen: Ich trat weiter als Schauspieler auf, betätigte mich aber auch als Regisseur und leitete außerdem von Zeit zu Zeit Workshops zu dem Thema »Stimme und Bewegung in der japanischen Kultur«. Als Regisseur realisierte ich nach den *Liturgischen Spielen* eine Reihe weiterer Projekte. Dazu gehörten unter anderem:

Ametsuchi (Himmel und Erde) von Takashi Mutsuro, inszeniert mit japanischen Schauspielern des »Shingeki« (d. h. des westlich geprägten Theaters). Der Uraufführung Anfang Juni 1978 folgten Tourneen durch Europa, die USA und den Mittleren Osten.

Interrogations, ein Stück für zwei Personen, das ich auf der Grundlage mehrerer sogenannter »Koan« (zur Zen-Praxis gehörende paradoxe Fragen) zusammengestellt hatte und 1979 herausbrachte. Ich trat darin zusammen mit einem Musiker auf. Das Stück wurde später auch in Europa, den USA und Australien gezeigt.

Tibetanisches Totenbuch, in Anlehnung an das *Bardo Thosgrol* für die Bühne bearbeitet von Isabelle Famshen. In der ersten, 1982 entstandenen Inszenierung traten ein algerischer Schauspieler, eine kenianische Tänzerin und ein japanischer Musiker auf. Die später in Frankreich, Italien, Deutschland und England gezeigte Version beruhte auf einer Neuinszenierung.

Die Göttliche Komödie, eine Bühnenbearbeitung des Dante-Textes, inszeniert mit italienischen Schauspielern und aufgeführt in Rom und Mailand.

Yamagoe (Über die Berge), eine Bearbeitung des Noh-Spiels *Kayoi Komachi*, im Winter 1983 inszeniert mit deutschen Schauspielern, aufgeführt in Deutschland und Österreich, der Schweiz und Dänemark.

The Tale of the Chameleon, ein für die Bühne bearbeitetes Volksmärchen aus Westafrika, 1986 inszeniert und uraufgeführt in Italien; weitere Vorstellungen in anderen Ländern Europas und in Japan.

Bei allen diesen Inszenierungen ging es mir als Regisseur stets darum, meine Vorstellung von Theater zu realisieren, mit jedem Projekt einen Schritt voran auf dem Weg zu einem »unsichtbaren« Theater zu tun. Theater entsteht aus der Beziehung zwischen Darstellern und Zuschauern, das ist das Wesentliche. Das Theater, das ich meine, ist nicht die Bühne mit Kulissen, mit kostümierten Darstellern, mit Scheinwerferlicht. Die theatralischen Beziehungen, die hier wirken, machen die Zuschauer durch das Übermaß an Informationen, die sie von der Bühne herab erhalten, zu einem Publikum, das nur passiv aufnimmt, das am Bühnengeschehen gar nicht beteiligt ist. Was ich wollte, war etwas anderes. Ich strebte ein Theater an, das das Publikum in die Lage versetzt, die von den Darstellern ausgehenden suggestiven Hinweise und Andeutungen aufzunehmen und sich ein eigenes Bild von dem Stück zu machen. Dadurch, daß von den Darstellern nur ein Minimum an Informationen über die Handlung gegeben wird, bleibt es der Phantasie des einzelnen Zuschauers überlassen, welcher Art die Geschichte ist, die er sich vorstellt. Das geht aber nur dann, wenn ihm auf der Bühne nicht schon alles bis ins Detail vorgeführt wird, wenn ihm also genügend Freiraum zur Entfaltung seiner Phantasie bleibt. Man sollte den Zuschauer nicht zu einem nur schaulustigen »Theatertouristen« machen.

Das wahre Ziel des Theaters liegt hinter den Erscheinungen, und erreicht werden kann es nur, wenn Darsteller und Zuschauer miteinander kooperieren. Dabei kommt es nicht so sehr darauf an, wie gut die Spieltechnik eines Darstellers ist oder wie schön er sich bewegt, entscheidend ist vielmehr, ob dieser Darsteller die Fähigkeit hat, die Zuschauer in eine Zeit und einen Raum mitzunehmen, die nicht die ihres Alltags sind. Der Darsteller muß mehr wollen, als für kurze Zeit Vergnügen zu bereiten, er muß über das rein Spieltechnische hinausgehen. Erst das macht es möglich, daß beide, Darsteller und Zuschauer gemeinsam, den Weg in die andere, nicht alltägliche Welt beschreiten. Die Energie, die die Zuschauer dadurch gewinnen, wird am Ende auch ihren Alltag bereichern. Ideal ist das Spiel eines Darstellers dann, wenn mit physischen Mitteln etwas ausgedrückt wird, das metaphysischer Natur ist, und ideales Theater ist dann gegeben, wenn es gelingt, durch das sichtbare Geschehen auf der Bühne eine unsichtbare Welt entstehen zu lassen.

Was meine Theaterarbeit als Schauspieler betrifft, so beschränkte sie sich bisher auf einige wenige Rollen, die ich in Brooks Inszenierungen übernahm – im *Sturm*, in *Orghast*, *Die Ik*, *Die Konferenz der Vögel* und im *Mahabharata*.

Workshops dagegen habe ich ziemlich oft veranstaltet, mit immer wieder anderen Lehrern, die ich dafür aus Japan gewinnen konnte. Es waren sowohl shintoistische als auch buddhistische Priester, Meister verschiedener traditioneller Kampftechniken, Noh-Spieler oder auch Meister der traditionellen Massage. Auf Veranstaltungen dieser Art in Europa reagierte man in Japan manchmal mit einem gewissen Zynismus. Jemand fragte mich zum Beispiel, ob ich mich neuerdings etwa als Exporteur japanischer Antiquitäten betätige, und in der Presse hieß es einmal mit Hinweis auf mich, in Europa käme Japanisches noch immer am besten an, wenn es exotisch sei, weshalb so viele Japaner versuchten, auf dieser modischen Welle zu schwimmen. – Daß es von vielen Versuche in dieser Richtung gab, ist richtig. Zu meiner Verteidigung muß ich aber sagen, daß Japanisches schon damals mehr als nur exotisch sein mußte, wenn man es in Europa verkaufen wollte. Exotik allein reichte nicht aus, diese Zeiten waren lange vorbei. Das Rennen in Europa machten inzwischen ganz andere japanische Erzeugnisse, nämlich Elektrogeräte, Uhren und Kameras, auch Modeartikel und – was die japanische Küche betrifft – vielleicht noch Sushi.

Als ich mit den Workshops begann, hatte ich nicht im Sinn gehabt, japanische Kultur zu exportieren. Mir ging es um die Beschäftigung mit bestimmten Vorstellungen und Ideen, die ich keineswegs für spezifisch japanisch halte. Da es Bereiche der menschlichen Existenz gibt, die mit dem Verstand allein nicht zu ergründen sind, ist hier eine andere, jenseits des Intellektuellen liegende Art der Selbsterkenntnis gefragt. Solche Bereiche lassen sich eher durch Erfahrungen des Körpers und mit Hilfe der Stimme erforschen. Entsprechende Praktiken findet man auch in der Tradition anderer Kulturen; ein Beispiel dafür sind die Tänze der »wirbelnden« Derwische. Übungen wie diese hat es früher zweifellos auch in Europa gegeben, bis sie durch moderne, intellektuelle Möglichkeiten des Verstehens und Erkennens verdrängt wurden. Das Ziel meiner Workshops in Europa bestand nun darin, durch bestimmte, von japanischen Meistern geleitete Übungen in den Teilnehmern etwas zu wecken, das sie eigentlich in sich hatten, das aber brachlag, weil es nicht genutzt wurde. Die Übungen sollten stimulierend wirken, um latent Vorhandenes zutage zu fördern und ins Bewußtsein zu heben.

Was da versucht werden sollte, war aber weder neu noch einzigartig japanisch.

In Vorbereitung meiner Workshops in Europa war ich bemüht, in Japan Lehrmeister zu finden, die unterschiedlichen geistigen Traditionen verpflichtet sein sollten. Ein buddhistischer Priester, der einer esoterischen Sekte angehörte, war der erste, den ich nach Europa einlud. Da ich für den zweiten Workshop einen Zen-Priester gewinnen wollte, wandte ich mich um Rat an einen großen Zen-Meister, der in einem Tempel in der Nähe des Berges Fuji lebte. Ich wollte den Meister bitten, mir einen seiner Schüler zu empfehlen und ihn für einige Zeit zu beurlauben.

Mein Besuch im Tempel war für sieben Uhr abends vereinbart. Ich nahm in Tokio den Zug nach Mishima, wo mich ein Taxi vom Bahnhof bis zum Eingang des Tempelbezirks brachte. Den Rest des Weges, erklärte der Fahrer, müsse ich zu Fuß gehen. Von dem Tempel, der auf einer Anhöhe lag, war nur ein schwacher Lichtschein zu sehen. Oben angekommen, wurde ich in den Teeraum geführt. Dort begegnete ich dem Meister. Ich erzählte ihm von meinem nächsten Workshop in Frankreich und äußerte auch gleich die Bitte, dazu einen seiner Schüler einladen zu dürfen. Der Meister hörte mich an und versprach, daß er darüber nachdenken werde. Dann fragte er, ob ich nicht erst Tee trinken wolle. Die Einladung zum Tee erinnerte mich an eine Geschichte, in der es um eine Auseinandersetzung zwischen zwei Zen-Priestern geht, die verschiedenen Klöstern angehören. Um festzustellen, wer von ihnen zu tieferer Einsicht gelangt war, begannen sie, füreinander Tee zu bereiten. Auf mich konnte sich die Geschichte nicht beziehen, da ich kein Zen-Meister war. So nahm ich die Einladung mit Dank an.

Der Tee, den der Meister nun bereitete, begann zu schäumen, es hatten sich viele Blasen gebildet. »Schauen Sie doch!« rief er. »Es sieht aus, als wären lauter Sterne in der Schale. Bitte, trinken Sie, trinken Sie die hübschen Sterne!« Ich sah mir den Tee an. Wie bei der Teezeremonie üblich, war er aus einem Teepulver bereitet worden. Da diese Art der Zubereitung verlangt, Pulver und Wasser in der Schale zu schlagen, bilden sich normalerweise Bläschen, die wie ein feiner Schaum aussehen. Obwohl es diesmal ungewöhnlich große Blasen waren, die rosa, grün und lilafarben schillerten wie Seifenblasen, widersprach ich dem Meister nicht, sondern ging auf ihn ein. »Ja«, sagte ich, »ich trinke die Sterne.«

Als nächstes fragte er, ob ich nicht den Altar sehen wolle. Das wollte ich natürlich gern, und so führte er mich in den Altarraum und zeigte mir im Schein seiner Taschenlampe all die Heiligenfiguren, die sich dort befanden, darunter auch drei oder vier Statuen buddhistischer Priester, von denen jeder eine goldene Kugel in der Hand hielt. Auf meine Frage, was das zu bedeuten habe, bekam ich zur Antwort: »Das ist Ihr Geist.« – Die Erklärung kam mir zwar ziemlich abstrus und künstlich vor, ich lachte aber nicht darüber, sagte auch nichts weiter dazu, sondern nickte nur freundlich.

Schließlich schlug er mir vor, einen Blick in den Zen-Garten zu werfen. Er öffnete das Gitter zum Garten und ließ mich eintreten. Es war ein sehr schöner Zen-Garten, erfüllt von dem Plätschern eines Wasserfalls. »Was für eine prachtvolle Szenerie!« rief der Meister aus. »Das ist äußerst theatralisch, theatralischer als jede Theaterkulisse!« – Wieder stimmte ich höflich zu und enthielt mich jeden Kommentars. Da das Wetter für die winterliche Jahreszeit – wir hatten bereits Dezember – sehr mild war, erkundigte ich mich, ob es hier im Winter immer so warm sei. »Nein«, erwiderte der Meister, »Sie sind heute warm, deshalb kommt Ihnen auch die Außenwelt warm vor.« – Auch das nahm ich höflich hin, doch diesmal kostete es mich große Mühe, eine ernste Miene zu wahren.

Der Meister wollte nun wissen, wie ich zum Tempel gekommen sei, und als ich es ihm erklärt hatte, bestellte er telephonisch ein Taxi und bestand darauf, mich zum Haupteingang zu begleiten. Er nahm die Taschenlampe zur Hand, und schon waren wir auf dem Weg hügelabwärts. »Wie schön doch heute nacht die Sterne sind!« rief er. Das konnte ich nur bestätigen. Ich sagte ihm, daß ich die Sterne schon manches Mal beobachtet hätte. Dabei dachte ich vor allem an den Sternenhimmel über der afrikanischen Wüste. Er hatte ausgesehen wie die Sternbilder, die man in einem Planetarium vorgeführt bekommt. Plötzlich fragte der Meister, ob ich nicht irgendein Sutra könne, und als ich das Hanya-Sutra nannte, schlug er vor, es gemeinsam zu singen. »Nicht alles, nur eine Stelle daraus«, sagte er und begann, mit lauter Stimme die Worte »Nam Dai Sho Jo« zu singen. Während ich in den Gesang einstimmte, fühlte ich, wie mir Tränen in die Augen stiegen. Nur mit großer Anstrengung konnte ich sie zurückhalten. Als wir unten am Tor ankamen, traf gerade das Taxi ein. So sagte ich dem Meister meinen Dank, bestieg das Taxi und fuhr los. In dem Moment fiel mir ein, daß ich ja gar keine Antwort auf die Frage erhalten hatte, deretwegen ich gekommen war. Gekommen war ich in der Absicht, einen Zen-Priester als Lehrer für meinen nächsten Workshop zu gewinnen, und nun fuhr ich ab, ohne daß in dieser Sache eine klare Entscheidung getroffen war. Der Meister hatte mir lauter Unsinn erzählt und mich damit zum besten gehalten. Dabei war mir von vornherein klar gewesen, daß er Unsinn redete und daß sich hinter seinen Worten keinerlei philosophische Bedeutung verbarg. Der Besuch im Tempel hatte mich dennoch tief bewegt. Ich kann nicht sagen, wie lange ich mich dort aufhielt – vielleicht zehn Minuten, vielleicht zwanzig, vielleicht auch eine halbe Stunde. Fest steht, daß ich hinterher, bei der Abfahrt am Tempeltor, ein anderer war als bei meiner Ankunft. Der Besuch hatte mich verändert. Dieser Priester war ein wirklich großer Meister, auch wenn es den Anschein hatte, als sei er nur ein Scharlatan. Er hatte mit keinem Wort von spirituellen Dingen gesprochen, sondern jede Menge Unsinn von sich gegeben. Trotzdem fühlte ich mich davon berührt.

Im Grunde verhält es sich mit dem Theater genauso. Beim Verlassen des Theaters sollte man nicht mehr derselbe sein wie zu Beginn der Vorstellung. Früher gingen die Leute einmal in der Woche in die Kirche, um der geistigen Reinigung willen. Heute tun das nur noch wenige. Gutes Theater könnte diese Aufgabe zum Teil erfüllen, es könnte wie eine Dusche sein, die die Menschen reinigt. Der Zen-Meister hatte mir gegeben, was ich brauchte, auch wenn ich mir in dem Moment nicht klar darüber war. Ähnliches gilt für den Schauspieler. Er sollte in den Zuschauern etwas Wesentliches anrühren. Dabei ist es nicht wichtig, ob sich die Zuschauer dieses Vorgangs auch immer bewußt sind. Es kommt nicht darauf an, ob mich die Leute für einen guten Schauspieler halten oder nicht, mir kann es nur darum gehen, sie zu reinigen und zu verändern – also das gleiche zu tun wie jener Meister des Zen.

Anfang 1979 begann Brook mit der Arbeit an der dritten Fassung der *Konferenz der Vögel*. Die erste hatten wir in New York vorgestellt, als Höhepunkt und Abschluß unserer USA-Tour. Die zweite Fassung nahm Gestalt an, als wir wieder in Paris waren und *Die Ik* in den »Bouffes du Nord« spielten. Sieben von uns, die bereits die Afrika-Tour mitgemacht hatten, waren eines Nachts nach der Vorstellung im Theater geblieben, um sich erneut mit einigen Szenen der *Konferenz der Vögel* zu befassen. Wir improvisierten mit Vogelrufen und -bewegungen, den Text dazu las ein französischer Schauspieler. Damit waren wir bereits eingestimmt auf die Erarbeitung der dritten Fassung, die nach einem Text von Jean-Claude Carrière entstand.

Mit dieser Theaterproduktion gingen drei neue Elemente in die Arbeit unserer Truppe ein: die Verwendung von Puppen, der Umgang mit einer Vielzahl von Bühnenfiguren und der Gebrauch von Masken. Anfangs, als wir noch improvisierten, stellten wir die Vögel sozusagen in persona dar. Da es ziemlich lächerlich wirken mußte, das ganze Stück über bei dieser einen Ausdrucksweise zu bleiben, suchten wir nach anderen Möglichkeiten, die Vögel darzustellen. Wir einigten uns dann, auch Handpuppen zu benutzen. Sie waren so variabel, daß man damit verschiedene Vögel – Wiedehopf, Taube, Falke, Pfau usw. – spielen konnte. Statt der üblichen realistisch gestalteten Puppen benutzten wir zum Beispiel einfach ein Stück Stoff, das sich ein Spieler um die Hand wickelte, oder einen geschnitzten Vogelkopf, kombiniert mit einem Stab, der die Flügel darstellte. Jemand von uns kam sogar ganz ohne Hilfsmittel aus; ihm reichten zwei Finger, um den Kopf eines Falken anzudeuten. Unsere Puppen sollten keine wahrheitsgetreuen Imitationen sein, sondern nur so viel zu erkennen geben, wie nötig war, damit sich die Zuschauer ein eigenes Bild machen konnten.

Im mittleren Teil des Stücks gab es eine Vielzahl von Geschichten, in denen viele und sehr verschiedenartige Personen vorkamen. Die Entscheidung, diesen Teil mit Masken zu spielen, hatte vor allem den Grund, den Personenwechsel deutlich zu machen. Brook, der sich sehr für das traditionelle Maskentheater auf Bali interessierte, lud einen balinesischen Spieler zur Mitarbeit ein. So stieß Tapa Sudana zu unserer Truppe, von dem wir lernten, wie man mit balinesischen Masken umgeht. Auf diese Technik, die vom Spieler verlangt, sich dem Charakter der Maske entsprechend zu verwandeln, stützten wir uns aber nur zum Teil. Wir verwendeten sie nur für bestimmte Charaktere. Ansonsten wurden die Masken ähnlich eingesetzt wie die Puppen. Damit näherten wir uns einer Technik, die mehr auf die Arbeit mit realistischen, sehr differenziert gestalteten Puppen zutrifft, was beim traditionellen japanischen Puppentheater, dem »Bunraku«, der Fall ist. Die Hand des Spielers, die unter einer Stoffhülle verborgen war, bewegte die Maske, ließ sie eine Geschichte erzählen. Der Spieler konnte die Maske auch auf dem Kopf tragen und damit einen Charakter gleichsam »vorführen«. Beide Techniken verzichten auf die östliche Tradition der totalen Verwandlung des Spielers mit Hilfe der Maske. So verfügten wir, was den Maskengebrauch betrifft, neben der herkömmlichen über zwei neue Techniken. Das Gesicht selbst benutzten wir ebenfalls als Maske, indem der Spieler die Gesichtsmuskeln auf einen bestimmten Ausdruck fixierte und so den Anschein erweckte, eine starre Maske zu tragen.

Die Darstellungsweise wechselte im Verlauf des Stücks. Zuerst traten die Spieler als Manipulatoren der Vogel-Puppen auf, dann verwandelten sie sich mit Hilfe der Masken in die Gestalten der im Mittelteil erzählten Geschichten, schließlich schlüpften sie in die Vogelrollen.

Während der Proben wurde sehr viel mit dem Körper gearbeitet, damit die Spieler ein Gefühl für das »Vogelsein« entwickelten. Zu der Zeit hatten wir uns schon über ein Jahr lang mit dem Imitieren verschiedener Vogelarten beschäftigt, diese Versuche wurden nun fortgeführt. Oft setzten wir den ganzen Körper ein, um ihm das Aussehen eines Vogels zu geben, manchmal wurde auch nur ein Körperteil benutzt – der Kopf, die Füße oder die Hände. Was die Arbeit mit der Stimme betrifft, knüpften wir ebenfalls an Ideen an, die wir schon in Afrika entwickelt hatten. Wir ahmten Vogellaute nach, übten uns in »Vogelkonversation« und »Vogeltheater«.

Die wichtigste Frage, die sich uns bei den Proben stellte, war: Was tun die Schauspieler in diesem Stück? – Sie hatten keine klar umrissene Aufgabe. Auch wenn sie Puppen handhabten, die die verschiedensten Personen darstellten und sich am Ende in Vögel verwandelten, blieb das Ziel, das damit verfolgt wurde, unklar. Normalerweise ist es eine bestimmte Rolle, die der Schauspieler übernimmt, um sie auf der Bühne mit Leben zu erfüllen, das ist sein Ziel. Diesmal aber hatte jeder von uns nicht nur viele verschiedene Rollen zu spielen, er mußte auch mit einer Vielzahl von Ausdrucksweisen arbeiten. Wir wußten einfach nicht, wer wir waren. Eines Tages erklärte Brook: »Stellt euch vor, daß da irgendwo ein Tempel ist, der einmal im Jahr von den Leuten dieser Gegend aufgesucht wird. In dem Tempel steht eine Kiste, die Leute machen sie auf und sehen, daß Masken, Puppen und Stoffstücke darin sind. Sie nehmen sie heraus und beginnen, mit Hilfe dieser Gegenstände die Geschichte von der Reise der Vögel zu erzählen. Solche Geschichtenerzähler sind auch die Schauspieler in unserem Stück.«

Das war die Aufgabe, die wir als Darsteller hatten – die Aufgabe, Geschichtenerzähler zu sein. Dieser Grundgedanke wurde auch bei späteren Produktionen übernommen und im *Mahabharata* sogar noch weiterentwickelt.

Von den vielen Geschichten, die in der *Konferenz der Vögel* erzählt werden, hat mich eine immer besonders tief berührt. Ein paar Motten, so heißt es, hatten eine Diskussion über jenes sonderbare Phänomen, das sich »Feuer« nennt. Sie konnten nicht genau bestimmen, was es mit dem geheimnisvollen Ding auf sich hatte. So debattierten sie eine ganze Weile, bis eine von ihnen losflog, um sich persönlich davon zu überzeugen, was »Feuer« ist. Sie flog zu einer brennenden Kerze, die sie aus einiger Entfernung betrachtete. Dann flog sie zurück und beschrieb den anderen ihren Eindruck. Man hörte ihr zu, fand die Beschreibung aber noch nicht klar genug, so daß eine zweite Motte losflog, um das besagte »Feuer« näher in Augenschein zu nehmen. Sie flog dicht an die Kerze heran, so dicht, daß sie die Flamme streifte. Die Schilderung dieser Erfahrung war den anderen aber noch immer nicht deutlich genug. Eine dritte von ihnen beschloß daher, sich ihrerseits ein Bild von der Erscheinung zu machen. Sie flog zu der Kerze und stürzte sich mitten in die Flamme. Augenblicklich wurde sie eins mit dem »Feuer«, und im Moment der Vereinigung hatte sie endlich verstanden.

Die Geschichte hat mich immer berührt. Etwas, das man wirklich verstehen will, darf man nicht oberflächlich erkunden, man muß ganz und gar eins mit ihm werden.

Interrogations, 1980

Interrogations, 1985 (Foto Paszkowska)

X

Im Spätsommer 1984 bekam ich eines Tages eine Karte von Hugh McCormick. Er schrieb: »Komme nach Paris, erwarte dich im Hotel George V., unten in der Halle.« – Ich stürzte los, als gelte es, die Geliebte wiederzusehen. Die letzte Begegnung mit Hugh lag inzwischen neun Jahre zurück. Am Eingang zum Hotel herrschte ein großes Gedränge, was es mir schwer machte, in die Halle vorzudringen. Mühsam bahnte ich mir einen Weg zwischen den vielen Menschen hindurch. Endlich hatte ich es geschafft, ich war im Hotel, und da sah ich ihn auch schon vor mir. Hugh stand da und lächelte mir zu. Sein Äußeres – die weiß gefärbte Stirn mit rotem Punkt zwischen den Brauen und das orangefarbene Tuch, das er um die Hüften gewickelt trug – war eindeutig das eines Hindu-Priesters. Darauf war ich nicht gefaßt gewesen.

»Hugh! Was ist passiert!« rief ich.

»Nein, nein«, sagte er abwehrend, »Hugh existiert nicht mehr, ich bin Swami Ishwarananda.«

Da er seine Vergangenheit abgelegt hatte und ein Swami, ein Hindu-Priester, geworden war, trug er auch nicht mehr seinen bürgerlichen Namen. Als Angehöriger der Familie McCormick – ihr gehörte die im internationalen Lebensmittelhandel renommierte Firma McCormick – wäre er einmal in den Besitz eines enormen Vermögens gelangt, auf das er jedoch zugunsten der Priesterschaft verzichtet hatte. Schade um das viele Geld, war mein erster Gedanke. Dann wurde mir bewußt, daß auch ich vor zehn Jahren dem weltlichen Leben entsagt hatte. In meinem Fall spielte Erbschaft aber keine Rolle, weil mein Vater mir nur so wenig hinterlassen hätte, daß ich ebensogut darauf verzichten konnte. Wie jeder, der das Gelübde ablegt, erhielt ich damals einen neuen Namen. Den alten hätte ich eigentlich nicht weiterführen dürfen, behielt ihn aber als Künstlernamen bei, und das fand ich nun, angesichts des Freundes, beschämend.

»Warum bist du Priester geworden?« – Eine törichte Frage, auf die mir Hugh beziehungsweise Swami Ishwarananda lächelnd zur Antwort gab: »Als ich damals im Daitokuji-Tempel war, erlebte ich eine Erleuchtung. Das war noch, ehe wir uns begegneten ... Ich bin immer gern in Tempel und Kirchen gegangen, schon als kleiner Junge von vier, fünf Jahren. Und ich war mir ziemlich sicher, daß ich niemals heiraten würde. Außerdem wollte ich gern Sanskrit lernen ... Und dann war mir jemand gestorben ...«

Mehr wollte ich darüber gar nicht hören. Wie sehr man um jemanden leidet, der einem gestorben ist, wie traurig und verlassen man sich fühlt, wußte ich zur Genüge. Nun gab es auch Hugh McCormick nicht mehr, den Freund und Vertrauten. Vor mir hatte ich den Swami Ishwarananda, und ich fühlte mich ihm gegenüber unbehaglich, als hätte ich es mit einem mir fernstehenden Menschen zu tun gehabt.

»Warum hast du dich gerade für den Hinduismus entschieden?« fragte ich weiter.

»Weil ich das Empfinden hatte, daß der beste Guru für mich Swami Mukutananda sei«, sagte er. »Ein Guru hat nur das eine Ziel, den Menschen den Weg zu ihrer Befreiung zu weisen. Das Prinzip des Guru ist Bewegung und Bewegungslosigkeit. Ein Guru ist nah und fern. Er ist außerhalb aller Dinge und ist in ihnen. Er weiß, daß es für ihn keine Geburt und kein Altern, weder Anfang noch Ende gibt und daß er stets unveränderlich ist. Er weiß, daß er ewig existiert und daß er von vollkommener

Reinheit ist, leuchtend und unbefleckt. Ein Guru ist seinem Wesen nach Wissen; er kennt die höchste Form des Selbst. Von allen Yogis ist er der höchste. Er ist der Arzt, der alle Krankheiten in der Welt heilt. Durch die Gunst eines Guru lernt man die höchste Wahrheit kennen, erreicht man den Zustand völligen Alleinseins und völliger Bedürfnislosigkeit.«

Im großen und ganzen unterscheidet man zwei Arten der Yoga-Meditation. Zum einen kann Meditation direkt auf das Objekt, dem sie gilt – ein unsichtbares, abstraktes Etwas wie die Energie des Universums oder wie »Kami« (ein Begriff der japanischen Religion, der für Geist bzw. Kraft der Natur bzw. der Götter gebraucht wird) –, gerichtet sein. Sie kann aber auch dazu dienen, jenes Unsichtbare mit Hilfe eines Guru zu erreichen. Nach Auffassung einiger Sekten soll diese Art der Meditation die leichtere und effektivere sein. Die in der japanischen Soto-Sekte übliche Sitzmeditation soll auf die indische Praktik des gemeinsamen Meditierens mit einem Guru zurückgehen. Die »Wansui« genannten Schüler pflegen im Beisein ihres Meisters so lange sitzend zu meditieren, bis sie die Erleuchtung erreichen. Indischen Ursprungs ist auch das Feuerritual der esoterischen Sekten. Es beruht auf der hinduistischen Praktik, daß der Guru im Verlauf der Zeremonie Fragen an seine Schüler richtet. Einige Sekten in Japan beziehen ebenfalls Fragen in die Meditation ein. Beispiele dafür sind die in der Rinzai-Sekte üblichen »Koan« (paradoxe Fragen) oder auch die »Mondo« der Shingon-Sekte. Offenkundig gehen sämtliche Praktiken des Zen und der verschiedenen esoterischen Sekten auf hinduistische Vorbilder zurück.

Nachdem der große Guru Swami Mukutananda ins Jenseits gegangen war, stand nun, im Sommer 1984 in Paris, die Inauguration des von ihm testamentarisch bestimmten Nachfolgers bevor. Deshalb war Swami Ishwarananda nach Paris gekommen, und die vielen Menschen, die sich am Eingang des Hotels drängten, wollten ebenfalls an der feierlichen Einsetzung des neuen Guru teilnehmen, die im Kongreßsaal des Hauses stattfand. Vorerst verließen wir jedoch das Hotel und gingen in ein kleines Café. Dort setzte ich ihm gleich auseinander, wie Brooks neues Theaterprojekt aussah, dem wir uns im Herbst des Jahres zuwenden wollten.

»Irgendwie scheint mir das schicksalhaft zu sein«. sagte ich. »Als ich dich das letzte Mal sah, probten wir das *Bardo Thosgrol*. Es war sozusagen die Heilige Schrift des Buddhismus, die mit diesem Stück dramatisiert wurde. Jetzt, neun Jahre später, bereiten wir uns darauf vor, das *Mahabharata*, die Heilige Schrift des Hinduismus, auf die Bühne zu bringen. Und in der Zwischenzeit ist aus dir ein Hindu-Priester geworden. Es kommt mir vor, als wandelte ich auf deinen Spuren.«

Das *Mahabharata* ist ein großes Epos, das vor mehr als dreitausend Jahren in Sanskrit niedergeschrieben wurde. »Maha« bedeutet »groß«, »Bharata« ist ein Familienname. Nimmt man den Titel wörtlich, ist das Epos die »Geschichte der großen Familie Bharata«. Es ist darüber hinaus auch eine Geschichte der großen Menschenfamilie. Die kolossale Dichtung – sie erstreckt sich auf mehr als das Fünfzehnfache des Umfangs der Bibel – erzählt von einer Königsfamilie, in der ein Machtkampf entbrennt. Die Verwandten, sogar Brüder, führen einen furchtbaren Krieg gegeneinander, in dem sie sich gegenseitig umbringen, bis sich überall Leichen türmen und niemand von der Familie mehr am Leben ist. Übrig bleibt nur einer, ein Mann, der sich während des Gemetzels noch im Leib seiner Mutter befand. Durch ihn lebt das Menschengeschlecht weiter.

Den meisten Leuten in Indien ist das Epos bekannt, jeder kennt zumindest einen Teil daraus. Es endet damit, daß der Held, nachdem er Hölle und Paradies durchwandert hat, zu der Erkenntnis gelangt, daß nicht nur die flüchtige Welt des Diesseits Illusion ist, illusionär sind auch die Hölle und das Paradies. Das Ziel, auf das alles hinausläuft, kann daher nur »Mu« sein, die Leere, die Nichtigkeit aller Dinge – zu diesem Schluß führt das Epos. Die Beschäftigung mit ihm war für mich auch eine Beschäftigung mit den philosophischen Vorstellungen des Hinduismus. Wie ich nun von Swami Ishwarananda erfuhr, hatte auch er das Denken und Handeln jener zu studieren, von denen das Epos berichtet, das gehörte zu seinem Training als Hindu-Priester. So stellten wir zu unserer Freude fest, daß wir beide unabhängig voneinander den Weg zum *Mahabharata* eingeschlagen hatten.

Brook und Jean-Claude Carrière hatten zehn Jahre benötigt, um das *Mahabharata* für die Bühne zu bearbeiten. Nicht geringe Schwierigkeiten bereiteten ihnen außerdem all die Fragen, die mit der Suche nach geeigneten Darstellern und mit der Geldbeschaffung zusammenhingen; hinzu kam eine Studienreise nach Indien. Auf der Suche nach Schauspielern und Musikern war Brooks Assistentin Marie-Hélène Estienne um die ganze Welt gereist. Was sie gesucht hatte, fand sie auch. Als alle Mitwirkenden beisammen waren, zeigte sich, daß in der neuen Truppe siebzehn Nationalitäten vertreten waren. Für die Proben hatten wir zehn Monate zur Verfügung. Die Lage, in der wir uns zu der Zeit befanden, war ähnlich der zu Beginn unserer Arbeit in den »Bouffes du Nord«. Wir hatten eine Truppe, die wieder zu einem Gutteil aus neuen Mitgliedern bestand und in der auch wieder die unterschiedlichsten Sprachen und Kulturen vertreten waren. Vorrang hatte daher alles, was das Gefühl der Zusammengehörigkeit förderte und zur Teamarbeit beitrug. Dem dienten bestimmte Stimm- und Körperübungen. Die Arbeit mit dem Körper war in Brooks Truppe schon immer wichtig gewesen, wurde aber nun in Vorbereitung des *Mahabharata* noch intensiviert. Da wir es mit einem Kriegsepos zu tun hatten, mußten wir es zuwege bringen, uns auch physisch als Krieger zu präsentieren.

Normalerweise lernen Schauspieler in solchen Fällen nicht, Kampftechniken wirklich anzuwenden. Auch wir hatten nicht vor, uns körperlich zu Kriegern auszubilden. Wir versuchten, dieses Problem mit Hilfe eines Kung-Fu-Lehrers zu bewältigen. Ein Mitglied unserer Truppe, Alain Maratrat, war sogar nach Hongkong gegangen, um Kung-Fu zu lernen. Diese Kampfkunst interessierte uns deshalb besonders, weil sie ursprünglich aus Indien stammte. Wir hofften, durch Beschäftigung mit der Technik ein Gefühl für die indische Art des Kampfes zu gewinnen. So versuchten wir, uns Kung-Fu-Techniken anzueignen, was sich als schwierig erwies, weil die meisten von uns um die vierzig waren. Um so etwas von Grund auf zu lernen, waren wir schon zu alt. Es gab Muskelrisse, verrenkte Kniegelenke und beschädigte Bänder.

Brook lud auch einen Franzosen zur Mitarbeit ein, der viele Jahre lang die japanische Kunst des Bogenschießens studiert hatte. Besondere Schwierigkeiten, die Bewegungstechnik zu lernen, gab es nicht, aber diesmal mußten wir uns vor allem die mit der Bewegung verbundene innere Konzentration aneignen, das war für uns das Wichtige. Wenn wir diese innere Haltung hatten, konnten wir versuchen, ihr in theatralischer Form Ausdruck zu geben. Auf ein exaktes Kopieren der Technik kam es dabei nicht an. Die innere Haltung, von der wir ausgingen, machten wir uns bei der Gestaltung der unterschiedlichsten Szenen zunutze, nicht nur dort, wo es um den Einsatz von Pfeil und Bogen ging. Wir entdeckten, daß man sich nur wirklich klar sein mußte über den inneren Zustand, von dem die Bewegung bestimmt war, dann konnte man das auch in adäquater Form zum Ausdruck bringen. Für uns war das leichter als der Versuch, einen Kung-Fu-Kämpfer möglichst genau nachzuahmen.

An das Bogenschießen als reale Bewegung hielten wir uns nur einmal. Das betraf eine Szene, die zeigt, wie sich zwei Heere gegenüberstehen und auf beiden Seiten ein Hagel von Pfeilen niedergeht. Pfeil und Bogen wurden auch hier nicht benutzt; um die Vorstellung bewaffneter Heere hervorzurufen, reichten zwei Stöcke. Wir hatten die wirkliche Bewegungsform genau studiert und daraus einen theatralischen Ausdruck gemacht. Geradeso, wie wir das Wesentliche des inneren Zustands dazu nutzten, ein Gefühl für die körperliche Verfassung des Kriegers zu entwickeln, nutzten wir auch das Wesentliche der äußeren Aktion, um eine visuelle Entsprechung dafür zu finden.

Zur Vorbereitung auf die Proben gehörte auch das viele Hintergrundmaterial, das wir von Brook erhielten. Das waren Photographien, Zeugnisse der Malerei, Filme usw. Hinzu kamen die Gespräche, die wir während unseres Aufenthalts in Indien mit einigen Gurus führten (deren Denkweise und philosophische Anschauung auf dem *Mahabharata* beruhen). Zehn Tage nahmen wir uns auch Zeit für den Besuch bei einer indischen Theatertruppe. Sie hatte eine eigene Version des *Mahabharata* herausgebracht, die wir uns ansehen wollten. Brook bot uns also viel Stoff zum Nachdenken, legte uns aber mit keinem Wort nahe, eine bestimmte Auswahl zu treffen. Nie gab es einen Hinweis von ihm, was wir aus der Fülle des Materials übernehmen sollten. Er sagte uns auch nie, wie er das Material beurteilte. Jeder – ob Schauspieler, Musiker oder Bühnenbildner – sollte sich selbst ein Urteil bilden und selbst entscheiden, was er für wichtig erachtete.

So gab es unter uns weder bestimmte Vorstellungen darüber, wie das Stück »zu sein hätte«, noch das Gefühl, auf ein klar definiertes Ziel zuzugehen. Zu Beginn der Proben wußten wir auch nicht, welche Form das Stück haben würde. Wir entwickelten die einzelnen Szenen in ähnlicher Weise wie bei *Die Ik*. Das heißt, wir entnahmen dem Text eine Geschichte und spielten sie durch, um zu sehen, was dabei herauskäme. Eine Szene wurde immer von mehreren parallel arbeitenden Gruppen improvisiert, so daß jeweils mehrere Versionen entstanden, die wir dann »prüften« – ohne schon ein Konzept in Händen zu haben, das uns gesagt hätte, wieweit die einzelnen Vorschläge Verwendung in der Endfassung finden würden. Dabei hatte Jean-Claude Carrière den gesamten Text schon vor Beginn der Proben niedergeschrieben, arbeitete ihn aber immer wieder um. Er kam ständig zu den Proben und sah zu, wie wir improvisierten. Wenn er merkte, daß der Dialog an einer Stelle nicht funktionierte oder daß eine Szene nicht stimmte, änderte er das sofort. Textänderungen waren an der Tagesordnung. Selbst die Struktur des Stücks wurde erst ziemlich spät festgelegt. Ursprünglich war an ein zweiteiliges Stück mit einer Spieldauer von sechs Stunden gedacht. Im Laufe der Proben entstand aber eine längere Fassung von neun Stunden, die drei Teile hatte. Für diese Fassung entschieden wir uns dann.

Die ersten beiden der insgesamt zehn Monate waren zwei Aufgaben gewidmet – in der Truppe den Sinn für Zusammengehörigkeit und Teamarbeit zu entwickeln und den Text zu erkunden, ein weiterer Monat wurde gebraucht für die Studienreise nach Indien. In Anbetracht der Spieldauer von neun Stunden blieben uns danach für die Proben nur etwas mehr als zwei Monate für jeden der drei Teile. Insofern mag die Zeit von zehn Monaten, die wir für die Proben insgesamt benötigten, manchem lang erscheinen, doch wenn man bedenkt, welch riesige Menge Arbeit bewältigt werden mußte, war es nicht sehr viel Zeit.

Da die Personen des Stücks, wie Brook betonte, alle Götter oder Halbgötter waren und damit größer als der Mensch, konnten wir sie nicht einfach mit realistischen, am Alltag orientierten Mitteln darstellen. Bei einem Stück von Tschechow wäre es nicht schwer gewesen, sich in die Lage der Bühnenfiguren hineinzuversetzen. Nicht so beim *Mahabharata*. Hier mußte eine Ausdrucksweise gefunden werden, die der höheren, gleichsam »über-menschlichen« Ebene der handelnden Personen entsprach.

Was Ariane Mnouchkine im »Théâtre du Soleil« macht, wird oft ähnlich dargestellt wie Brooks Arbeit. Es gibt aber einen Unterschied. Ihr Interesse besteht darin, eine Geschichte zu erzählen, indem sie einer ganz bestimmten theatralischen Form nachgeht. Bei *Richard II.* zeigte sich das zum Beispiel durch die Verwendung von Elementen des japanischen Kabuki-Theaters. In anderen Fällen beruhte die Arbeit der Truppe auf der Commedia dell'arte oder auf dem Kathakali. Nicht, daß diese Theaterformen einfach kopiert wurden, doch die Darsteller hielten sich an das »feeling« der klassischen Form, um zu einer konzentrierten und einheitlichen Spielweise zu gelangen. Brook dagegen vermied den Einsatz spezifischer theatralischer Stile. Das

Kathakali etwa wurde in Brooks Truppe durchaus untersucht, damit wir ein tieferes Verständnis dafür entwickelten, aber es fand nicht direkt Verwendung auf der Bühne. In der Tat gab es für uns nie eine bestimmte einzelne Methode, unser Spiel zu gestalten. Wir sahen uns Filme an, lasen Bücher und machten die verschiedensten Experimente. Das ging so lange, bis Brook sagte: »Ja, das ist es. Bleib dabei.«

Brook sagte oft, wir seien ein Team von Geschichtenerzählern. Der Hauptgrund, das *Mahabharata* zu inszenieren, war für ihn in der Tat der, diese Geschichte in den westlichen Ländern zu erzählen, wo sie nicht allgemein bekannt ist. Um uns klarzumachen, was er wollte, benutzte er gern den Vergleich mit einem Fußballspiel. Wenn unser Spiel auf der Bühne ein Fußballspiel wäre, sagte er, gäbe es zweiundzwanzig Spieler und einen Ball, der in diesem Vergleich die Geschichte sei. Da wir alle zum selben Team gehörten, käme es nicht darauf an, wer welchen Part spiele oder ob jemand den Part mittendrin wechsle. Um gemeinsam eine Geschichte zu erzählen, müßten alle bemüht sein, den Ball im Spiel zu halten. Jeder müßte, wenn sein Auftritt käme, bereit sein, den Ball anzunehmen. Normalerweise kümmere sich ein Darsteller nur um den eigenen Auftritt und achte nicht darauf, was die Mitspieler in den vorausgehenden Szenen zu tun hätten. Beim *Mahabharata* sei das nicht so, da habe jeder das Spiel der anderen zu verfolgen, um zu entscheiden, wie er selbst die Geschichte am besten fortführen könne. Da bei uns keine Vorstellung der anderen gleiche, müßte jeder darauf achten, welche Atmosphäre oder welches »feeling« auf der Bühne entstanden sei, ehe er selber in das Spiel eintrete und den Faden aufnehme, um die Handlung seinerseits voranzutreiben.

So ähnlich waren wir bei der *Konferenz der Vögel* vorgegangen; auch da waren wir Geschichtenerzähler. Das *Mahabharata*-Konzept war jedoch komplexer. In der *Konferenz der Vögel* hatte es keine festen Rollen oder Charaktere gegeben, wir wechselten das ganze Stück über von einem Part zum anderen. Das *Mahabharata* entsprach mehr einem konventionell strukturierten Stück. Jeder Darsteller hatte (abgesehen von etlichen kleinen, untergeordneten Rollen) eine Hauptrolle und spielte sie so, daß er mit seinem ganzen Selbst die Persönlichkeit der Bühnenfigur annahm, diesen Charakter mit Energie und Hingabe lebendig werden ließ. Gleichzeitig blieb er der Geschichtenerzähler, der sich etwas abseits des Geschehens hielt. Im *Mahabharata* mußte simultan auf zwei Ebenen gespielt werden. Man war eine Figur des Stücks und gleichzeitig Geschichtenerzähler. Die Figur erlebte alle Vorgänge unmittelbar, und der Geschichtenerzähler handhabte die Figur wie eine Puppe. In der *Konferenz der Vögel* war nur auf einer Ebene gearbeitet worden, auf der des Geschichtenerzählers. Das *Mahabharata* stellte eine komplexere Umsetzung der Idee dar und war schwerer zu realisieren.

Brook kam öfter auf Shakespeare als Theatermodell zurück und hob in dem Zusammenhang auch hervor, daß in einem Stück meist mehrere Arten von Theater zu finden seien – Komödie, Tragödie, zeremonielles Festspiel usw. Dem entsprachen die verschiedenen Arten von Theater, die wir im *Mahabharata* benutzten. Zu Beginn spielten wir nach Art des »derben Theaters«, etwa so wie in Afrika, wo uns der Teppich als Bühne diente. Dann gingen wir allmählich zum psychologischen Drama über – das heißt zum »heiligen Theater«. Jeder Darsteller mußte also in der Lage sein, die Geschichte auf mehr als nur eine Weise zu erzählen. Selbst innerhalb einer Rolle mischten sich verschiedene Stile.

Die Uraufführung 1985 fand unweit von Avignon in einem Steinbruch statt. Die Vorstellung begann mit Sonnenuntergang, abends um acht, und dauerte bis nach Sonnenaufgang des nächsten Tages, bis gegen sieben Uhr früh. Ich trat in zwei Rollen auf – als Drona, Meister der Kriegskunst und als solcher auch Lehrer der Prinzen, und als lüsterner Minister, der versuchte, die Prinzessin zu verführen.

Der Uraufführung in Avignon folgten Vorstellungen in vielen Ländern der Welt. In Frankreich spielten wir das Stück ein ganzes Jahr, desgleichen in England. Auf Grund des Erfolgs konnten wir auch eine Gastspielreise nach Japan unternehmen, so daß ich nach achtzehn Jahren – soviel Zeit war seit meinem letzten Auftritt in Mishimas Theater »Sasori-Za« vergangen – erstmals wieder auf einer Bühne meines Heimatlandes stand. Ich hatte mich um dieses Gastspiel nicht gerissen. Meine Sorge war, daß man sich in Japan zuviel von meinem Auftritt versprechen könnte, gerade weil ich dort so lange nicht mehr gespielt hatte. Ich glaubte, daß ich unbedingt besser sein müßte als vor achtzehn Jahren, weil es sonst heißen würde: »Der spielt ja immer noch so wie damals.« – Diese Vorstellung war mir nicht gerade angenehm. Doch dann, als wir angekommen waren und die Bühnenprobe begonnen hatte, stellte ich zu meiner Verwunderung fest, daß ich von all dem, was mich zuvor bedrückte, völlig frei war. Der bevorstehende Auftritt im eigenen Land machte mich weder besonders aufgeregt noch nervös. Ich wußte, daß das Publikum in Paris anders war als in New York, und wieder anders würde es in Japan sein. Insofern war ich nun genauso gespannt wie stets, wenn ich ein neues Publikum kennenlernen sollte, dessen Reaktion ich noch nicht kannte; doch den Ehrgeiz, besonders gut zu sein, nur weil ich in Japan auftrat, hatte ich nicht. War Japan mir schon so fremd geworden?

Zu Beginn meiner Theaterarbeit hatte ich alles daran gesetzt, ein guter Schauspieler zu werden. Damals war mir immer wieder geraten worden, die Schauspielerei lieber aufzugeben. Alle sagten: »Du hast kein Talent. Hör auf damit, es ist besser für dich.« – Das reizte mich um so mehr, weiterzumachen, auch deshalb, weil ich damit angefangen hatte. Daß ich mir nun noch größere Mühe gab, änderte nichts am Urteil der anderen; sie hielten mich nach wie vor für unbegabt. Schließlich hörte ich auf, mich weiter derart angestrengt als Schauspieler zu produzieren. »Was soll's«, sagte ich mir, »du hast eben kein Talent.« – Seit ich jedoch in dieser Überzeugung auf die Bühne trat, bekam ich immer öfter zu hören: »Gar nicht schlecht, wie du spielst, du solltest weitermachen.« – Als ich mir nichts so sehr wünschte wie Beifall, war er ausgeblieben, und seit ich mich zu mir bekannte und auf Beifall keinen Wert mehr legte, erhielt ich ihn. Vielleicht ist das sogar das Geheimnis der Schauspielerei. Wenn ich meinem Auftritt in Japan nun, achtzehn Jahre später, seelenruhig entgegensah, dann wohl deshalb, weil ich selbst am besten wußte, daß ich mich keineswegs besonders auszeichnen mußte, daß ich keine besondere Dekorierung benötigte, nur weil ich in Japan war.

Eine der populärsten Geschichten des *Mahabharata*, das zum mittleren Teil des Epos gehört, trägt den Titel »Bhagavatgita«. Darin wird von dem großen Krieger Arjuna erzählt. Als er sich zum entscheidenden Kampf rüstete, erkannte er im Lager des Feindes seine Onkel und Cousins, und das nahm ihm den Mut, denn er schreckte davor zurück, sie zu töten. Da wandte sich Gott Krishna, für die Gerechtigkeit streitend, mit einer langen

Rede an Arjuna, um ihn zur Fortsetzung des Kampfes zu bewegen. Krishna sprach: »Die Seele des Menschen ist ewig, ihr Aufenthalt im Körper nur vorübergehend. Selbst wenn du die Körper deiner Cousins zerstörst, heißt das nicht, daß du sie getötet hast. Du hast nichts Wichtigeres zu tun, als deine Pflicht zu erfüllen.« – Was für Arjuna bedeutete, als wahrer Kämpfer zu handeln.

Das ist die Grundlage der buddhistischen Philosophie der »Leere«. Heißt es doch im »Hanya Shinkyo«: »Alle materiellen Formen der Welt sind Leere, die Leere ist die Form der materiellen Welt.«

In gleicher Weise sollte auch der Schauspieler handeln. Er hat ein guter Schauspieler im Leben zu sein, als Mensch, nicht als jemand, der im Theater tätig ist. Macht man sein Leben lang nur Dummheiten, was natürlich vorkommen kann, so ist auch das in gewissem Sinne Handeln. Wichtig ist dennoch, sich für das richtige Handeln zu entscheiden, bewußt zu handeln. Ein guter Schauspieler muß auf die Freude an seiner Aktion durchaus nicht verzichten, muß aber lernen, die eigene Aktion zu beobachten und herauszufinden, welcher der nächste Schritt sein soll. Vielleicht muß man in dem Bewußtsein handeln, daß die Welt nur Illusion ist. Der Ansicht zu sein, daß man deshalb überhaupt nichts zu tun brauchte, ist kein Handeln. Handeln muß man in dem Wissen, daß auch das eigene Tun Illusion ist – wie Prospero im *Sturm* sagt.

Interrogations, 1985 (Foto Paszkowska)

Interrogations, 1985 (Foto Paszkowska)

XI

Nun, im Januar 1989, wo ich in Indien die letzten Seiten dieses Buches schreibe, ist es endlich soweit – ich nähere mich dem Abschluß des Manuskripts, und ich bin doch noch in Indien angekommen. Bei meinen Tempelbesuchen in Japan vor fünfzehn Jahren hoffte ich, die Suche nach den eigenen Wurzeln würde mich einmal nach Indien führen. Mein heimlicher Wunsch hat sich erfüllt. Den Anstoß zu der Reise gab mein alter Freund Hugh McCormick, als aus ihm längst der Swami Ishwarananda geworden war.

Da die *Mahabharata*-Inszenierung – als Abschluß des gesamten Projekts – verfilmt werden sollte, hatten wir nach unserer Rückkehr von dem Gastspiel in Japan drei Monate lang in einem alten Filmstudio am Rande von Paris mit Dreharbeiten zu tun. Aus dem Bühnenstück entstand eine über fünfstündige Filmfassung, die später in vielen Ländern sowohl im Fernsehen als auch im Kino gezeigt wurde. Während der Dreharbeiten war plötzlich Swami Ishwarananda im Studio aufgetaucht. In Paris wurde zu der Zeit für die Anhänger des Gurus eine Reihe von Vorträgen veranstaltet, an denen er teilnahm. Obwohl er nur eine Woche bleiben konnte und kaum freie Zeit hatte, kam er extra zu uns ins Studio, um sich mit Brooks Auffassung des *Mahabharata* vertraut zu machen. Meine letzte Begegnung mit Swami Ishwarananda lag schon wieder vier Jahre zurück. Ich sah, wie selbstverständlich er inzwischen das Gewand des Swami trug. Seine ganze Erscheinung strahlte die Würde und das Selbstvertrauen des Hindu-Priesters aus.

Nachdem er das Studio verlassen hatte, drückte ich mich hinter den Kulissen in eine Ecke und ließ meinen Tränen freien

Lauf, auf die Gefahr hin, die Arbeit des Maskenbildners zunichte zu machen, da ich für meine Rolle – ich spielte einen alten Mann von achtzig Jahren – schon fertig geschminkt war. Den Grund für diesen Tränenstrom verstand ich selbst nicht genau. War ich denn nicht froh, ihn so zu sehen, als Hindu-Priester, sichtbar seiner selbst gewiß? Doch, das war ich. Er hatte seinen Weg gefunden, und er ging ihn selbstbewußt; die Mühe, die er auf sich genommen hatte, trug jetzt, nach fünfzehn Jahren, Früchte. Wie miserabel war es dagegen um mich bestellt. Als ich Hugh kennenlernte, glaubte ich für kurze Zeit, in Japan ein wenig zu mir selbst gefunden zu haben; doch das ruhelose Wanderleben ging bald darauf weiter. Das ewig unentschiedene Dasein, das ich führte, war erbärmlich und beschämend. Was hatte ich in den zwanzig Jahren, seit ich Japan verließ, geschaffen? Nichts. Ich zog durch die Welt, damals wie heute. Wozu war ich überhaupt fortgegangen? Es konnte doch nicht nur Flucht vor der Gesellschaft gewesen sein.

In den 60er und 70er Jahren hatten viele junge Leute ihren Ländern den Rücken gekehrt, weil sie für sich keinen Weg sahen, in der Gesellschaft zu leben. Gerade junge Menschen suchten damals nach neuen Ideen. Viele von ihnen wandten sich Indien zu, andere gründeten mit Gleichgesinnten abseits der großen Städte Kommunen, die sich selbst genug sein wollten. Hugh und ich waren Teil dieser jungen Generation. Das ist jetzt zwanzig Jahre her. Einige derer, die die Gesellschaft damals verwarfen, haben inzwischen, wie Hugh, ihren Platz in einer anderen Gesellschaft gefunden, andere resignierten, wieder andere betrachten ihren einstigen Ausbruch als schönes Jugenderlebnis und sind längst in die Gesellschaft zurückgekehrt, wo sie heute oft führende Positionen in der Wirtschaft einnehmen. Ich hatte mich für keinen dieser Wege entscheiden können und irrte noch immer ziellos umher.

Dieses Unvermögen bedrückte mich, ich suchte Rat bei Swami Ishwarananda. Noch einmal verabredete ich mich mit ihm in einem Café und ließ mich dort lang und breit über das Problem aus. Er hörte mir die ganze Zeit aufmerksam zu und sagte dann: »Ob du nicht doch wieder nach Japan gehen solltest? Ich würde dir aber raten, vorher nach Indien zu kommen und eine Weile in Guru Swami Mukutanandas Ashram zu bleiben. Ich werde dort auch sein, zur Unterstützung von Gurumal, dem Nachfolger Guru Swami Mukutanandas, und dann kann ich mich um dich kümmern. Ein Monat im Ashram täte dir sicher gut.« – Ich nahm die Einladung sofort an.

In Vorbereitung des *Mahabharata*-Projekts war ich Anfang 1985 mit Brook und einigen Schauspielern schon einmal für zwei Wochen in Indien gewesen. Von Bombay aus unternahmen wir damals eine Rundreise durch Südindien, um möglichst viele Formen der künstlerischen Auseinandersetzung mit dem *Mahabharata* kennenzulernen. Wir führten darüber auch Gespräche mit bekannten Gurus. Wenn es so etwas wie eine »Geburtsstätte der Menschheit« gab, dann, so schien mir, konnte das nur Indien sein. Wir aßen indischen Curry mit den Fingern. Mir gefiel, daß man das Essen erst mit den Augen genoß, dann mit den Fingern und schließlich mit dem Mund. Vieles, was ich auf dieser Reise erlebte, bewegte mich sehr, doch den tiefsten Eindruck hinterließ unser Besuch in Benares.

Benares, ein großes religiöses Zentrum schon seit dem 8. Jh. v. u. Z., gehört zu den Heiligen Stätten des Hinduismus. Jeder gläubige Hindu hat den Wunsch, nach Benares zu gehen, um am Ufer des Ganges das Ritual der Reinigung zu vollziehen und um hier einmal nach dem Tod verbrannt zu werden. Die Asche eines Toten dem Ganges zu übergeben bedeutet, daß der Geist dieses Menschen die ewige Buddhaschaft, das Nirwana, erreicht, was ihn davon befreit, wiedergeboren zu werden und in diese Welt zurückkehren zu müssen. So kommen viele gegen Ende ihres Lebens nach Benares, weil sie hier sterben wollen. In der Frühe, wenn die Sonne aufgeht, und abends, bei Sonnenuntergang, finden sich Scharen von Gläubigen an den Ufern des Ganges ein. Sie übergießen sich mit dem Wasser des Flusses, reinigen sich den Mund oder verharren in Meditation. Ich sah diese Szene aus einiger Entfernung, vom Fluß aus, da ich in einem Boot saß. Die Sonne sank, das Ufer verdunkelte sich. Holzstapel wurden entzündet, um die Toten zu verbrennen. Die vielen Menschen, die man im Schein der Flammen sah, waren die Angehörigen der Verstorbenen, die der Verbrennung bis zum Schluß beiwohnten. Aus der Ferne wirkte die Menschenmenge wie eine Pilzkolonie. In der Abenddämmerung hatte man den Eindruck einer unbestimmten Ansammlung von Menschen, die als einzelne nicht zu unterscheiden waren.

»Ja, genauso ist es«, dachte ich, »der einzelne scheint vorhanden, und doch gibt es ihn nicht wirklich. Jeder von uns ist eigentlich Teil einer solchen Pilzkolonie. Wir sterben, man übergibt unseren Körper dem Feuer, aber neue Pilze wachsen nach. Es ist ein ständiges Werden und Vergehen – leben und verbrannt werden, verbrannt werden und von neuem leben.«

Es war, als sei ich Augenzeuge der Reinkarnation geworden. Über das endlos dahinströmende, scheinbar unbewegte Wasser des Ganges blickte ich zum Ufer hinüber, wo man die Toten dem Feuer übergab und der Rauch vom Wind emporgetragen wurde, bis er im Himmel verschwand. Wasser, Erde, Feuer,

Wind und Himmel, die fünf Elemente der buddhistischen Lehre, verloren für mich in dem Moment ihre philosophische Bedeutung. Hier schienen sie unmittelbar Ausdruck der Realität unseres Lebens zu sein.

Wie ich Swami Ishwarananda versprochen hatte, fuhr ich ein zweites Mal nach Bombay. Vom Flughafen aus brauchte ich mit dem Taxi zwei Stunden bis zu dem Ashram. Es war kurz vor Mittag, als ich dort ankam. Aus dem Gebäude hinter dem Tor klangen Mantra-Gesänge zu mir herüber. Für die Hippies war Indien vor zwanzig Jahren die erste Station ihrer Wanderung gewesen; ich hatte erst jetzt, am Ende einer langen Suche, nach Indien gefunden. Müde von der Reise, ging ich langsam auf das Tor zu. Dicht daneben befand sich ein Laden, in dem man Blumengirlanden kaufen konnte als Geschenk für den Guru. Dann stand ich am Tor, unschlüssig, ob ich hineingehen sollte.

»Nun bist du endlich hier, also geh auch hinein!« Mich selbst ermutigend, ging ich weiter, unter dem Tor hindurch.

THEATER – LITERATUR

PETER BROOK
Der leere Raum
—
Wanderjahre
Schriften zu Theater, Film & Oper 1946-1987

ERLAND JOSEPHSON
Spielräume
Notizen während einer Tournee mit Peter Brooks Inszenierung des
KIRSCHGARTEN

GEORGES BANU
Der Schauspieler kehrt nicht wieder
Über japanisches Theater

DENIS BABLET
Das Theater des Tadeusz Kantor
(VHS-Video, 147 Minuten, Französisch, deutscher Text liegt bei)

JERZY GROTOWSKI
Für ein Armes Theater
Vorwort von Peter Brook

KEITH JOHNSTONE
Improvisation und Theater
Mit einem Nachwort von George Tabori

ANZU FURUKAWA
Vier Tänze
(VHS-Video, 36 Minuten)

ALEXANDER TAIROW
Das entfesselte Theater
Mit einem Vorwort von Paul Pörtner

HANS JÜRGEN SYBERBERG
1953 – Syberberg filmt bei Brecht
Ausschnitte aus HERR PUNTILA UND SEIN KNECHT MATTI, URFAUST und MUTTER COURAGE (VHS-Video, 80 Min., s-w)

—

Die Fritz-Kortner-Filme
Fritz Kortner probt KABALE UND LIEBE, 5. Akt 7. Szene mit Christiane Hörbiger und Helmut Lohner (VHS-Video, 110 Min., s-w)
und
Fritz Kortner spricht Monologe für eine Schallplatte (Shylock, Richard III., Faust) (VHS-Video, 80 Min., s-w)

—

Winifred Wagner
und die Geschichte des Hauses Wahnfried 1914 – 1975
(VHS-Video, 300 Min., s-w)

DRUCKSACHE
HERAUSGEGEBEN VOM BERLINER ENSEMBLE
REDAKTION HEINER MÜLLER

»Kein Programmheft, kein Sprachrohr, vielmehr ein Ort für spannende Texte aus dem Umkreis Heiner Müllers.«
NEUE ZÜRCHER ZEITUNG

1: HEINER MÜLLER, Mommsens Block
MATTHIAS LANGHOFF, Brief an einen Senator

2: EINAR SCHLEEF, Heimkehr

3: FRITZ MARQUARDT, Dokument oder Widder im Dornbusch

4: 1953 – SYBERBERG FILMT BEI BRECHT
Mit Beiträgen von Käthe Reichel, Hans Mayer,
Egon Monk und Hans Jürgen Syberberg

5: OSCAR WILDE, Der Sozialismus und die Seele des Menschen
PIER PAOLO PASOLINI, Völkermord

6: BERTOLT BRECHT, Rosa-Luxemburg-Fragment

7: HEINER MÜLLER, Quartett
JEAN GENET, Das befremdliche Wort

8: TANKRED DORST, Der Gott unter dem Ahornbaum

9: FRIEDRICH HÖLDERLIN, Pharsalia
ERNST JÜNGER, Gestaltwandel

10: EDWARD BOND, Shakespeares Notizbuch

HEINER MÜLLER
Gedichte
—
Gespräch mit Erich Fried
—
Den Pessimismus organisieren
Heiner Müller liest Walter Benjamin (Toncassette, 60 Minuten)
—
Die Ränder sind die Hoffnung
Gespräch mit Gregor Gysi
in:

GREGOR GYSI
Einspruch!
Gespräche, Briefe, Reden